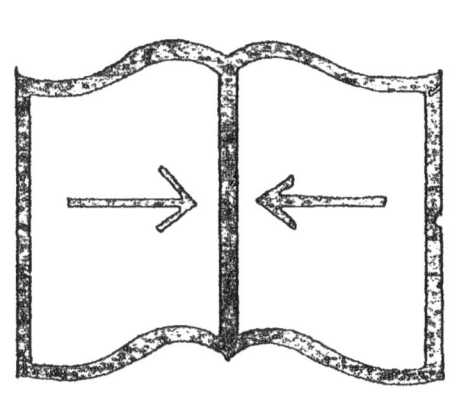

RELIURE SERREE
Absence de marges
intérieures

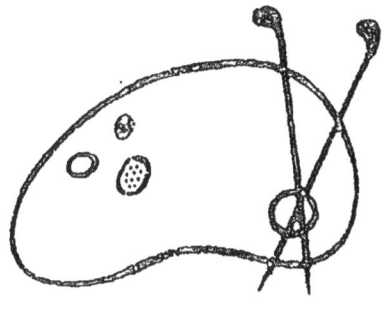

Couvertures supérieure et inférieure
en couleur

VALABLE POUR TOUT OU PARTIE DU
DOCUMENT REPRODUIT

JANE DIEULAFOY

Parysatis

DEUXIÈME ÉDITION

PARIS
ALPHONSE LEMERRE, ÉDITEUR
23-31, PASSAGE CHOISEUL, 23-31

M DCCC XC

BIBLIOTHÈQUE CONTEMPORAINE

VOLUMES IN-18 JÉSUS, IMPRIMÉS SUR PAPIER VÉLIN

Chaque volume : 3 fr. 50

Barbey d'Aurevilly.	Une Histoire sans nom.	1 vol.
—	Ce qui ne meurt pas.	1 vol.
—	Premier Memorandum.	1 vol.
Paul Bourget	Psychologie contemporaine.	2 vol.
—	Études et Portraits.	2 vol.
—	L'Irréparable.	1 vol.
—	Pastels.	1 vol.
—	Cruelle Énigme	1 vol.
—	Un Crime d'amour	1 vol.
—	André Cornélis	1 vol.
—	Mensonges (Éd. Guillaume).	1 vol.
—	— (Éd. ordinaire).	1 vol.
—	Le Disciple.	1 vol.
—	Cœur de Femme.	1 vol.
Jules Breton.	La vie d'un Artiste	1 vol.
François Coppée	Contes en prose	1 vol.
—	Vingt contes nouveaux	1 vol.
—	Contes Rapides.	1 vol.
—	Henriette	1 vol.
—	Toute une Jeunesse.	1 vol.
A. Daudet	Les Femmes d'artistes (Éd. Guillaume)	1 vol.
—	— (Éd. ordinaire).	1 vol.
—	L'Immortel (Éd. Guillaume).	1 vol.
—	— (Éd. ordinaire)	1 vol.
Mme Alphonse Daudet.	Enfants & Mères.	1 vol.
Jane Dieulafoy.	Parysatis	1 vol.
Tola Dorian	Âmes slaves.	1 vol.
Ferdinand Fabre.	L'Abbé Tigrane.	1 vol.
—	Ma Vocation	1 vol.
E. de Goncourt.	Sœur Philomène (Éd. Guillaume).	1 vol.
E. Pouvillon	Césette (histoire d'une paysanne).	1 vol.
—	L'Innocent	1 vol.
—	Jean-de-Jeanne.	1 vol.
—	Chante-Pleure.	1 vol.
Marcel Prévost	Le Scorpion.	1 vol.
—	Chonchette.	1 vol.
—	Mademoiselle Jaufre.	1 vol.
—	Cousine Laura.	1 vol.
André Theuriet	Péché Mortel.	1 vol.
—	Bigarreau.	1 vol.
—	Les Œillets de Kerlaz	1 vol.
—	Amour d'Automne.	1 vol.
—	Deux Sœurs.	1 vol.
—	L'Oncle Scipion	1 vol.
Léon Tolstoï.	La Sonate de Kreutzer.	1 vol.
Alfred de Vigny.	Cinq-Mars.	1 vol.

Paris. — Imp. A. Lemerre, 25, rue des Grands-Augustins.

Parysatis

DU MÊME AUTEUR :

La Perse, la Chaldée et la Susiane. Ouvrage couronné par l'Académie Française. 1 vol. in-4°.

A Suse, *Journal des Fouilles.* 1 vol. in-4°.

———

Tous droits de traduction et de reproduction réservés.

JANE DIEULAFOY

Parysatis

PARIS

ALPHONSE LEMERRE, ÉDITEUR

23-31, PASSAGE CHOISEUL, 23-31

M DCCC XC

AU LECTEUR

Xénophon, Plutarque, Elien dévoilent d'une main discrète une femme qui paraît avoir joué un rôle immense pendant la période où la Perse, en relation constante avec la Grèce, rayonne d'un dernier éclat.

Plus audacieuse que les auteurs classiques, je me suis efforcée de ressusciter devant toi la reine Parysatis, de te la montrer animée de passions terribles, assez puissante pour s'y livrer sans contrainte. J'ai voulu te faire suivre pas à pas son génie, triomphant — Dieu sait au prix de quels efforts et de quels crimes — des obstacles semés sur sa route, déchirant impitoyablement les cœurs de tous les siens et les immolant à la grandeur de la monarchie.

Ne vois dans ce drame ni allusion à des personnages encore vivants ni une peinture de la

Perse moderne; je me défends d'avoir cherché mes modèles hors de la cour des Achéménides.

Ne mets pas sur le compte de mon imagination les formes du protocole royal et du rituel mazdéen; elles sont toutes empruntées aux inscriptions perses et au code religieux qui régissait les grands et les prêtres dès le règne d'Artaxercès Mnémon.

Ne t'étonne pas non plus de trouver au lieu des orthographes antiques celles que l'usage a consacrées; j'appelle Aouramazdâ, Ormazd; Kourouch, Cyrus; Artakhchatrâ, Artaxerxès, etc.

Mais ce sont là des détails secondaires.

Regarde plutôt les personnages. Pour avoir imposé leur volonté à l'univers et vécu deux mille trois cents ans avant nous, ils n'en ont pas moins aimé, souffert et pleuré.

J. D.

Parysatis

CHAPITRE PREMIER

ASPASIE

Dans une gorge du Tmolus, près d'un ruisseau torrentueux dont les eaux chantent à la lave rouge une éternelle mélodie, les satrapes bâtirent un palais, un palais de marbre, entouré de hautes et sévères murailles.

Une galerie trois fois coudée conduit dans la cour intérieure sans laisser aux regards indiscrets le loisir de s'égarer.

Sur trois côtés, des portiques tapissés de mosaïque où se marient les tons rouges, blancs et jaunes des frises fleuronnées ; au nord, une salle éventrée par une voussure elliptique que dessine une torsade de faïence azurée. Des cytises odorants, des myrrhes balsamiques ombragent les longues plates-bandes d'un parterre versicolore, traînent leurs fleurs sur le cristal des bassins, se mirent dans les ruisseaux pavés d'émaux turquoises.

Depuis que le soleil caresse les vagues purpurines de l'horizon, des esclaves à demi nues ont soulevé en larges festons les tentes qui fermaient la grande baie. Si lents, si doux sont leurs mouvements qu'une jeune femme étendue sur un lit ajouré sommeille encore : une forme mortelle, vaporeuse comme un rêve, faite d'amour, de vie et de lumière, une transfiguration radieuse d'une aurore de printemps. Les épaules, le cou, découverts, s'attachent à une tête angélique noyée dans un nuage de boucles folles plus dorées que les blés mûrs ; les voiles de lin exhalent une douce flagrance, et quand l'air secoue les tresses défaites, leur parfum semble alanguir la brise pâmée. A côté de la dormeuse, deux brunes Égyptiennes, impassibles comme des sphinx, agitent, inconscientes, de flexibles éventails et chassent d'un mouvement rythmé les moustiques qui crient de colère.

Perdues dans les souvenirs attristés de la patrie lointaine, les exilées courent au temple d'Osiris, errent sous les pylônes grandioses, s'arrêtent devant les tableaux où des grappes d'ennemis soulevés par le Pharaon victorieux témoignent de la puissance de l'Égypte... Elles suivent les blanches théories de prêtres promenant sur les terrasses du sanctuaire les barques sacrées, elles entendent la voix des colosses majestueux qui, dieux, génies ou démons, l'œil large mais sans regard, les mains calmes posées sur les genoux puissants, saluent le lever du jour de leurs accents harmonieux. Elles rêvent des ibis aux jambes grêles, des flamants roses, de l'Apis né au village; se perdent dans les bois de palmiers, sous les acacias vaporeux, parlent d'amour avec les tourterelles.

O rives du Nil, ô liberté perdue! liberté! le sourire du ciel pâlit auprès de toi!

Un homme qui entrait dans la salle, effaroucha les douces visions.

« Aspasie? interrogea-t-il à voix basse.

— Plus résignée, mais toujours triste, seigneur. »

Cyrus porte la tiare et la pourpre barrée de blanc des princes du sang, les bracelets et les anneaux d'or des satrapes. La beauté, la stature, la vigueur, dons que la nature marâtre divise avec parcimonie entre les mortels, ont été prodigués au fils de Darius le Bâtard. Sous les courtes boucles de cheveux noirs soigneusement calamistrés, les yeux brillent de cette lumière céleste qui impose le respect et commande l'obéissance. Des lèvres sanguines, à peine voilées par les ondulations de la barbe;

jettent une note de feu sur la pâleur mate du visage; le front dur, prématurément plissé, témoigne d'une indomptable fierté, d'un esprit aventureux, capable de lancer comme un volcan de grandes lumières ou de couvrir la terre de sombres ténèbres. D'ailleurs il a tous les talents : séduisant, beau parleur, la bourse ouverte, parfait suborneur de la fortune. Sans rival à la chasse ou à la course, il lance la javeline mieux qu'un Immortel, manie la lance comme un doryphore, chante des poésies grecques, philosophe à ses heures. Épris de toutes les femmes, il ne trouve point de cruelles, c'est un prince accompli.

L'« Ombre du Roi » ne compte pas vingt-trois ans ; son père lui a pourtant confié l'Ionie, la plus belle province de l'empire, mais aussi la plus difficile à maintenir sous le joug, tandis qu'il reléguait l'ancien gouverneur au second rang. En abaissant Tissapherne, en disgraciant l'ami d'Alcibiade, partisan résolu de l'alliance athénienne, Darius avait-il dessein de renouer avec Lacédémone ?

Les mécontents attribuèrent l'échec du satrape à la toute puissante Parysatis, fille d'Artaxerxès Ier, femme du roi et mère du prince. Il s'agissait, à les entendre, de placer un fils bien aimé dans une situation prépondérante et de lui assurer, le cas échéant, le concours des armées de Sparte ; sous le couvert de la politique étrangère se nouait une intrigue de palais, se préparait la déchéance de l'héritier légitime.

Absorbé par les soucis du gouvernement, entouré d'une cour nombreuse, Cyrus fuyait Sardes à la tombée du jour, et, chaque soir plus tendre, plus aimant, plus désireux de plaire, gagnait le palais d'été où il cachait une esclave grecque ravie naguères dans un port d'Ionie.

Aspasie avait transformé ce prince, fanfaron d'incrédulité, fier de sa précoce corruption, mais que la jeunesse et son bon naturel préservaient de profondes flétrissures. Accouru comme un vainqueur, blasé sur les tendresses asservies, il s'était senti subjugué par un sentiment d'une délicieuse fraîcheur. Là où ses sens cherchaient jadis la volupté, son âme, encore vierge, pressentait d'idéales jouissances. De conquérant, il était devenu soumis, d'orgueilleux, timide et craintif.

Longtemps Aspasie repoussa le maître ; mais, à la surexcitation causée par les violences dont elle avait été la victime, succéda une langueur entretenue par les caresses de la merveilleuse nature qui l'entourait, par les témoignages d'une affection de jour en jour plus tendre. Touchée d'un amour que rien ne rebutait, elle payait d'une affection calme, une passion ardente qu'elle devinait sans trouver la force de la partager.

Cyrus s'avança lentement, éloigna d'un geste les femmes d'Égypte, et s'arrêta.

« Un être charnel peut-il lutter d'éclat avec les génies bienfaisants, avec les Amechaspands ! »

Un nuage assombrit son front :

« Jamais je n'ai tremblé, jamais je n'ai frémi, et me voici aux pieds d'une esclave, comme l'esclave devant son maître. Cette Grecque s'est emparée de moi, son image m'obsède, j'ai cessé de m'appartenir. Plus de chasse, plus d'orgie, plus de fête. Rapides s'écoulent les heures dans ce palais où j'oublie Suse et Lacédémone, le trône et mon frère. M'aime-t-elle? Pourquoi douter? Ne m'a-t-elle point repoussé, quand sa vie répondait de son obéissance? »

Près du lit de bambou s'épanouissaient des roses nées sous les baisers du matin. Le prince saisit un bouton, l'effeuilla et répandit une jonchée odorante sur la gorge de la belle endormie : lourd fardeau au sein d'une femme. Aspasie souleva ses paupières frangées de longs cils.

« Vous, Cyrus?

— Ma vue t'épouvantera donc toujours?

— Une pauvre fille longtemps sevrée de tendresse et d'affection, ignorante du luxe, ne peut, en ouvrant les yeux, cacher sa surprise. Le rêve pour elle commence au réveil.

— Pardonne-moi d'avoir troublé ton repos. J'aurais voulu te conserver dans cette attitude adorable. je souhaitais que les dieux arrêtassent le jour, le soleil, les ans, le mouvement des astres, pour t'admirer éternellement. Puis un doute horrible a bouleversé mes sens. Le souvenir cruel de notre première entrevue, de la haine que tu me témoignas jadis, m'a serré le cœur. J'ai craint de devoir ta tendresse à la pitié et j'ai voulu — ô folie — surprendre les plus secrètes pensées de mon Aspasie adorée, pure comme l'étoile qui se lèvera bientôt à l'orient.

— Vous êtes injuste ! Mes angoisses passées, mes larmes taries devraient, mieux que des épreuves futiles, vous dire mon attachement et ma sincérité. »

Elle s'était soulevée rayonnante d'une beauté sans égale ; les boucles de ses cheveux d'or couraient sur ses épaules de nymphe, elle se dressait dans sa splendeur éburnéenne, tel un jeune lis sur sa tige élancée.

Cyrus, haletant, l'eût voulu dévorer d'un baiser.

« Ta toilette est incomplète. »

Et détachant un admirable collier :

« Laisse-moi te parer de ce bijou que Copas de Thessalie fit ciseler pour moi chez un orfèvre de Sicile.

— Est-il digne d'une reine ?

— Nulle femme au monde ne peut se vanter de posséder le pareil.

— Reprenez-le et envoyez cette merveille à votre mère Parysatis.

— Je me garderais d'obéir.

— Ne puis-je vous plaire sans ce joyau précieux? Je ne réclame que votre amour en échange de ma tendresse.

— Refuser un pareil présent!... Qui es-tu? D'où viens-tu?... Pourquoi frémir quand je t'interroge? Tes secrets ne m'appartiennent-ils pas? As-tu des parents, des amis à protéger? Parle, le fils du Roi des Rois baise tes pieds.

— Mon origine est plus humble que la poussière du désert. Je naquis à Paphos, cette île tombée de l'Olympe. Pauvre mère! elle paya de la vie le premier souffle de son enfant... Mon père était pauvre; son labeur nous procurait à peine le pain. Si tu savais comme ils sont horribles, les yeux caves de la misère, toi dont les mains généreuses sèment l'or et les pierreries, tu plaindrais les déshérités aux prises chaque jour avec des souffrances nouvelles. J'avais douze ans quand je me sentis mordue par une douleur cuisante. Le mal s'envenima; bientôt ma joue ne forma plus qu'une plaie purulente. On me conduisit chez un médecin célèbre; il promit de me guérir en échange de trois statères.

— « Je ne possède rien. — Point de remède pour les gueux. »

Les dieux sont plus secourables que les hommes. Une nuit, comme mes paupières venaient de se clore, une colombe m'apparut. L'oiseau grandit, étendit ses ailes et se métamorphosa en une femme adorablement belle :

— « Prends courage, me dit-elle, pulvérise une couronne de roses desséchées sur l'autel d'Aphrodite et couvre ton visage de la poudre sanctifiée. »

Je me hâtai, et toutes les roses de la couronne n'étaient pas effeuillées que j'étais guérie par la faveur de la plus tendre des déesses.

Mon père et moi vivions reconnaissants à l'ombre du temple, amis des prêtres, chéris des âmes pieuses. Un seul tourment assombrissait notre bonheur :

— « Qu'est devenu mon frère Euryale? répétait souvent Hermotyle; mort sans doute en Ionie où il alla chercher fortune il y a plus de vingt ans ! Nul n'offrit sur sa tombe les sacrifices funèbres. Qui l'ensevelit? qui le pleura? qui répandit les libations des morts? Son âme désespérée longe les rives du fleuve impétueux, du fleuve des douleurs. »

Un jour, comme Hermotyle était assis sur le seuil de notre maison, il vit venir un marchand phénicien. L'étranger s'enquit de mon père et lui remit des tablettes écrites par Euryale. Mon oncle nous appelait à Milet, pour recevoir son dernier soupir et recueillir la fortune considérable qu'il avait acquise.

Il fallut quitter l'île de la déesse, s'éloigner

des bosquets de myrte et du sanctuaire sacré. Mon cœur se déchira quand, assise à la poupe d'un navire phénicien, je perdis de vue les sables tamisés et les cavernes chenues que baignaient l'écume de la mer bleue. Puis les bois habités par les Sylvains disparurent à l'horizon, les senteurs enivrantes des citronniers fleuris se noyèrent dans la brise saline. Le navire fendait doucement la grande nappe de saphir et la rejetait en perles le long de ses flancs ; des dauphins argentés semblaient traîner le vaisseau. Nous atteignîmes sans obstacle les côtes d'Ionie.

Euryale était mort, Tissapherne avait recueilli son héritage. Mon père courut au palais, demanda justice. Peut-être l'eût-il obtenue si l'un des scribes du satrape ne m'eût aperçue.

La nuit même on envahissait notre maison. Mon père essaya de me défendre, de m'arracher aux démons vomis par le Styx; il était vieux, faible, sans armes... Il tomba... Je voulus le secourir ; les misérables n'eurent souci ni de ma douleur, ni de mes larmes. Et comme je tendais mes bras désolés vers le front blême du vieillard :

— « Cesse de geindre, me dit l'un des barbares, et rends grâces aux dieux : ton sort ferait envie à la fille d'un satrape... »

Je revins à moi, couchée dans une litière tapissée d'étoffes précieuses, allongée sur des tapis plus fins que la toison de l'agneau, plus souples que le duvet des cygnes. J'écartai le mantelet qui fermait ma luxueuse prison, j'essayai de fuir. Vains efforts. Nous voyageâmes pendant plusieurs jours à une allure aussi rapide que le permettait l'encombrement des chemins. Ioniens, Lydiens, Phrygiens, riverains de la côte, habitants des îles, allaient offrir leurs vœux de Nouvel An au jeune gouverneur des provinces maritimes. Un soir, je connus le sort qui m'était réservé. Deux Lacédémoniens causaient à voix basse : « Sois prudent, conseillait le plus âgé, la prisonnière est l'une des quatre vierges que Tissapherne destine à Cyrus. — Il serait plaisant de ravir la plus belle ! Le gynécée du prince royal regorge de femmes. — Sommes-nous venus en Lydie pour nous brouiller avec le fils du Grand Roi ? Si tu m'en crois, veille à la tête du fils de ton père. »

Les voix s'éloignèrent ; tout espoir de délivrance était perdu.

J'atteignis Sardes. « Farde tes yeux, me dit un horrible eunuque, déploie tes blondes tresses, revêts tes beaux atours et viens chez ton maître. »

Il fallait sourire quand j'aspirais à la mort, il fallait mettre aux pieds d'un étranger, d'un inconnu teint peut-être du sang de mon père, vertu, beauté, respect de ma race et de moi-même. Je me révoltai. Une femme de la libre

Hellade n'est pas la fleur banale qu'on effeuille en une nuit d'orgie. Je maudis le sort cruel, j'invoquai les dieux protecteurs de la Grèce, ils demeurèrent sourds à mes prières. Je voulus me tuer, on m'enchaîna; je pleurai sur le passé, sur l'avenir sans espoir, on me battit; j'excitai mes bourreaux : si dans leur rage ils m'avaient délivrée de la vie!... Vous entrâtes...

Sur un signe les lanières s'abaissèrent, les liens se détendirent. Vous me rendîtes la liberté sans réclamer une rançon. Depuis, j'habite ce paradis enchanté, j'entends couler l'eau qui murmure à mon oreille le nom de mon bienfaiteur, je vis entourée des preuves toujours nouvelles de sa tendresse. Comment ne pas bénir l'amant que j'ai choisi après l'avoir abhorré !

— Veux-tu de l'or, des pierreries, des palais? reprit Cyrus, qui n'avait pas détaché ses regards enfiévrés de la belle créature assise à ses côtés; tes esclaves sont-ils assez attentionnés, assez nombreux? Parle, dois-je faire bâtonner les négligents, décapiter les eunuques dont la face maudite te rappelle d'horribles angoisses?

— Ne répandez jamais le sang de serviteurs fidèles, n'écrasez pas la fourmi attelée à un grain de blé, car l'insecte a une vie et la douce vie est un bien.

— Quelle preuve d'amour te donner alors?

quel hommage t'adresser, amie, amante, déesse digne du trône de mes pères !...

— Ne m'avez-vous pas permis de consacrer une statue à ma céleste protectrice, de placer aux pieds d'Aphrodite l'image de cette colombe qui m'apparut en songe et me promit la guérison d'un mal incurable ! Grâce à vous, et malgré les protestations des mages, ne vais-je pas célébrer tantôt les mystères sacrés? Mon père est mort!... Cyrus, que pouvez-vous pour moi?...

— Quand tu sacrifieras de blanches victimes sur l'autel d'Aphrodite, mêle à tes prières le nom de ton ami : les déesses doivent se montrer aussi sensibles que les hommes à la beauté des suppliantes.

— Vous croyez aux dieux aujourd'hui?

— Oui, certes, c'est dans tes regards et sur tes lèvres que je cherche ma foi.

— Quel vœu vous reste-t-il à former? L'univers, aux genoux du fils du Roi des Rois, épie vos désirs. »

Cyrus demeurait silencieux. Des éclairs traversaient ses noires prunelles. Il releva fièrement la tête et répondit d'une voix claire :

« Il ne te suffit pas d'être belle entre les belles, généreuse entre les généreuses, tes actions et tes conseils respirent la sagesse. Différente de nos femmes perses qui toutes, à l'exception de ma mère Parysatis, vivent confinées dans des palais sans que leur esprit s'élève au-dessus des vulgaires intrigues du harem, tu mérites d'être initiée aux secrets de ma politique. Ta droiture sera mon guide, ta prévoyance ma sauvegarde. As-tu songé qu'un jour viendrait où tu pourrais t'asseoir à mes côtés sur le trône de Perse?

— Artaxerxès?

— Que peut-il contre moi? Mon frère était né pour la blanche mitre des mages! Borné dévot imbu de préjugés héréditaires, convaincu que les rois de Perse par la grâce de Dieu sont les légitimes représentants d'Ormazd, persuadé que les Ameschaspands s'attardent aux affaires d'ici-bas et que leur unique souci est de protéger et de défendre les humains — la crainte fit les dieux, — il vit plongé dans une sombre piété et prend conseil des prêtres en toute occurrence. Si nos yeux perçaient les espaces qui nous séparent de Babylone nous l'apercevrions interrogeant ses conseillers habituels sur mes faits, gestes et intentions.

— N'est-il point votre aîné?

— Ce droit d'aînesse, invoqué par ses rares partisans, parle en ma faveur. Mon père, fils d'une esclave babylonienne, entouré de frères deux fois princes par le sang, n'était point destiné à porter la tiare. Il gouvernait l'Hyrcanie, l'une des plus sauvages satrapies de l'empire, lorsque Artaxerxès naquit. A la mort de mon aïeul, de nombreux compétiteurs se disputèrent la couronne, mais Parysatis, fille d'Artaxerxès Longue-Main et d'une princesse royale, sut frayer à son époux le chemin du trône. Darius avait ceint le diadème, Darius avait effacé la tache originelle lorsque je vins au monde.

— Parysatis, si puissante sur l'esprit du roi, favorise-t-elle vos projets?

— Ma mère!... je n'ai pas de plus ferme soutien. Cent fois elle a représenté que le véritable héritier des Achéménides était le fils né comme moi d'un roi et d'une reine; cent fois elle a invoqué l'exemple de Darius, fils d'Hystaspe, préférant Xerxès à ses aînés. Parysatis redoute de voir tomber le sceptre aux mains d'Artaxerxès froid, hautain, dédaigneux, époux d'une femme qu'elle abhorre. L'humeur sombre et chagrine de mon frère lui aliène les grands, indispose le peuple. Tissapherne excepté, je ne compte que des amis; la cour de Suse est à ma dévotion. Enfin n'ai-je point des soldats fidèles, une armée grecque aguerrie, capable de vaincre par sa seule présence? Les Immortels sont très braves, mais que pourront leur couronne et leur robe d'or contre les casques et les cuirasses des Lacédémoniens? Le reste de l'armée?... un troupeau de moutons inoffensifs ou d'épais ruminants qu'on pousse à la boucherie.

— Cher seigneur! se peut-il que vos yeux, si doux quand ils se fixent sur votre esclave, que cette bouche, si tendre lorsqu'elle prononce mon nom, appartiennent à un capitaine ambitieux, à un politique redoutable! Les Dieux vous firent beau, courageux, puissant, vous dotèrent de rares vertus; leur trop demander serait impie! Ils mesurent le bonheur à nos cœurs insatiables.

— Les Dieux, ma bien-aimée, sont les esclaves des audacieux. Ils dédaignent les suppliques des dévots nonchalants qui se contentent de prier, et prêtent une aide secourable aux hommes hardis qui s'élancent, tête haute, sur la route dangereuse.

— Hélas! La vue du sang m'épouvante. A la pensée d'un combat mon cœur se serre et se glace. Devant moi se déroulent de lugubres tableaux.

— Pourquoi pareille crainte?

— Je ne sais... Regardez!... Les guerriers s'ébranlent et se rapprochent; ils tendent leurs arcs, les flèches sifflent dans les airs comme les serpents sur la tête des Euménides, les frondes claquent, les pierres bruissent. Terribles, sauvages, s'élancent les cavaliers!... J'entends le roulement des chars, le grincement des faux qui moissonnent les hommes comme blé mûr, l'écrasement des os broyés sous les pieds des lourds éléphants, les battements des poitrines haletantes, les cris de rage, les gémissements des blessés, les soupirs des mourants. les longs hurlements de désespoir. Cyrus.... j'ai peur!... »

Et la jeune femme éperdue étreignit ses tempes de ses doigts convulsés.

« Folle, ouvre plutôt les bras et presse le vainqueur sur tes seins nus. Ses artères larges charrient un sang pourpre et brûlant; son cœur est gonflé d'orgueil, dilaté par la joie de la victoire; son être transfiguré revêt une forme olympienne. Quel triomphe, lorsque prosterné à ses pieds un peuple frémissant implore du nouveau roi un regard miséricordieux!... Une bataille! jamais spectacle plus passionnant, jamais fête plus grandiose ne fut offerte aux humains. Le paradis est à l'ombre des flèches.

— Une bataille! lamentable tragédie où des milliers de bêtes féroces s'entre-déchirent au signal du belluaire, où des milliers d'hommes sur lesquels plane déjà l'ombre de la mort, marchent au tombeau comme à leur lit nuptial pour une chimère, une ombre de renommée, pour conquérir un lambeau de terre où ils ne trouveront pas la place de leur sépulture!

— Tu déraisonnes, petite Grecque. Oublie la Hellade; tu habites l'empire des Achéménides. Dans ton Olympe rétréci les dieux se querellent et se jalousent. Ici Ormazd et le roi règnent seuls. Ces deux divinités, unies par de communs intérêts, se partagent le monde: l'une vivant sur la terre, l'autre... exilée dans les cieux. Leur puissance souveraine ne connaît pas de bornes. Quant aux hommes, ce ne sont que des atomes sans poids ni valeur, des esclaves qui respirent avec reconnaissance l'air que rejette la bouche de leur maître

Et tu t'étonnes que je veuille régner!...

— Oui, si vous violentez les Dieux immortels au lieu d'attendre l'empire de leur bonté. Cyrus, mon doux seigneur, ne vous révoltez pas contre le destin, mettez un épais bandeau sur vos yeux. Le trône vous fascine.

— Je faillirais à ma destinée si je ne posais la couronne sur ta blonde chevelure.

— Ma tête n'est point faite pour le diadème; mieux vaut la parer de roses. Les rois aiment moins que les princes.

— Tant que les Dives des ténèbres s'enfuiront devant Mithra triomphant, que les fleuves couleront vers la mer, que les ombres parcourront le flanc des montagnes, n'accuse pas Cyrus d'inconstance.

— Vous murmurez des mots d'amour et vous entonnez des chants de guerre, au battement d'un cœur qui m'appelle succède un battement de colère, vos lèvres tremblantes approchent de mes joues et votre main frémissante se crispe sur la garde d'un poignard. Songez-y, seigneur : Éros veut régner seul et refuse de partager avec la haine l'âme de ses fidèles.

— Par Mâha, la lune éblouissante...

— Ne prenez pas à témoin cet astre inconstant, brillant aujourd'hui, voilé demain. Votre amour subirait peut-être son influence. »

Pour toute réponse Cyrus s'agenouilla devant la jeune femme, lui saisit les mains, les porta à ses lèvres brûlantes, puis, se relevant à demi, l'enlaça dans de folles étreintes.

Aspasie avait laissé parler son âme. Brisée trop jeune par les épreuves de la vie, elle souhaitait un bonheur ignoré et paisible, elle rêvait une rade tranquille, abritée des aquilons, et voyait avec terreur se former au loin des vagues mugissantes soulevées par des orages sanglants. Discuter plus longtemps avec Cyrus! On ne dompte pas en un jour le coursier fougueux; mais elle comptait sur l'amour pour retenir son amant dans les doux sentiers.

La tenture d'une porte latérale se souleva et donna passage au chef des eunuques.

« N'est-ce point assez de consacrer le jour aux affaires de l'État? s'écria Cyrus. Oser me poursuivre jusqu'au fond de cette retraite!

— Un émissaire arrive de Babylone. Il désire voir le gouverneur et lui remettre de la part de l' « Astre de l'État, » son auguste mère, un message de la plus haute importance.

— Quelque complot tramé par Tissapherne! Le roi n'approuverait-il pas ma conduite envers ce satrape haineux, vindicatif, humilié de son abaissement, acharné à me nuire?

— Pendant votre absence j'invoquerai la plus douce des déesses et lui offrirai de tendres victimes.

— Pare ton idole de cheveux d'or, donne-lui des chairs d'ivoire et des yeux de turquoise, rehausse ses sandales d'émeraudes et de rubis, puis laisse glisser ta tunique, répudie toute parure et tu sauras à laquelle des deux rivales Cyrus offrira ses hommages et ses adorations.

— Blasphémateur !

— Je reviens. »

Et le prince, en s'éloignant, enveloppa son amante dans un regard extatique.

Cependant d'un pas cadencé s'avançait la septième heure. De pâles vapeurs estompaient la base des montagnes, reculaient l'horizon; la lune, énorme, fardée de rouge, s'élevait majestueuse. Dans le jardin le grillon assoupi se taisait, les libellules fatiguées s'endormaient sur les branches des pêchers fleuris ou dans la mousse d'or des saules pleureurs.

Aspasie rajusta les boucles vagabondes de sa chevelure, posa sur sa tête une couronne de rose en souvenir de sa guérison miraculeuse, chaussa de légères sandales, revêtit le chiton coloré des prêtresses d'Aphrodite et, suivie d'esclaves grecques, se dirigea vers un temple entouré de portiques corinthiens.

Sous les soffites se déployait l'histoire de la mère d'Éros depuis le jour où elle naquit triomphante de l'écume de la mer : son mariage avec Héphæstos, le jugement de Paris, l'humiliation de Héra et d'Athéna, la victoire de la déesse. Au centre de la cella, éclairée par des lampes discrètes, s'élevait une radieuse statue, la tête couronnée d'une haute stéphanie. La fille d'Ouranos retenait d'une main le peplos arrêté sur les hanches, et de l'autre présentait la pomme, symbole de son triomphe. Une polychromie savante animait le marbre glacé, tandis que les pierres précieuses, enchâssées sous les paupières, brillaient avec une intensité qui impressionnait l'âme des fidèles.

Les jeunes esclaves agitèrent en cadence des branches de myrte fleuri, puis, plaçant les tiges embaumées autour de la statue, joignirent leurs mains et, sur ce rythme très lent, célébrèrent les mystères sacrés. Leur chiton coloré ne fait-il pas allusion à la riche parure dont le printemps revêt la terre? Fixer les yeux au ciel, n'est-ce point témoigner que la mère d'Éros descend de l'Olympe? Relever doucement les mains, la paume tournée vers le firmament, n'est-ce point montrer qu'elle sortit des flots ; sourire, n'est-ce point rappeler le calme de la mer ?

Puis elles chantèrent :

« Douce Aphrodite, ô toi, volupté des hommes et des dieux, qui répands la vie sous le ciel où courent les astres, dans la mer qui porte les navires, sur la terre chargée de moissons, dispensatrice de la vie, de la lumière et du soleil, je t'invoque, ô déesse. A ton approche, les vents retiennent leur haleine, les nuages du ciel se dissipent, la terre industrieuse se couvre de fleurs parfumées, la mer sourit, une brillante clarté inonde le ciel apaisé.

Aussitôt que le printemps a chassé les brumes qui voilaient la face du jour, les oiseaux sont les premiers à chanter ta venue. Alors les animaux paisibles donnent libre cours à leurs fureurs amoureuses, ils traversent par bonds les riantes prairies et franchissent à la nage les fleuves impétueux. Chacun d'eux, possédé de tes charmes, te suit avec transport, en quelque lieu que tu le mènes.

Depuis le fond des mers jusqu'au sommet des montagnes, sous les eaux des torrents, dans les frondaisons, demeures des oiseaux, à travers les herbes ondoyantes, tu frappes les cœurs d'un doux aiguillon. »

La déesse, insensible, souriait de son éternel sourire, et ses grands yeux de saphir regardaient, sans se lasser, les danses gracieuses de ses éphémères adoratrices.

CHAPITRE II

A BABYLONE

Groupés devant la porte extérieure du palais de Babylone, étendus autour de feux impuissants à lutter d'éclat avec l'aube laiteuse, des soldats s'étirent, bâillent et réchauffent leurs membres engourdis à la flamme mourante des brasiers. Bientôt leur nombre s'accroît des allants et des venants : citadins, marchands, ouvriers matineux, en route pour les champs, se dirigeant vers le bazar. Les rues s'animent, la population inquiète se presse autour de la demeure royale. Toujours la même question :

« Vit-il ?

— Il souffre encore. »

Chacun communique à son voisin les paroles qu'il a recueillies ou commentées. Vainement les eunuques, sur l'ordre de la reine, cherchent à le cacher, nul n'ignore que le Maître agonise.

On ne le plaint point : le peuple éprouve une satisfaction cruelle à constater l'égalité du pasteur et du troupeau devant la mort ; son pâle bonheur n'est-il pas en partie fait de la torture des grands? Souffrir sous Darius? Souffrir sous Artaxerxès? Toujours vivre !

Cependant, au fond des cœurs flotte une vague espérance : le sceptre va passer des mains d'un vieillard débile, gouverné par une femme impérieuse, dans celles d'un prince faible et doux. Chacun prête à l'héritier du trône ses désirs, ses instincts ; on maudit le passé, on escompte l'avenir. Aux prêtres Artaxerxès rendra leur autorité amoindrie ; aux grands, leur prestige effacé par la main orgueilleuse de Parysatis. Artaxerxès sera le protecteur des petits, sous son règne plus d'oppression, plus d'injustice.

Si aux entours du palais montent de sourdes clameurs, au dedans, tout est silence. Esclaves, eunuques, serviteurs empressés qui, bien avant le lever de l'aurore, annoncent chaque jour le retour à la vie, demeurent inactifs.

Pourtant le calme et la paix de l'âme ont fui cette demeure où l'Égypte, l'Inde et l'Ionie apportent leurs hommages et leurs trésors. Une sourde colère gonfle le cœur ulcéré de l'implacable, de la terrible épouse de Darius.

Parysatis, fille d'Artaxerxès Ier, femme couronnée et tante de Darius le Bâtard, mère de l'héritier du trône, avait franchi depuis longtemps les dernières limites de la jeunesse. Des traits sévères, un front largement découvert, des pupilles grises striées de rayons fauves comme celles des félins, un nez busqué rattaché aux joues par des narines ouvertes et frémissantes, deux plis taillés aux commissures de lèvres sensuelles, accusaient une virile énergie. L'allure majestueuse, la taille haute et droite, le port de tête noble et fier d'une déesse, commandaient le respect. Lorsque la reine regardait de ses yeux durs, métalliques, princes et eunuques tremblaient. Le monde entier connaissait son nom. Du fond de son harem elle maniait les hommes et les choses avec une égale fermeté, avec un égal dédain; ses mains pétrissaient l'univers comme un statuaire pétrit la glaise.

Pas une tête n'était restée debout devant Parysatis, celles qui avaient refusé de s'incliner dormaient du lourd sommeil que la foudre même n'interrompt pas. En elle s'incarnait la royauté égoïste et vindicative jusqu'au crime; jamais elle n'avait pesé les désirs ou les projets des humains, mais sa rigueur et sa cruauté révélaient moins l'amour personnel du pouvoir que le désir de la puissance nécessaire à la glorification de la dynastie achéménide.

Cette femme si forte, si dominatrice, habituée depuis vingt-cinq ans à gouverner la Perse avec des rois pour instruments, subissait la torture de ses terribles pensées. Sa physionomie respirait tour à tour la fureur, le dépit, et s'immobilisait ensuite sous l'empire d'une profonde réflexion.

« Eh quoi ! murmurait-elle en ramenant d'un geste machinal le bandeau chargé de pierres précieuses posé sur les franges de ses cheveux teints en rouge, faudrait-il descendre de ce trône sur les marches duquel je naquis ? N'est-il point ma conquête !... Darius y fût-il monté sans mon aide, lui, le fils d'une esclave, de Cosmartidène la Babylonienne !... Son âme vulgaire eût-elle été capable d'un pareil effort ? On ne sort pas les rois d'un ventre d'esclave. Qui eût inspiré confiance à l'héritier légitime, au brillant Secydianus, qui eût osé l'attirer à la cour sous prétexte de reconnaître ses droits, l'emprisonner, inventer pour lui le supplice de la cendre afin de ne pas souiller Darius d'un sang qu'il avait juré d'épargner ? N'est-ce pas moi qui obtins la soumission d'Arsitès et d'Artiphius révoltés contre leur frère et payai leur trahison en vraie monnaie royale ?

J'ai souri la rage au cœur, pleuré et supplié la joie dans l'âme, j'ai lutté, j'ai souffert, mais j'ai régné.

Les bienfaits sont une semence dont l'ingratitude est le fruit. Aujourd'hui l'homme qui m'a prêté son nom, mais auquel j'ai donné la Perse en retour, va mourir et voudrait m'envelopper dans son linceul!... Cette pensée glace le sang de mes veines et oppresse mon cœur.

Déposer la ceinture royale, la voir au flanc de ma bru, de cette Statira abhorrée? Jamais!... Mieux vaudrait commander au grand eunuque de la serrer autour de mon cou.

Cyrus n'arrive pas! Tissapherne aurait-il arrêté mes courriers? Le temps presse, chaque minute vaut un siècle. Mon âme ignorait l'hésitation, aujourd'hui je crois marcher sur un sol mouvant. Orontès!... Il était jadis plus exact à nos rendez-vous. Quand viennent les chagrins ils n'apparaissent pas comme des éclaireurs, mais massés en bataillons. »

Parysatis frappa dans ses mains. Une malédiction répondit à son appel.

« N'as-tu pas des centaines d'esclaves! Faut-il encore me réveiller à l'aurore!

— Toujours de méchante humeur, nourrice.

— D'habitude tu traites avec plus d'égards les vieux ans de Gigis.

— Le roi?

— Il vit : le grand eunuque n'a point encore prévenu les mages.

— Guette Orontès ; introduis-le sur-le-champ.

— Pourquoi t'appuyer sur cet homme en un pareil moment?

— Son amour répond de son zèle et de sa discrétion.

— Je le crois capable de préférer un de ses cheveux à toute ta personne. »

La nourrice s'éloigna.

« Gigis est maussade. Mais que ne pardonnerais-je pas à cette esclave qui me nourrit de son lait et dont la franchise me fut toujours précieuse ! Orontès m'aime. Pourtant, je le sens moins humble, moins soumis à mes volontés. La défiance envahit mon âme inquiète... »

Précédée de Gigis, entrait une femme soigneusement voilée. Parysatis courut vers elle et l'embrassa avec un mélange de passion et de fureur.

« Enfin !

— Patience !... Tu m'étouffes !... Ou plutôt je suffoque sous ces lourdes étoffes. »

D'un geste énergique la nouvelle venue rejeta son costume d'emprunt ; un homme apparut dans tout l'éclat d'une mâle jeunesse.

« Que dit Intaphrès ? demanda la reine anxieuse.

— Rien de nature à te satisfaire.

— Tu me surprends !... As-tu bien plaidé ma cause ! As-tu représenté au grand prêtre que s'il voulait favoriser l'avènement de Cyrus je lui abandonnerais le gouvernement de trois satrapies et le tribut des provinces maritimes ?

— Oui, certes, dès le début de l'entretien.

— Dès le début ! trop tôt ! Il fallait marchander le prix de ses services, l'amener à présenter lui-même cette folle demande, et alors, enorgueilli, compromis, il n'eût pas hésité à servir mes projets. Chaque fois que j'use d'un intermédiaire, je suis certaine d'échouer !

— Choisis des agents plus habiles, ou appelle le mobed auprès de toi, répliqua-t-il, blessé. Je me suis efforcé de mener à bien cette dangereuse négociation, et ta colère, comme toujours, récompense mon zèle. »

Orontès était un officier de bonne noblesse médique, attaché depuis son enfance au service de la famille royale et que l'ambition, l'orgueil, l'imprévoyance avaient jeté aux pieds de sa souveraine.

Parysatis voulait aimer ; deux ans il accepta l'esclavage. Mais il se sentait fatigué d'un amour impérieux, las d'une tendresse obsédante. Les liens qui l'unissaient à cette maîtresse acariâtre, tous les jours plus injuste, plus soupçonneuse, étaient si lourds qu'ils l'écrasaient de leur poids.

« Jadis, tu aurais donné mille vies pour un de mes sourires ; au jour d'épreuve pâlit le feu de l'amour. Tu rêves dangers, périls imaginaires, que sais-je ?

— J'arrive accablé, après avoir passé la nuit chez les mages et les satrapes, m'exposant ainsi à la haine d'Artaxerxès. Dès mon retour tu m'accuses de maladresse, presque de sottise. Un eunuque n'accueillerait pas avec calme le débordement de tes fureurs.

— J'ai tort, mon Orontès bien aimé, ta froideur me torture, dit-elle en se serrant contre lui. La jalousie m'aveugle. Si tu me trompais! Je serais capable..., capable de te déchirer de mes propres mains. Je suis comme la lionne, mon lion doit être tout à moi. »

Elle cherchait une caresse. Paralysé par la frayeur ou endormi par l'indifférence, il oublia de lui en faire l'aumône. Une pâleur livide couvrit le visage de la reine : son cœur se révoltait devant cet abandon brutal : « Gigis dirait-elle vrai? Sans de graves motifs elle n'ajouterait pas des craintes vaines aux tourments que j'endure. Suis-je donc si changée depuis deux ans? L'aile chauve du Temps m'aurait-elle meurtrie? Une rivale?... Folie!... Orontès sait que sa vie est entre mes mains... Aujourd'hui encore... L'attitude de cet homme ne signifie pas abandon, mais déchéance. Reine, il m'aimait! que serai-je demain, ce soir! »

Des larmes montaient à ses yeux, elle les refoula, honteuse de sa faiblesse.

« Parle; fais-moi connaître le résultat de tes démarches.

— Intaphrès s'est montré froid, circonspect et plus capable de s'allier aux grands du royaume pour proclamer Artaxerxès que de prendre ta cause en main. L'avènement de Cyrus serait, dit-il, illégitime; des hommes vertueux, esclaves des traditions, ne sauraient tremper dans un pareil complot. Les satrapes ne témoignent pas de meilleures dispositions; ils regagneront sous le règne d'Artaxerxès l'influence que Parysatis leur ravit.

— Il était de mon droit, de mon devoir d'accroître l'autorité royale en abaissant l'orgueil de ces vils esclaves!

— Tu remplis ton devoir à leur détriment, ils s'en souviennent et te préfèrent ton fils.

— Des mots, des mots! Retourne chez le grand prêtre, ordonne-lui de venir me parler et profite des instants que tu passeras avec lui...

— Rien à espérer de cet homme. Intaphrès te dénoncerait.

— A qui? Nul n'ajoutera foi à ses paroles.

— Alors Orontès sera le coupable et la victime! Voilà le rôle que me réserve ta tendresse!

— Annonce-lui du moins la prochaine arrivée de Cyrus. Supplie-le de ne prendre aucune détermination qui, dès la mort du roi, engage les mages envers l'héritier; vante mes hautes qualités politiques, rappelle avec emphase les services que j'ai rendus, exalte ma puissance. La générosité de Parysatis est à la hauteur de ses exigences, et sa haine, quand on lui résiste, surpasse sa générosité. Leurre par des promesses prêtres et gouverneurs. Lorsque la peau du lion est trop étroite, il faut y coudre celle du renard.

— La tromperie et le mensonge attirent la colère de Mithra.

— Crains-tu ses mille oreilles et ses dix mille yeux? »

Redevenue maîtresse d'elle-même, Parysatis s'abandonnait à une feinte colère, mais à une colère qu'elle dirigeait comme le cavalier habile guide le cheval fougueux :

« Ta sottise me fait honte et pitié! Voilà l'homme qui tint dans ses bras une reine de Perse! Voilà l'homme à qui Parysatis prostitua son corps et son âme! Voilà l'homme qu'elle voulut associer à ses grandes pensées, à ses projets secrets!... Au lieu de prêcher comme un mage, juge de mon œuvre à ses fruits. « Quand il est à propos de faire un mensonge, qu'il soit fait, disait mon aïeul Darius. Nous autres humains nous avons le même désir, soit que nous mentions, soit que nous disions la vérité. Les uns trompent parce qu'ils espèrent tirer avantage du mensonge; d'autres, au contraire, sont véridiques afin que la vérité leur profite. Ainsi par des voies différentes nous tendons tous au même but. S'il n'avait rien à y gagner, celui qui dit la vérité mentirait et celui qui ment dirait la vérité. » Semblable n'est pas la destinée de tous les hommes: un crime vaut à l'un le supplice du pal, à l'autre le diadème. »

Orontès eut trop tard la vision de son irréparable faute; quitter Parysatis sur cette explosion de colère, brusquer un mouvement de retraite, retourner chez les mages était également dangereux. Il se souvint que cette femme redoutable, fondue en un dur métal, vibrait au souvenir de Cyrus, et crut habile de chercher sur la route de Sardes le chemin de sa grâce.

« Quelles nouvelles d'Ionie?

— Mon fils ne peut tarder à paraître.

— Je fis jadis de vains efforts pour t'empêcher d'éloigner de la capitale le prince le plus séduisant, le plus beau, le plus brave que la Perse ait jamais connu. Tu ne voulus entendre à aucune raison. Tu l'aimes pourtant, ce fils, présent des dieux.

— Si je l'aime! Je me retrouve en lui dans tout l'éclat de ma jeunesse, avec ma vigueur de corps et d'esprit. En lui, en moi, les mêmes vertus : énergie, ténacité, soif du pouvoir, merveilleuses qualités pour commander et se faire obéir. Et c'est parce que je l'aime que je l'éloignai. Artaxerxès m'inquiétait. Taciturne, défiant, il se croyait entouré d'assassins, en butte à vingt complots. Je craignais de sa part un accès de jalousie qu'il eût éteint dans le sang de son frère.

Le gouvernement de l'Ionie devint vacant par suite de modifications apportées à ma politique extérieure. Je le donnai à Cyrus, heureuse de l'éloigner de la cour, ravie de le mettre en possession d'une demi-royauté.

— L'oubli est trop souvent le lot des absents.

Mieux valait déterminer Darius à modifier l'ordre de succession ; tu aurais régné pour la gloire de la Perse et le bonheur de l'univers.

— Oui, certes, Cyrus, gai, courageux, communicatif, poète, musicien, serait un excellent roi sous mes ordres. Artaxerxès, malgré sa piété superstitieuse, ses scrupules, ses hésitations, aurait pu me seconder également. Par malheur il subit l'empire d'une femme altière, soutenue par un parti puissant que mes sévérités nécessaires ont jeté à ses pieds. Il n'y a pas de place pour deux reines à la cour des Achéménides : aussi bien faut-il que Cyrus hérite le pouvoir.

Dès le départ de mon second fils pour l'Ionie, j'éloignai Artaxerxès de Babylone et tentai de circonvenir le roi. Je croyais toucher au but, quand Darius devint gravement malade.

— L'heure semblait propice.

— Oui. Et pourtant ma ténacité se brisa contre un refus formel. J'en suis à douter de moi-même et de mon ascendant. Dois-je cet échec à l'influence néfaste des mages? Artaxerxès, revenu près de son père, lui a-t-il dicté sa détermination? Mes espions n'ont pu ou n'ont pas voulu me dire la vérité. L'obstacle n'est pas moins insurmontable. Darius a tout oublié : le dévouement dont j'ai fait preuve, l'habile direction donnée aux affaires du royaume... Il a des scrupules... tardifs... Ce moribond, harcelé par de stupides remords, croit se faire pardonner des actes nécessaires, par conséquent louables, en résistant à mes prières sans cesse renouvelées, chaque jour plus pressantes. C'est pitié ! Encore si le nouveau règne n'amenait pas au pouvoir une femme abhorrée ! J'avais bien pressenti l'ennemie lorsque, il y a cinq ans, j'obtins du roi l'ordre de faire mourir ma bru. Le sot amour d'Artaxerxès l'emporta sur ma volonté. Qui écrasera devant moi cette Babylonienne maudite, cette adversaire acharnée, cette rivale odieuse ? »

Parysatis soumettait son amant à une dernière épreuve.

« Que peut un étranger exclu du harem ?

— Tu viens dans le mien ! » reprit-elle d'une voix railleuse.

Il demeurait interdit. Tous ses projets tournaient à sa confusion : il ne savait prévenir aucune attaque, éviter aucun piège.

« Tu hésites ?

— Ne suis-je pas prêt à mourir sur un signe de ton doigt ! Quel homme vivrait auprès de l'incomparable Parysatis sans que son cœur se consumât d'amour ?

— Je suis lasse d'un amant qui n'ose me défendre.

— Laisse-moi demeurer à tes pieds, te calmer, adoucir tes cuisants chagrins, » dit-il en enlaçant la taille de sa royale maîtresse.

Elle palpita sous l'étreinte, mais son âme indignée eut bientôt raison d'une faiblesse passagère.

« Retire-toi, je t'en prie, dit-elle avec la feinte douceur que lui conseillait une expérience acquise à l'école des trahisons. Laisse-moi me préparer dans la solitude à une vie de renoncement et de durs sacrifices. Tu aimais ta souveraine, tu n'oublieras pas une femme malheureuse ! »

Il jura d'être toujours tendre, fidèle, soumis, offrit de tenter une nouvelle démarche auprès d'Intaphrès, et posant sur sa tête des voiles menteurs, s'éloigna hâtivement.

« Il part joyeux !... Puissance, bonheur, volupté vont-ils s'évanouir ainsi qu'un mirage décevant à l'instant où s'exhalera le dernier soupir de Darius ? »

L'amour avait joué un rôle effacé dans la jeunesse de Parysatis. Satisfaire ses fantaisies était, pensait-elle, de droit régalien ; bien choisir ses amants témoignait d'un sens politique délié. Vinrent les années, et elle ouvrit son cœur à des impressions plus tendres ; elle crut remonter la vie en se donnant au bel Orontès et but avec délices la dernière coupe d'amour. Après l'avoir vidée elle sentit l'amertume de la lie et n'hésita pas à briser le vase.

« La passion est une chaîne ; assurez-vous de la solidité des maillons tant qu'elle attache un esclave, rompez-la sans regret dès qu'elle entrave votre libre arbitre.

Corps maudit qui vieillis et qui changes, tu n'es plus comme jadis un auxiliaire puissant, un complice de mes volontés, tu n'existes que pour ma honte et pour ma souffrance. Meurs à jamais, ne t'appesantis pas sur mon âme, n'influence pas mon esprit! J'ai été femme, je suis encore reine, une reine capable d'incliner à ses pieds tout ce qui respire, tout ce qui pense.

Les mages prétendent couronner Artaxerxès malgré moi! qu'ils le tentent, et je les fais tous empaler! Le sang du fils d'Hystaspe coule deux fois dans mes veines. On semble trop l'oublier autour de moi. Il me faut un ordre, le sceau royal. Mon mari respire encore! Peut-être arracherai-je au délire la promesse que je n'ai pu obtenir de sa bonne volonté et de sa raison. »

Elle se leva majestueuse, fière, plus pâle que le Génie de la Mort, serra autour des reins la ceinture lâche qui nouait sa tunique jaune aux longues manches brodées de fleurs amarantes, ramena sur sa poitrine les plis droits d'un manteau de pourpre violette et monta sur le rempart voisin du palais des femmes. Avant de gagner les appartements de Darius, elle voulait une dernière fois interroger l'horizon.

Le soleil réveille les molles vapeurs endormies sur la terre. Babylone émerge splendide d'un tapis de duvet. Sa double enceinte de murs crénelés, ses tours d'émail, ses portes de bronze, ses entassements d'édifices s'irisent de taches chatoyantes. Les maisons de briques, couvertes de terrasses semées d'hommes et de choses vivement colorés, forment au milieu d'un lac de verdure de gros bouquets de fleurs rouges. Des rues innombrables se coupent, se croisent, s'enchevêtrent comme les fils d'un écheveau et réunissent les bazars surmontés de longues files de coupoles grises, les bains que signalent des dômes bleus aux places, aux carrefours, aux larges avenues qui descendent vers le fleuve. Ici, les ruelles chevauchées par des pans de maison, là des chemins aériens tracés sur les terrasses. Les caravansérails s'élèvent au-dessus de la ville et la dominent de toute la hauteur de leurs portes monumentales; les pyramides, à degrés, servant tour à tour de temples, d'observatoires, ou de postes de guetteurs, dépassent les caravansérails.

Très loin sur la rive droite de l'Euphrate dompté, Borsippa s'illumine et dresse vers le ciel le temple aux sept étages, de couleurs différentes, couronné par la chapelle d'or où Nebo s'endort tous les soirs dans les bras d'une vierge babylonienne.

La buée floconneuse fondit aux premiers rayons du soleil, la campagne apparut blanche, striée de fils d'argent dessinés sur le sol par le fleuve et les canaux d'irrigation.

Parysatis fouillait les espaces immenses qui s'étendaient au nord de la ville. Ses pupilles démesurément agrandies, ses traits crispés témoignaient de l'anxiété de son âme.

Dès qu'elle s'était prise à douter des dispositions des mages en sa faveur, elle avait dépêché en Ionie un émissaire secret. Il devait prévenir Cyrus de la maladie du roi, lui annoncer la prochaine vacance du trône et l'engager au nom de la reine à précipiter son retour s'il voulait disputer la couronne.

Le serviteur chargé de cette mission dangereuse était-il mort, était-il tombé dans quelque guet-apens? Elle ne pouvait le croire. Trop prudente pour confier pareil message à des cavaliers dont l'uniforme eût attiré l'attention, elle l'avait remis à un piéton d'humble apparence, habitué à voyager loin des routes, à éviter les grandes villes ou les campements et à marcher les yeux fixés sur les étoiles, sans qu'aucun obstacle, hormis le voisinage des hommes, pût lui faire abandonner son itinéraire. Combien de fois ces marcheurs intrépides, faciles à désavouer, avaient-ils battu de vitesse les courriers royaux montés sur leurs chevaux niséens?

Cyrus n'arrivait pas. Les heures, que l'on accuse tour à tour d'être trop lentes ou trop rapides, s'enfuyaient sans amener un incident favorable, sans apporter le calme dans l'âme troublée de cette sœur, fille, femme et mère des Grands Rois.

Elle rentra dans le harem, ordonna aux eunuques de l'escorter chez Darius, et s'avança d'un pas solennel, réglé par un antique usage, alourdi par le poids des massifs bracelets rivés à ses chevilles.

Les serviteurs, habitués à une aveugle obéissance, s'empressèrent d'abord, mais arrivés devant la baie qui faisait communiquer l'appartement des femmes et le palais particulier des souverains, ils s'arrêtèrent indécis.

« Qu'attendez-vous ? » dit sèchement Parysatis.

Ils demeuraient muets, paralysés par un invincible effroi.

En tête du cortège marchait un vieil eunuque qui avait vu naître et grandir la reine. Il se prosterna :

« Pourquoi sortir du harem de si grand matin, Astre de l'État ? pourquoi courir au-devant d'un lamentable spectacle ?

— Trêve de questions. Relève-toi et ouvre les portes ; je veux voir le roi.

— Chère maîtresse ! Votre vie serait en péril si vous tentiez d'enfreindre des ordres formels.

— Des ordres !... Qui a le droit de donner des ordres ? Qui ose empêcher Parysatis de se rendre auprès de son époux ?

— Sauf les mages chargés de rendre les derniers devoirs, nul n'entrera dans la chambre où notre souverain agonise. Telle est la volonté d'Artaxerxès.

— Tant qu'un souffle de vie anime le cœur de son père, Artaxerxès ne règne pas. Place, esclaves; Darius m'appelle. »

Tous s'écartèrent terrifiés et livrèrent passage à cette femme, vivante incarnation de la puissance.

Une haute coupole revêtue d'une mosaïque bleu céleste, constellée d'étoiles d'or, ornée des divinités suprêmes des panthéons perses et chaldéens, couvre la chambre immense. Au centre se dresse le lit d'ivoire. La couche repose sur les pattes vigoureuses d'un fauve; d'emblématiques statues d'argent unissent les traverses.

Étendu sous des couvertures blanches comme la neige des Zagros, entouré de flabellifères qui écartent les mouches accourues autour de son corps rigide, la tête perdue dans un délire affreux, le roi Darius meurt de sa belle mort. La belle mort! Elle ne hantait guère les Achéménides dévolus au poignard de leurs héritiers. Le poignard n'eût-il pas été plus clément que cette agonie? A considérer le patient, on se demandait si la fin tragique de ses ancêtres ne lui eût pas ouvert moins durement les portes du tombeau.

L'Élu de Dieu, conscient de sa fin prochaine,

est la proie d'effroyables cauchemars : le souvenir d'une vie déréglée, le remords de crimes innombrables, le regret du passé, la terreur de l'avenir.

Près du moribond se relaient les spectres de ses frères assassinés ; leurs plaies sont encore béantes. Autour de lui tournoie une ronde infernale. Ce sont des écorchés traînant leur peau rouge comme un manteau royal, des empoisonnés au teint verdâtre, au ventre déformé par des convulsions, des empalés piétinant sur leurs entrailles palpitantes, écrasant les viscères tombés à leurs pieds.

Secydianus, condamné jadis au supplice de la cendre sous prétexte de trahison, conduit la danse. « Lève-toi, fratricide ! lève-toi, voleur de trône ! » siffle le fantôme entre ses dents branlantes. D'une main de fer il entraîne l'agonisant dans la chambre fatale où il lui infligera la peine du talion et le pousse vers une planche étroite jetée sur un abîme gris : « Grâce ! » s'écrie le mourant, dressé sur sa couche, les traits convulsés. Et de ses bras étiques il écarte un invisible ennemi.

« La fatigue m'accable, mes jambes affaiblies refusent de soutenir mon corps débile, la cendre m'attire. Grâce ! Je ne fus pas l'instigateur de ton supplice : Parysatis l'exigea. »

Il croyait rouler dans le gouffre et se cramponnait au lit.

« Pitié!... La cendre!... balbutiait-il; elle est molle..., floconneuse..., elle cède sous mon poids!... Parysatis!... A moi!... Au secours!... Parysatis!... Le Très Mauvais m'attend!... il ricane joyeux!... Je m'enfonce, j'étouffe! »

La frayeur faisait jaillir ses yeux de leur orbite et dresser chacun de ses cheveux comme les dards d'un porc-épic irrité. Puis il recouvrait une lueur de raison. Ses regards effarés se tournaient vers les saintes images reproduites sur les pendentifs de la coupole; il interrogeait ses dieux, il les implorait.

A la suite de ces accès où il dépensait ses dernières forces vitales, Darius retombait dans une torpeur voisine de la mort. L'âme se détachait du squelette; seule la respiration sifflante et précipitée témoignait que le roi vivait encore.

L'air devenait nauséabond; la myrrhe et l'encens jetés sur des charbons ardents envoyaient vers la voûte bleue de capricieuses spirales, mais ne suffisaient pas à corriger les fades relents d'un corps à demi corrompu.

Outre les esclaves préposés aux parfums et les flabellifères noirs, semblables à des ombres venues des ténèbres éternelles pour réclamer un nouvel hôte, une femme rayonnante de jeunesse et de beauté, vêtue d'une robe de brocart, parée de bijoux somptueux, veillait au chevet du roi. La garde-malade ne témoignait ni douleur ni dégoût et attendait, vigilante, l'heure solennelle.

Au bruit des voix qui résonnaient dans le silence recueilli, elle s'émut, releva sa tête inclinée sur ses mains jointes et se précipita vers la porte. Parysatis, sévère apparition, s'encadrait déjà dans la baie grande ouverte.

« Vous ici, Statira! dit la reine d'une voix assourdie par la colère. Vous ici! Quand Artaxerxès m'interdit de recevoir le dernier soupir de son père!

— Je ne soupçonnais pas que ma présence auprès d'un mourant pût vous déplaire. D'ailleurs j'ai pris une place abandonnée.

— A laquelle vous n'avez nul droit.

— Quels motifs vous ramènent, après douze heures d'absence, auprès de cet infortuné?

— Suprême audace! Interroger la reine de Perse!

— Que les faibles s'inquiètent de vos fureurs; désormais elles ne sauraient m'atteindre.

— Vous vous hâtez : le roi détient encore le sceau royal.

— Ne veniez-vous pas le lui ravir? »

Darius s'agita sur son lit de douleur; avait-il conscience du drame qui se jouait à son chevet? Les deux femmes, l'une rouge d'avoir été devinée, l'autre pâle de colère, les yeux dans les yeux, poitrine contre poitrine, ne surprirent point cette fugitive angoisse.

« Pendant dix ans vous m'avez mesuré l'air et la lumière, pendant dix ans vous avez épié jusqu'aux battements de mon cœur, pendant dix ans vous m'avez humiliée, ravalée au-dessous des esclaves; et je devrais vous baiser les mains! Sans l'intervention d'Artaxerxès, qui m'arracha courageusement à la mort, serais-je de ce monde? Vous m'eussiez fait écorcher vivante comme cette pauvre Roxane.

— Votre sœur ne devait pas se placer sur les pas de Tiritugmès et voler à ma fille Amestris le cœur de son mari.

— N'était-ce point assez de sacrifier à votre rancune un gendre que vous prétendiez infidèle, fallait-il encore martyriser une femme, la joie et l'orgueil de ma famille! Dieu puissant! les liens qui retenaient ma langue prisonnière sont brisés, je puis vous jeter à la face vos crimes et vos vices, vous dire l'horreur que m'inspirent vos cruautés chaque jour plus féroces et le bonheur de mes peuples à s'affranchir de votre joug détesté.

— Chercher, dans le peuple, triste assemblage de moutons imbéciles et de loups muselés, les juges de Parysatis est une idée vraiment royale, digne de la fille d'un petit chef arabe dont les ancêtres eussent été trop fiers de grossir la valetaille des miens! »

Statira bondit sous l'insulte, mais Parysatis l'arrêta d'un geste dominateur :

« Vous parlez de me traîner devant le peuple ! J'accepte cet étrange tribunal. Je ferai passer sous ses yeux deux tableaux saisissants : l'empire à l'avènement de Darius et l'empire à sa mort. Il apprendra le nom du bon génie de la Perse, de la femme qui conjura le péril hellénique. Malgré leurs innombrables bataillons, mes aïeux avaient échoué dans cette tâche : j'ai réussi sans demander à l'Iran un seul de ses enfants.

Ces succès, prémices de victoires plus glorieuses, seule je les ai préparés; ils m'appartiennent comme l'action à la pensée qui l'a conçue. Roi ! que n'eussé-je pas fait de la Perse ! Mais des coutumes sauvages me confinent dans le harem, et c'est du fond de cette prison éternelle comme le tombeau que je dirige le monde avec l'aide d'intermédiaires maladroits, parfois méprisables ! Les hommes osent proclamer leur supériorité ; j'ai dépensé plus de talent et de volonté pour mouvoir un grain de sable qu'il n'en faudrait à un souverain pour ébranler une montagne. Tant d'efforts méritaient une récompense. Ma récompense est de voir les impuissants se disputer ma gloire et de sentir acharnée contre moi l'envie, cette ombre qui s'attache aux victorieux et laisse une trace d'autant plus longue que leur taille est plus haute.

— Ingratitude humaine ! Le monde méconnaît son bonheur ! Que ne chérit-il le nom du despote qui tient le sceptre comme le bourreau sa hache?

— Si je n'avais pas gouverné d'une main ferme, vous ne caresseriez pas aujourd'hui la douce illusion de ceindre le diadème. Votre ardeur est prématurée. Trêve de discours. Sortez de cet appartement où nul ne vous appelle et rentrez dans votre harem. La reine de Perse ne discute pas, elle ordonne.

— J'obéirais, si le roi n'avait commandé à son esclave de veiller comme une chienne fidèle au chevet du souverain maître de l'univers.

— Vous vous embusquez derrière Artaxerxès pour distiller le venin de votre âme : « Mon seigneur le veut; je suis sa chienne fidèle et son esclave servile, pressée d'agir selon son bon plaisir. » Et, sous cette déférence apparente, vous conduisez mon fils à l'imbécillité, vous nouez des trames qu'il ignore. Ce maître soi-disant obéi, cet athlète puissant n'est que l'écho de vos lâches méchancetés. Parysatis a l'âme plus fière, elle proclame ses volontés sans honte ni faux-fuyant. Pas de tête assez haute pour abriter la sienne. Hors d'ici!... hors d'ici, vous dis-je! »

Statira ne répondit pas, mais se levant elle se dirigea vers les eunuques :

« Les mages? Il est temps d'accomplir les rites. »

Parysatis voulut intervenir ; les prêtres entraient.

Les adorateurs d'Ormazd, craignant de se souiller et de profaner au contact impur des morts les métaux précieux qui participent de l'éclat du feu divin, n'attendaient pas toujours le dernier soupir des agonisants pour commencer la toilette funèbre et enlever les bijoux d'or et d'argent. Les rois, si grands, si puissants pendant leur vie, n'échappaient pas après leur mort à la répulsion générale et en subissaient comme de simples mortels les douloureuses conséquences.

Darius, rappelé de son engourdissement par la querelle des deux reines, parut avoir conscience de l'office que venaient remplir les pourvoyeurs de la tombe. Il ramena les couvertures blanches, comme s'il eût voulu se défendre contre l'anéantissement final, et se blottit, rapetissé par les convulsions de la mort, s'enfonçant dans les oreillers, faisant crier les bois sous l'effort que l'instinct commandait à son corps.

Les prêtres s'approchaient, inflexibles, impitoyables. Le plus âgé d'entre eux releva les longues manches de sa tunique de lin, assujettit leurs pointes en les liant sur les épaules et, solennellement, avança sa main brune vers la poitrine squelettique du moribond. Il cherchait le sceau de saphir que les souverains suspendaient à une chaîne d'or. Darius, secoué par un frisson de terreur, voulut défendre l'emblème de la puissance royale. Ses doigts, pareils aux serres d'un vautour rapace, se crispèrent sur le bijou, tandis qu'un appel rauque s'échappait de ses lèvres :

« Parysatis!... Parysatis!... »

La reine, immobile jusque-là, se jeta devant le mourant :

« Les lois applicables aux mortels n'atteignent pas les rois! »

Et d'un geste brutal elle écarta le mage.

« Qu'attendez-vous, prêtres? s'écria Statira. Mettez-vous en balance l'intérêt de la religion, l'observance des ordres célestes avec les vains caprices d'une femme! Pour retenir quelques secondes le pouvoir suprême, Parysatis ne craindrait pas de vous infliger la pire des souillures, de vous livrer à la droudj cadavérique, à l'impure Naçou déjà blottie dans un angle de la salle ou suspendue comme une mouche immonde aux mosaïques de la coupole. »

La reine se cramponnait à Darius défaillant, le couvrait de larmes, l'étreignait de ses bras et le pressait sur sa poitrine haletante, tandis que les mages consternés s'éloignaient des deux rivales.

Statira, outrée de cette résistance, s'interposa entre Parysatis et le moribond :

« Je vous savais cruelle, vicieuse, adultère, plus vile qu'un serpent, plus méprisable qu'un faux témoin, mais j'ignorais que vous fussiez hypocrite ; baisez, baisez Darius avec les lèvres encore chaudes des caresses de cet Orontès qui, dès l'aurore, entrait chez vous sous des voiles de femme. Ne niez pas. J'ai suivi votre amant, je l'ai vu, je... »

Elle n'acheva pas.

Darius, brisant l'étreinte de la reine qui roulait au pied du lit, se soulevait tout d'une pièce ainsi qu'un spectre vengeur, pour retomber à jamais immobile dans l'éternel repos.

Les prêtres poussèrent un cri de terreur :

« Malheur affreux, trois fois malheur ! Accourez ! rendons les derniers devoirs à notre bien aimé maître ! Le roi Darius est mort ! Le roi Darius est mort ! Hâtons-nous d'accomplir les rites. »

Se serrant autour du lit funèbre, ils apportèrent l'urine de vache consacrée et l'eau sainte : le gomez et le zour. Puis ils procédèrent en toute hâte aux purifications et aux lavages liturgiques, enveloppèrent le corps dans un linceul de lin immaculé et le couvrirent d'un manteau sordide arraché à un mendiant.

« Le chien ? »

On amena un chien jaune aux oreilles blanches. A son instinct Ormazd confie le soin de certifier la mort et de signaler la main-mise sur le cadavre par la droudj infectieuse : à sa vigilance le Créateur pur du monde pur s'en remet pour empêcher l'horrible démon de s'élancer de sa proie sur de nouvelles victimes.

L'animal s'avança, tomba en arrêt, flaira longuement le souverain :

« Il sent la droudj Naçou ! »

Le génie ténébreux, le fatal agent de la contamination est déjà maître du corps, nul ne pourra toucher, sous peine d'irrémissible souillure, à ce foyer d'infection.

Les eunuques s'étaient précipités vers les appartements du prince royal. Artaxerxès couvrit sa tête d'un voile noir et se dirigea impassible vers la chambre mortuaire.

Les mages avaient posé le sceau, objet de si cruelles convoitises, sur un plateau d'or, et leur chef, se prosternant devant le nouveau roi, le pria d'attacher à son cou ce gage de la soumission et du respect de ses peuples.

A cet instant, Artaxerxès se souvint que Darius laissait une veuve.

« Ma mère, je voudrais calmer votre douleur... Quelle consolation puis-je vous offrir ?

— Aucune, reprit-elle, farouche. Laissez-moi prier auprès de votre père. Vous avez voulu m'empêcher de recevoir son dernier soupir, vous ne me disputerez point le soin de le veiller. Le chien sacré et quelques eunuques m'assisteront.

— Moi, vous empêcher... Que signifie...

— Cher seigneur, interrompit Statira, je voulais épargner à la reine une émotion violente.

— Éloignez cette femme; les consolations indiscrètes ne font qu'aigrir la douleur. »

Artaxerxès hésitait : des deux reines, l'une invoquait des droits imprescriptibles, l'autre lui était plus chère que la vie.

« Retirez-vous, dit-il aux mages: ce soir je fixerai la date du couronnement. Chère Statira, l'insomnie a répandu sur ton visage une pâleur affligeante; rentre dans le harem et demande des forces nouvelles au sommeil réparateur.

Elle n'osa résister à cette invitation :

« Je vais prévenir mon grand eunuque de notre prochain départ pour Pasargade. Dès demain je serai prête à vous accompagner. »

Parysatis et son fils demeurèrent seuls. La reine, agenouillée dans un angle de la salle, pleurait à chaudes larmes.

Artaxerxès se sentit ému de pitié :

« Ma mère, l'heure est venue de montrer la fermeté de votre âme virile et d'appeler la religion à votre secours. Obéissez à la loi sainte qui défend de s'abandonner au désespoir profane. Le roi vous aimait, sa confiance en votre sagesse était absolue; fils respectueux, je vous entourerai des mêmes attentions et vous témoignerai les mêmes égards. Les attributs souverains, la direction du harem vous seront conservés, et si les revenus des villes que mon père vous attribua sont désormais insuffisants, je joindrai à l'ancien apanage la cité qu'il vous plaira de désigner, hormis pourtant mes capitales : Babylone, Persépolis, Ecbatane et Pasargade. »

Elle releva sa tête altière, scruta jusque dans ses derniers plis le visage de son fils, puis, à voix basse, comme si elle eût craint de réveiller celui qui dormait de l'éternel sommeil :

« La générosité du roi pourvut dès longtemps aux charges de ma maison. Je ne regrette ni les honneurs dont j'étais entourée, ni le rang que j'occupais. Je pleure le mari excellent, le monarque victorieux, je pleure sur la Perse dont la grandeur fut l'objet de mes constants efforts, je pleure parce que j'avais arraché ma patrie à l'anarchie, parce que je lui avais donné l'hégémonie sur l'univers, et que j'assisterai, impuissante, à sa déchéance.

— Me croyez-vous donc un politique maladroit ?

— Non, mais je vous sais dominé par des influences funestes. On vous presse d'agir sous l'impulsion de sentiments irréfléchis, on ne vous laisse pas le loisir de mûrir vos résolutions. Une heure ne s'est pas écoulée depuis la mort du roi et vous avez déjà compromis l'avenir.

— Que voulez-vous dire?

— Il ne m'appartient pas de vous donner des conseils. Je dois à mon deuil de vivre dans la retraite et le silence. La veuve pleurera celui qui n'est plus, la mère priera l'Esprit très saint de protéger son fils, de démasquer les méchants et d'illuminer la route du roi.

Il faut pendant vingt ans avoir fléchi sous le poids de la couronne pour se douter de l'énergie, de la virilité et de la force d'âme que réclame la conduite d'un grand empire.

— Vous avez toutes les qualités d'un souverain, ne privez pas la Perse de votre aide. Dirigez mes premiers pas, prêtez-moi le secours de vos sages conseils. Je devine des pièges semés sous mes pas. La nouvelle d'un changement de règne courait à peine les satrapies que des émeutes éclataient. Des courriers arrivés il y a quelques instants m'annoncent l'insurrection des nomades du Sud et d'un chef puissant de Dour-Yakin. Si les montagnards des Portes persiques suivent l'exemple des Arabes, comment gagnerai-je Persépolis? Comment porterai-je aux tombeaux des rois la dépouille de mon père et procéderai-je aux cérémonies du couronnement? Je ne saurais pourtant différer mon départ.

— Quitter Babylone à la veille d'une révolte! Voulez-vous livrer la capitale au premier ambitieux qui se targuera d'une origine royale!

Sachez, avant de vous aventurer dans la montagne, si votre armée est capable de franchir les Portes persiques ou s'il faut, comme jadis, acheter la bonne volonté des Uxyens. Pourquoi hâter votre départ? Les cérémonies du sacre n'accroîtront pas votre puissance. Préférez des actes aux vains simulacres, prenez possession de l'empire, apprenez à vous faire craindre avant d'aller au tombeau de notre ancêtre revêtir la robe de Cyrus et accomplir des rites respectables, mais sans valeur réelle. Soyez roi, vous vous couronnerez ensuite.

— La cérémonie de Pasargade me donnerait une grande autorité sur les mages.

— Moins que la soumission des rebelles.

— Vous avez raison : je vais envoyer une armée à Dour-Yakin.

— Gardez-vous de cette faute. Vos soldats battraient-ils ces nomades indomptés, archers habiles, frondeurs redoutables? Vainqueurs, pénétreraient-ils dans les marais du Tigre dont seuls les habitants connaissent les détours?

— C'est pourtant l'unique moyen de réprimer l'insurrection.

— Vraiment! Un rien vous embarrasse. Faites venir le chef des rebelles...

— Le croyez-vous assez naïf pour accourir à mon premier appel et placer de lui-même sa tête sur le billot?

— Oui, si vous lui envoyez des émissaires chargés de présents et de promesses, si vous engagez votre parole royale qu'il peut venir à Babylone sans crainte et qu'il en sortira sain et sauf.

— A moins que je ne veuille encourager les traîtres, que gagnerai-je à lui donner une robe médique, des colliers et des bracelets?... Il quittera ma capitale fier, triomphant, persuadé que je le crains et qu'il n'a rien à redouter de ma faiblesse.

— Pardon : sortir sain et sauf de Babylone n'équivaut pas à revenir vivant dans les marais. Après avoir endormi la défiance du révolté par des présents et des paroles mielleuses, libre à vous de lui susciter au retour quelque mauvaise querelle ou de préparer un guet-apens.

Le pillage des bagages et des riches cadeaux reçus dans la capitale motivera suffisamment un massacre exécuté par une tribu rivale, événement regrettable que vous serez le premier à déplorer et à punir.

— Ma conscience répugne à cet acte de rigueur. J'éprouve quelques scrupules. Les promesses sont placées sous la sauvegarde de Mithra ; manquer à ma parole me mettrait au rang des pires suppôts d'Ahriman.

— La virginité de la parole royale, cette loi suprême de la Perse, ne souffrira nulle atteinte puisque, selon votre promesse sacrée, le sauf-conduit couvrira votre hôte depuis son entrée jusqu'à sa sortie de Babylone.

Tourner une montagne que l'on ne peut franchir, c'est reconnaître sa masse et sa hauteur ; prendre de petits sentiers à côté de la loi, c'est attester la majesté de la religion, c'est honorer Mithra et l'ange gardien de Séroch saint, puissant, actif, incarnation des volontés divines.

Dans aucun de ces faits je ne découvre l'inspiration du Créateur mauvais des êtres mauvais.

Tandis que vous réglerez cette question, envoyez un de vos trésoriers au chef des Uxyens, négociez au plus juste prix le passage des Portes persiques, et lorsque vous aurez aplani ces premières difficultés, partez sans souci pour Pasargade, laissant votre empire tranquille et pacifié, vos sujets soumis et fidèles.

— Avec quelle merveilleuse adresse vous évitez les écueils ! Je vous admire. Oui, vous avez raison, mille fois raison. Quitter Babylone en un pareil moment serait folie ! Rien ne presse d'ailleurs : la saison des pluies dure encore, la caravane marchera d'autant plus vite que la montagne et ses défilés seront plus accessibles. »

L'entretien se prolongea plein d'intimité et d'abandon auprès du cadavre de Darius étendu dans sa froide rigidité. Sur le soir, la mère et le fils regagnèrent leurs appartements.

« Cyrus arrivera peut-être à temps. » pensait Parysatis.

« Ma mère est un grand politique, dit Artaxerxès à sa femme, lorsqu'il se trouva seul avec elle. J'aurais tort de négliger les conseils de sa vieille expérience; mieux que personne elle connaît les affaires de l'État, les passions de chaque satrape, les vices et les faiblesses des grands. Elle m'a dissuadé de quitter Babylone avant la complète pacification du royaume et de courir à la recherche d'une vaine investiture tant que la couronne ne reposera pas solide sur ma tête.

En fixant notre départ pour Pasargade au lendemain même de la mort de mon père, nous envisagions l'avenir sous une seule face. Combien je me félicite d'avoir provoqué l'entretien qui m'a valu d'aussi sages remontrances ! »

Statira fit un geste de profond découragement :

« Artaxerxès, je vous parle sans passion, sans rancune. Assise à vos côtés sur le trône de Perse j'abdique toute haine. La reine veut oublier les tortures subies par la princesse royale, mais je ne puis cependant vous laisser courir à votre perte. Parysatis attend Cyrus avec impatience pour vous l'opposer, tenter de vous arracher le sceptre et le remettre aux mains d'un fils chéri.

— Y pensez-vous, ma belle souveraine? Vous êtes victime d'une illusion ou de quelque rêve diabolique.

— Hier, encore cette nuit, elle offrait à Intaphrès la moitié de votre trésor en échange de sa complaisance; elle exigeait seulement qu'il ne prît aucune mesure susceptible d'engager les mages envers vous. Il a refusé. Prévoyant une tentative suprême de Parysatis, je suis allée m'asseoir au chevet du roi mourant. Après avoir reçu la réponse des prêtres, la reine est accourue... trop tard : Darius expirait.

Restez à Babylone, retardez les funérailles de votre père, éloignez la date de votre sacre, et Cyrus, aidé des conseils de Parysatis, appuyé sur les grands qu'il a su mieux que vous capter et séduire, vous imposera bientôt l'humiliation de le saluer Roi des Rois. Heureux encore s'il ne sacrifie pas votre vie à son repos! De vous dépend, cher seigneur, que le reste de mes jours ne s'écoule pas dans les larmes et que je n'aille point, triste tourterelle, me poser sur un rameau desséché, pour pleurer l'infortune de mon roi proscrit et fugitif! »

Dès l'aurore les eunuques parcouraient le harem et publiaient le premier ordre d'Artaxerxès Mnémon : l'ordre de départ pour Persépolis et Pasargade. Il était scellé du cachet royal et par conséquent irrévocable.

CHAPITRE III

EN ROUTE

La mort qui est le mal, la vie qui est le bien. Ahriman et Ormazd régentent le monde.

Dans le palais rempli de deuil, devant la couche funèbre où dort le descendant d'Achéménès, le Destructeur semble triompher et s'installer en souverain maître; mais le cadavre du roi n'est pas refroidi qu'un autre protagoniste occupe la scène et que la vie sonne au dehors ses joyeuses fanfares. Qu'importe la mort de Darius; des enfants nouveau-nés grossissent par milliers les troupeaux humains, les germes des graines confiées à la terre brisent leur enveloppe, les boutons éclatent et se changent en fleurs odorantes, le pollen féconde les pistils, les fruits s'imprègnent d'aromes suaves, les bouquets de roses et les vertes frondaisons embellissent les jardins. Le roi est mort et l'Euphrate roule sans fatigue des eaux tumultueuses entre les quais de briques rouges. Le roi est mort et Babylone se dresse toujours majestueuse avec ses temples émaillés, ses palais grandioses, ses maisons aux multiples étages, ses cabanes faites de roseaux et de stypes de palmier. Depuis que la nuit elle-même a succombé sous les traits du jour renaissant, une fièvre intense agite la grande cité. Les rues regorgent, au point que les courants humains s'écraseraient s'ils ne s'écoulaient en flots convergents, et pourtant les terrasses, les fortifications, les murailles, disparaissent sous une multitude compacte : hommes aux tuniques de lin, femmes enveloppées dans une étoffe descendant en spirale des seins à la cheville. Les enfants nus, leur peau dorée, leurs amulettes, leurs bracelets de perles bleues, leurs boucles d'oreilles et leurs colliers où l'argent le dispute d'éclat aux cornalines roses, diaprent seuls la foule blanche. Jusqu'aux branches des sycomores, jusqu'aux panaches des palmiers s'accrochent, en grappes, les curieux fiers de narguer la populace qui grouille à leurs pieds. Ce monde hurle, chante, rit, soulève des nuages de poussière, remplit l'air de ses émanations et de son haleine chaude.

Autant les Babyloniens, avares de lamentations funèbres, dissimulèrent mal leur indifférence lorsque les trois grands eunuques, Artasiras, Artibazane et Dâdarsès, proclamèrent d'une voix aiguë la mort du maître de l'Asie, autant ils semblent curieux d'assister au départ du cortège qui accompagne à Persépolis la dépouille royale.

Les jeunes gens interrogent les anciens et s'informent des pratiques observées dans la religion mazdéenne.

« Est-il vrai que Zoroastre, interprète des volontés divines, interdit de souiller le feu, l'eau ou la terre au contact d'un cadavre?

— La Grande Mère nourricière repousse ses fils avant que leur chair n'ait alimenté d'autres vies, répondent en mauvais chaldéen les Perses mêlés à la foule. Esclaves de la loi, nous construisons loin de toute habitation, loin de toute source naturelle, des dakhmas, immenses tours circulaires sans toit ni couverture où nous déposons les corps. Accoutumés à venir chercher leur nourriture dans ces charniers humains, aigles et vautours accomplissent avec empressement leur tâche lugubre. »

On raconte aussi que le cadavre de Darius, extrait de la bière, sera confié au pourrissoir de Persépolis jusqu'à la dénudation complète du squelette. Alors seulement il reposera sous la voûte d'un spéos creusé à la mode d'Égypte dans la montagne d'Istakhr.

La caravane mortuaire s'est ébranlée avant l'aurore.

Les eunuques du roi défunt précédaient la

litière funèbre plaquée d'argent, voilée de pourpre violette. Trente-six hommes, représentant les satrapies soumises au Grand Roi, l'escortaient au pas accéléré afin de libérer plus tôt l'ange gardien du monarque.

Puis venaient trois meutes de chiens sacrés dont le passage purifiait le chemin souillé par le cadavre.

En longue procession s'avançaient les prêtres. Vêtus de byssus immaculé, coiffés de mitres blanches dont les pans se ramenaient sur la bouche, les vicaires d'Ormazd agitaient des branches de tamaris et psalmodiaient d'interminables théogonies, des hymnes purificatoires, des exorcismes contre les démons qui voletaient autour du cercueil.

Les chanteurs de la cour célébraient les louanges du roi défunt, proclamaient sa piété, ses vertus, sa justice, exaltaient ses victoires, disaient la douleur des nations trop heureuses d'avoir vécu sous sa loi.

Deux chiliades mèdes commandées par Artapherne, fils d'Otanès et d'une sœur de Darius, fermaient la marche.

Artaxerxès aurait dû suivre la théorie funèbre. Le soleil, au zénith, éclairait la terre d'une lumière brutale, les ombres s'enfuyaient honteuses devant ses rayons éclatants, et Babylone s'énervait dans une attente sans cesse déçue, sans cesse surexcitée.

Le peuple évacuait la route de Suse, les arbres se redressaient allégés des fardeaux suspendus depuis l'aube à leurs branches, quand des courriers, lancés à travers la foule, annoncèrent que le monarque sortait du palais. A leur suite, les gens de police armés de longues gaules s'ouvrirent un passage bientôt élargi.

« Place au Roi des Rois!... Place au Roi des Rois!... Garez-vous!... Garez-vous!... »

Et les coups de pleuvoir sur les retardataires; et la foule houleuse. lente à se comprimer, d'écraser les faibles; les enfants de pleurer, les femmes de pousser des cris suraigus. les verges de jouer toujours.

« Place au Roi des Rois!... Place au Roi des Rois!... Garez-vous!... Garez-vous!... »

Il serait si pénible quand on détient pour un instant le droit de molester ses frères, de ne point en abuser!

La police avait si bien travaillé que la voie était libre bien avant la venue du cortège. Les êtres humains entassés en masses impénétrables s'étaient résignés. Une longue pratique leur avait appris que la joie se paie, que les meurtrissures se guérissent, que les injures s'oublient. D'ailleurs les roulements retentissants des tambours ovoïdes, les éclats déchirants des trompettes de cuivre aux longues embouchures, étouffaient les cris d'impatience; les malédictions et les rires sous leurs sonores accents.

Au premier rang les gardes Aryens — l'élite des Perses — tournant la javeline vers la terre. Ils marchent en deux compagnies distinguées l'une de l'autre par la couleur des robes et des vestes jaunes ou blanches.

Leur martiale attitude, leur réputation de bravoure acquise en vingt combats, leur mâle beauté, leurs riches uniformes les signalent à l'admiration générale. La lumière fait scintiller la couronne d'or, les pendants d'oreilles, les colliers et les bracelets dont ils se sont parés, elle se joue sur le fer poli et la pomme d'or de la javeline, accuse l'agrafe du ceinturon, la monture des arcs, les boucles et les coulants des carquois de peau de tigre. Tous sont vêtus du même costume de cour : jupe plissée aux hanches, chemise pourpre serrée à la taille par une large ceinture, veste fermée sur la poitrine. Les manches de ce dernier vêtement, ouvertes du poignet au coude, laissent passer les plis nombreux de la chemise. Un riche galon court autour des étoffes. Les chaussures de cuir fauve se lacent sur le cou-de-pied.

Derrière les gardes, un escadron équipé comme l'infanterie chevauche de noirs étalons.

Les archers susiens précédent le roi. La magnificence des robes et des vestes lamées d'or, la torsade verte posée sur les cheveux accusent la teinte sombre de leur visage ; l'uniforme blasonné de sable, à la motte verte surmontée de trois tours, rappelle le célèbre Memnonium où les Achéménides enfermaient les tributs de l'univers.

Triés dans les plus vieilles familles de la Susiane, les guerriers noirs s'enorgueillissaient, à juste titre, des exploits de leurs aïeux dans les grandes luttes contre l'Assyrie. A eux seuls était réservée la charge d'entourer et de protéger le monarque, de veiller sur sa personne sacrée. Devaient-ils cet honneur à leur invariable fidélité ou à la bravoure légendaire de leurs ancêtres? Peut-être les rois plaçaient-ils leur confiance dans un corps d'autant plus dévoué que des rivalités de race le rendaient facile à conduire contre les révoltés perses.

Artaxerxès apparut. Pareil au soleil, il scintillait de mille feux. Les perles attachées à la robe et à la tiare frissonnaient au moindre mouvement, les pierreries qui alourdissaient ses armes et ses bijoux lançaient des éclairs. Pareil à l'astre divin dont l'éclatante image ornait le char, il se tenait sur un quadrige merveilleux aux chevaux immaculés, et assombrissait l'éclat des astres qui lui faisaient cortège.

Grand, large d'épaules, vigoureusement constitué, le jeune souverain symbolisait la majesté royale. Le front carré s'appuyait sur un nez droit aux narines mobiles, en harmonie avec une bouche sensuelle relevée aux commissures. Les lèvres très colorées découvraient des dents superbes et corrigeaient les formes lourdes des mâchoires et du menton.

Ce colosse séduisit le peuple.

La foule, prosternée, poussa d'abord des acclamations de commande, offrit des souhaits de bonheur et de longue vie ; puis, grisée de ses propres cris, tendit ses mains frémissantes vers son nouveau maître. L'enthousiasme qu'excitait le roi ressemblait au léger tourbillon enfanté dans les défilés des hautes montagnes. Quelques cailloux chassés sur les pentes abruptes, grossis à chaque bond des neiges accrochées aux aspérités, roulent, grondent, mugissent, entraînant le tonnerre dans leur course folle, et achèvent leur voyage transformés en une avalanche formidable.

A mesure qu'Artaxerxès s'avance, tombe le masque impénétrable sous lequel se cachent les impressions de l'âme ; les muscles de la face perdent leur sévérité hiératique et leur immobilité voulue. Il avait quitté le palais, froid, impassible ; les ovations animaient la statue, l'élan communicatif d'une foule en délire réchauffait le marbre ; le souverain devenait homme, sentait son cœur palpiter dans sa vaste poitrine, battre à coups précipités, se gonfler d'orgueil et de surprise ; un sang plus généreux emplissait ses artères. En lui s'éveillaient des sensations si violentes qu'elles apparaissaient sur son front et se lisaient sur son visage.

« Roi !... je suis roi !... Depuis le jour où protégé par ma jeunesse je cessai d'être inoffensif, je vécus entouré de pièges, n'évitant un péril que pour en redouter un autre. Quinze ans de ma vie se sont passés à fuir l'oreille des espions prêts à me perdre ou la main des bourreaux dociles à punir des crimes imaginaires. Il m'a fallu conquérir par ma soumission et ma prudence chacune des heures que j'ai passées sur la terre, échapper à la défiance jalouse d'un père, aux projets ambitieux de Parysatis, jouer ma tête pour arracher Statira à la mort, me défier d'un frère, seul ami de mon enfance.

En cette constante inquiétude j'eusse payé de mon droit d'aînesse une vie calme et indépendante. J'ai envié le sort des nomades hyrcaniens, ballottés entre les sables arides et les montagnes neigeuses. j'ai souhaité vivre la vie des mousses accrochées aux déclivités des montagnes. j'aurais voulu me confondre avec la poussière soulevée par le sabot d'un coursier fougueux. Mais la royauté, tunique fatale, s'attache aux flancs d'une manière si intime qu'on déchirerait les chairs avant d'en arracher un lambeau.

J'ai trop gémi pour faire souffrir, trop pleuré pour faire couler des larmes. Ormazd, Anahita, Mithra, Séroch, mes grands Dieux, détournez-moi du chemin suivi par mes ancêtres; que je ne voie jamais en mes fils des rivaux à l'affût de ma succession. O sources de toute bonté et de toute miséricorde, écoutez la prière de votre serviteur : éloignez du cœur d'Artaxerxès le doute sombre et la défiance hideuse, épargnez-lui les flétrissures du soupçon, ne condamnez pas la belle jeunesse de Darius et l'enfance d'Hystaspe aux tortures morales que leur père a subies. »

Artaxerxès avait levé les yeux vers le ciel — l'homme cherche instinctivement son appui dans les régions hautes et sereines, — quand il baissa la tête, ses regards furent droit à son fils aîné, Darius, dont la mère était morte et dès longtemps oubliée, puis se dirigèrent chargés d'une tendresse ineffable sur Hystaspe, issu de Statira la Babylonienne.

Une joie franche, une félicité suprême inondaient Darius. Le bel adolescent respirait le bonheur, souriait à la vie sans arrière-pensée. Il n'avait pas teint de son sang les ronces qui tapissent le chemin de la royauté et s'avançait radieux de figurer près de son père et d'entreprendre ce long voyage à travers les plaines de la Susiane, les montagnes de l'Habardip et les défilés du Fars. Hystaspe, trop jeune pour jouir de son triomphe, paradait aussi sérieux et aussi grave qu'un mobed à la tête de ses mages.

Après avoir contemplé ses fils, Artaxerxès considéra longuement les seigneurs fastueux qui l'escortaient. Autour de lui se groupaient les princes du sang, les Achéménides, les satrapes, les généraux, les Yeux et les Oreilles de la Royauté, les feudataires et les vassaux de la couronne montés sur des juments plus parées encore que les cavaliers. Ils semblaient avoir dépouillé les mines de la Parthie, les montagnes de l'Inde, les mers de Bahreïn; ils ployaient sous l'or du monde, et tous, obséquieux, imploraient un signe de bienveillance, la faveur d'un regard.

« Quel changement subit : hommages, respects, adulations m'environnent; les grands accourent, les gouverneurs se précipitent, un nouvel astre illumine la Perse et cet astre c'est moi! Ceux qui m'aiment ne craignent plus de me le dire et de se compromettre en me témoignant leur admiration. Le peuple proclame mon nom avec délire, me donne sa confiance et son cœur; il vivra pour me servir, me bénir et m'adorer. Ces monuments superbes, cette ville immense, cette plaine sans limite, la Perse, servent de base à mon trône; l'empire, le monde, ne vivent que de ma condescendance. Il me plairait de les plonger demain dans le néant que je serais aveuglément obéi.

O royauté, sublime et cruelle déesse, tu meurtris tes adorateurs, tu martyrises tes amants avant de les admettre dans ta couche, mais tu es grande, majestueuse, rayonnante pour les élus de ton cœur.

Hélas! pourquoi placer un homme avec ses passions, ses vices et ses faiblesses sur la route de la lumière éternelle? Je voudrais participer de la nature divine, j'assurerais mieux le bonheur des nations qui se donnent à moi. Maître de l'univers je serais le père de tous et de chacun, le protecteur des petits et des humbles, l'effroi des grands et des pervers, le dispensateur des biens du monde, le guérisseur des plaies morales et des misères matérielles. »

Puis, l'esprit versatile d'Artaxerxès, las de cette envolée vers un idéal inaccessible, retombait meurtri sur la terre. Il s'assombrissait à la pensée d'une mère qui simulait une maladie pour tramer quelque complot dans la solitude de Babylone; il pensait à Cyrus, qui porterait aujourd'hui la couronne, si Darius n'eût opposé aux volontés de sa femme une fermeté si contraire à son caractère.

Mais la foule définitivement conquise s'exaltait jusqu'au délire et mettait en déroute les noirs soucis. Des fleurs jonchaient le sol; des acclamations frénétiques, des chants guerriers éclataient comme une suprême manifestation de la joie populaire; les femmes élevaient leurs enfants jusqu'au roi et leur montraient le fils bien-aimé de Mérodach.

Sur les pas du souverain venait la litière de la reine. Statira, soigneusement voilée, recueillait après son époux les acclamations des hommes, les protestations des femmes et abandonnait sa main pleine de généreuses aumônes aux pauvresses qui imploraient sa charité. Elle était suivie des concubines du feu roi et des femmes du harem, esclaves de tous pays emprisonnées dans des coffres couverts d'un capotage et accrochés deux par deux aux flancs des mulets ou des chevaux.

Le peuple cherchait des yeux un équipage bien connu, des chevaux noirs parés de colliers d'or. Au dire des eunuques, Parysatis, brisée de fatigue, accablée de douleur, était incapable d'accompagner le corps. Le matin même Artaxerxès, inquiet d'une santé si précieuse, parlait d'ajourner son départ; il avait changé d'avis comme on s'apprêtait à débâter chameaux et mulets. Des serviteurs plus bavards ou mieux informés ajoutaient qu'à la suite d'un entretien secret avec Statira le roi était sorti du palais sans prendre congé de sa mère.

L'apparition de quelques hommes vêtus de rouge paralysa les indiscrets. Les bourreaux portent dans les trousses suspendues à l'arçon de la selle les instruments de leur état : cinq ou six couteaux bien aiguisés, de grandeur et de forme différentes, propres à couper une tête, à désarticuler les membres, à détacher délicatement les oreilles, à déshabiller le corps de sa peau; sur le troussequin, des crochets, des pinces pour arracher les ongles, la langue, les yeux, fouailler les entrailles et tenailler les chairs. Ces maîtres tortionnaires, fidèles serviteurs du monarque défunt, avides de chair pantelante, altérés de sang, marchent seuls, isolés, mais assez rapprochés de leur nouveau pourvoyeur pour accourir à son premier appel.

Les Immortels forment l'arrière-garde. On leur avait donné ce nom parce que leur nombre, fixé à dix mille, était invariable : un Immortel disparu ou malade étant immédiatement remplacé par un autre Immortel. Ce corps constituait, avec les doryphores aryens et les archers de Suse, la seule armée solide et bien équipée que la monarchie perse pût opposer à ses ennemis. Vêtus et couverts de bijoux, comme les gardes royaux, ils portent la javeline la pointe en haut. Leur signe distinctif — la grenade qui termine la lance — est d'or pour mille et d'argent pour les neuf mille autres.

Dans la poussière des Immortels le reste des troupes s'avance confusément. Les expéditions contre la Grèce avaient révélé l'inutilité d'une foule pillarde, lâche, recrutée dans toutes les satrapies, mais les rois aimaient cette plèbe militaire et croyaient augmenter leur prestige en traînant à leur suite vingt nations vagabondes.

Pêle-mêle avec l'écume de l'armée, roule, sur plusieurs parasanges, une multitude disparate :

seigneurs déclassés, négociants interlopes, vivandiers douteux, cavaliers chevauchant de fringants étalons, serviteurs juchés sur les charges qui battent les flancs de leurs bêtes, valets à la mine insolente. Tous veulent assister aux cérémonies religieuses, prendre part aux festins offerts par les satrapes, tous veulent bénéficier des largesses que les rois distribuent dans cette mémorable circonstance où la pensée de la mort et l'espoir d'un heureux avenir se coudoient de si près.

Viennent enfin les victimes de la réquisition. Contraints de transporter sans rémunération les bagages des chefs et des soldats, les muletiers et les chameliers, demi-nus, hâves, sordides, aux jambes ponctuées de varices, subissent mélancoliques et résignés la dure loi du destin.

La horde royale rejoignit le convoi funèbre non loin des murailles. A l'orient s'étendait la plaine déjà verdoyante, à l'occident la ville immense barrait encore l'horizon crénelé de tours défensives et de temples pyramidaux si élevés qu'ils semblaient vouloir abréger à la prière la route du ciel.

En sortant de son palais le roi avait témoigné l'irrévocable volonté de se rendre à Pasargade. Désormais il importait peu de se hâter. Ne fallait-il pas compléter les approvisionnements, permettre aux retardataires de rejoindre, aux amoureux et aux jaloux de retourner au logis.

à la reine mère de se repentir? Enfin l'ordre de lever les tentes fut donné et, dès lors, les étapes succédèrent aux étapes. Trois ou quatre parasanges chaque jour, rarement plus, jamais moins.

A l'approche de la caravane, nomades et villageois s'enfuyaient, poussant devant eux femmes, enfants et troupeaux. Quand ils ne voyaient plus rougir la fumée des bivouacs, quand ils jugeaient que la tourmente s'était éloignée, ils s'empressaient de constater les dégâts. Que restait-il des récoltes sur pied? Avait-on démoli les maisons, abattu les arbres fruitiers, comblé les canaux d'arrosage? Alors des nuées de cavaliers, restés à l'arrière-garde, revenaient sur leurs pas, rapides comme les Dives vomis par Ahriman, tombaient sur les villageois surpris, martyrisaient les uns, battaient les autres et arrachaient à la douleur ou à la crainte le secret des silos de riz et de froment. Les sauterelles arrivées les dernières étaient les plus voraces.

L'armée royale, chaque jour grossie de ses victimes, stérilisait la terre sur son passage.

Un matin, courtisans et princesses, en selle ou en litière, épiaient le signal donné chaque jour de la tente royale, quand l'ordre de surseoir au départ courut parmi la horde.

Artaxerxès venait de recevoir une dépêche de la reine mère.

Parysatis suppliait qu'on l'attendît.

« Le départ subit d'Artaxerxès l'avait blessée au cœur, car il l'empêchait de remplir jusqu'au bout des devoirs sacrés. Dévorée de chagrin, mourante, désespérée de l'attitude brutale de son fils, elle rejoignait le cortège funèbre, dussent ses jours en être abrégés. Sa litière s'avançait à une allure inaccoutumée. »

Le roi lut avec une émotion mal dissimulée le message maternel et se rendit chez sa femme.

« Tes craintes étaient chimériques. »

Statira prit les tablettes et les parcourut.

« Parysatis abandonne Babylone ! Cyrus la suit de près.

— Qu'en sais-tu ?

— Pourquoi retarder votre départ, pourquoi remettre une cérémonie qui vous sacrera roi devant Dieu et devant les hommes, pourquoi cette maladie simulée ? Affaiblie par la souffrance, votre mère n'aurait pu doubler les étapes. Avant de vous suivre elle voulait voir son bien-aimé et se concerter avec lui.

— Chasse les mauvaises pensées. Parysatis eut des torts graves et nul plus que moi ne flétrit sa conduite ; mais son cœur, dur comme le granit d'Égypte, ne saurait concevoir des desseins aussi ténébreux. La justice, l'équité...

— Si les bêtes parlaient, ces mots seraient rayés du vocabulaire de la tigresse féroce, de la vipère rampante qui se lève soudain au milieu des fleurs et donne la mort avec un sifflement joyeux.

— La haine t'aveugle, ton délire franchit toute borne.

— Seule ma tendresse pour vous ne connaît pas de limite puisque, sur vos instances, je salue encore du nom de mère ce monstre qui écraserait le fruit qu'elle porta dans ses entrailles ! Que Parysatis me haïsse, d'accord ; je lui rends d'ailleurs mesure pour mesure ; mais vous, son fils ! »

Artaxerxès fit un geste désespéré ; son esprit faible s'épanouissait à peine sous les douces caresses du triomphe que les soucis le mordaient de leur dent venimeuse et empoisonnaient jusqu'aux fibres profondes de son être.

« Donne-moi des preuves formelles de la trahison de la reine ?...

— Ne demandez à mon cœur en éveil que cette divination qui éclaire les femmes, infortunées auxquelles on refuse un flambeau pour suivre le sombre et tortueux chemin de la vie.

— Qu'importe, d'ailleurs ! Aurais-je des preuves que ma rage s'émousserait impuissante. Que faire, sinon laisser aux épines qui grandissent dans le sein d'une mère le soin de la torturer. Ormazd, Mithra, Anahita, n'abandonnez pas votre serviteur dans sa détresse ! Son âme désemparée flotte au gré des forces aveugles de la nature, faites-lui sentir votre divine impulsion.

— Haut le cœur! Il ne s'agit pas de prier, mais d'agir. Chaque homme a le devoir de protéger sa vie, et celui de qui dépend le sort d'un empire et l'existence de milliers de sujets, abdiquerait ce droit sacré! Jamais le roi n'a soupiré sans que le peuple n'ait gémi; jamais le peuple n'a gémi sans que le trône n'ait été ébranlé. »

Et Statira entoura de ses bras délicats le colosse qui se lamentait.

La journée s'écoula sans qu'Artaxerxès sortît du harem. Le bruit d'une vive altercation avait ému les eunuques aux aguets. Les courtisans s'étudiaient à prendre une attitude soucieuse en harmonie avec les pensées de leur maître, les femmes discutaient fiévreusement les griefs et les craintes de la jeune reine. Ceux qui n'approchaient pas assez de la famille royale pour être témoins de son anxiété se perdaient en folles conjectures.

A la nuit close, le camp s'agita soudain. On venait de signaler Parysatis.

Des fanaux colorés apparaissaient dans le lointain, ponctuant de mobiles lueurs le trajet suivi par le convoi. Bientôt parvinrent des ondes sonores d'une douceur élégiaque qui rappelaient les plaintives harmonies du vent d'hiver sous les bois chenus.

La symphonie, produite par un orchestre de cloches suspendues au cou des mulets, se rapproche. Les modulations deviennent plus bruyantes. Aux résonnances du bronze se mêlent les bruits confus de la caravane. Les chaudières attachées aux flancs des mulets se heurtent, les bois de tente s'accrochent et cassent, les femmes crient, les enfants pleurent, les muletiers excitent les retardataires.

Artaxerxès courut au-devant de sa mère.

Parysatis, avertie de la présence du roi, languissait étendue sur une pile de coussins; ses joues sans fard se teintaient de la lueur jaune des fanaux, ses yeux enfiévrés, ses mains brûlantes accusaient l'extrême fatigue d'un voyage précipité ou un état inquiétant.

Elle invita son fils à monter dans sa litière. Le faible monarque s'attendait à des plaintes, à des reproches; il eut à lutter contre la persuasive éloquence de deux mains qui caressaient les boucles noires de ses cheveux, de deux yeux qui le regardaient avec amour. Bientôt reconquis, dominé par cette tendresse qui se faisait si douce, si chaude, si pénétrante, il oublia les appréhensions de Statira, parla de son voyage, des acclamations recueillies sur son chemin, de la joie qu'il aurait à rendre sa mère témoin de l'enthousiasme populaire.

Il s'informa de l'état des esprits à Babylone. « Prévoyait-on la prochaine arrivée de Cyrus? »

Elle répondit que la grande ville était calme, satisfaite d'obéir à un roi pieux, magnanime, doué de toutes les vertus. « Pas de nouvelles de Cyrus. Avait-il jugé prudent de rester à Sardes et de ne pas abandonner l'Ionie dans un pareil moment? L'intérêt du royaume l'avait-il emporté sur le désir de rendre les derniers devoirs à un père vénéré et de jurer fidélité entre les mains d'un frère chéri? »

Ces paroles de paix réveillèrent la jalousie et la défiance d'Artaxerxès momentanément endormies.

« Mon frère ne nous rejoint pas! Il fomente donc une révolte?

— Une révolte!

— Depuis longtemps mes espions m'avertissent de ses menées et me signalent ses armements.

— Je les connais, vos espions! Tissapherne? Cet intrigant ne peut se résigner à vivre sous les ordres du premier prince du sang.

— Quelle erreur! Les derniers messages du satrape sont antérieurs aux fêtes du Nouvel An; mon père vivait alors. Je suis même surpris du silence de ce fidèle serviteur. »

Parysatis baissa la tête pour voiler le soudain éclat de ses prunelles.

« Tissapherne, humilié d'une situation subalterne, nourrit une haine jalouse et n'a qu'un souci, travestir les bonnes intentions de son successeur.

— Soit; mais ces levées de troupes, ces

préparatifs de guerre, ces soldats de fortune attachés à la personne de Cyrus, ce navarque lacédémonien admis dans son intimité?

— Des troupeaux d'eunuques ne maintiendraient pas l'Ionie sous le joug.

— Est-il sage de confier à des mercenaires laconiens le soin de garder une province affolée d'indépendance, une colonie grecque détachée de la mère-patrie par la fortune des armes? Les Spartiates ne sont redoutables qu'aux Perses, leurs ennemis séculaires. »

Parysatis se garda de réfuter son fils. Elle détourna la conversation, glissa sur les questions irritantes et assura que depuis le départ du cortège elle ne poursuivait qu'un but: dépenser ce qui lui restait de forces à rejoindre le roi et lui témoigner ainsi sa tendresse maternelle.

Il la crut. N'avait-elle pas quitté Babylone malgré un état de santé alarmant? N'avait-elle pas joué sa vie pour arriver plus vite?

La caravane atteignait le camp. On savait déjà qu'Artaxerxès s'était entretenu avec sa mère, mais quand on apprit qu'il revenait dans la litière rouge chacun s'émut. Le règne de la veuve se prolongeait donc au delà de la mort de Darius? Aussitôt accourut la foule des courtisans, des eunuques, saluant d'acclamations respectueuses celle qu'on maudissait naguère.

6

A voir cette réception enthousiaste, à écouter ces cris de joie, il semblait que les cœurs volaient vers Parysatis, que grands et petits ne respiraient que pour l'adorer.

« Roi sans énergie, esclave de la dernière voix qui s'est fait entendre! » murmura Statira en voyant le fils et la mère réunis.

Elle fit quelques pas vers sa belle-mère, prit la main qu'on lui tendait et la baisa. L'étiquette le voulait ainsi et ces femmes se pliaient instinctivement à ses exigences. L'une et l'autre eussent préféré mordre leur ennemie que recevoir ou donner cette caresse hypocrite.

Le voyage interrompu reprit son cours accoutumé et, quatre jours plus tard, on apercevait enfin les tours ruinées de la vieille citadelle de Suse.

La population de la ville immense qui s'étendait autour de l'Acropole avait franchi le Choaspe et s'était précipitée à la rencontre du roi; le gouverneur de la place, les chefs des plus anciennes familles du pays et les riches marchands marchaient à sa tête. Reçue en audience solennelle, la députation obtint la faveur de haranguer le monarque. Un vieillard à barbe blanche, aux traits énergiques, à la peau brune, parla au nom de tous.

Soutrouk célébra dans un hymne triomphal la lutte séculaire de la Susiane contre Ninive à l'apogée de sa puissance, les efforts opiniâtres d'un petit peuple attaché au flanc de la monarchie assyrienne. Il exalta le glorieux martyre de sa patrie, dépeignit les champs mouillés de sang, les pyramides de têtes et de mains coupées, les captifs assommés, les prisonniers écorchés vifs par les bourreaux, les blessés dévorés par les molosses, les villes livrées aux flammes, et la fumée de leur incendie montant dans les vastes cieux comme celle d'un seul sacrifice.

Et quelques années plus tard le peuple brisant ses chaînes à la voix de ses souverains : Oummanigach, Soutrouk-Nakhounta, Khaloudouch, Ourtaki, héros, fils de héros, pères de héros.

Encore écrasée mais jamais détruite, Suse, en succombant, blessait à mort son ennemi séculaire, le colosse ninivite dont la masse devenait poussière vingt-cinq ans après un triomphe trop chèrement acheté.

Puis il évoqua les premiers Achéménides : Cyrus fondateur de la monarchie, Darius bientôt chéri des Susiens indomptés : Darius soulevant le linceul jeté sur la ville en ruines, restaurateur de l'Acropole, constructeur des palais.

« De Suse partirent les firmans expédiés aux confins du monde; à Suse affluèrent les ambassadeurs de l'univers très humble.

Pourquoi la capitale fidèle, l'aïeule des cités

est-elle désertée par ses rois ! Pourquoi lui préférer une ville conquise, mais toujours rebelle, pourquoi l'humilier devant Babylone?

Le ciel a permis que les palais de Darius fussent détruits par les flammes. A vous, Fils des Dieux Immortels, de reconstruire ces édifices jadis superbes et de braver ainsi les arrêts du destin. »

Artaxerxès, très ému, répondit au vieillard:

« La Susiane agonisante a légué aux peuples de l'empire un suprême enseignement : lorsque l'amour de la patrie embrase des cœurs généreux, lorsqu'une nation veut sacrifier sa fortune et ses enfants, aucune armée ne prévaudra contre son patriotisme et son opiniâtre résistance. Suse renaquit sous mon ancêtre Darius, je lui rendrai dès mon retour de Pasargade son antique splendeur.

Franchissons les portes de la ville glorieuse; je veux attendre ici que le rétablissement de l'Astre de l'État, de la Reine des Reines, de la Reine des pays, de la descendante des Achéménides, me permette d'escorter à Persépolis les restes du feu roi..»

CHAPITRE IV

FRÈRES

« Grand'mère, dit à voix basse le jeune Darius, le roi s'enquiert de votre auguste santé; lui porterai-je de meilleures nouvelles?

— J'attends de la mort libératrice la fin de mes souffrances. Le chagrin, la maladie épuisent mes forces. Tresse une couronne funéraire, elle parera bientôt le front décoloré de ton aïeule.

— Chassez ces noirs pressentiments, ces pensées désolantes : vous vivrez encore de beaux jours, pour notre bonheur et la gloire de la Perse.

— Parysatis, épave oubliée par la tempête sur un rivage solitaire, périt dans une morne insouciance des choses, des autres et d'elle-même. Toi seul éprouves pour la reine découronnée une tendre affection.

— Vous niez la bienfaisante clarté du jour,

et l'aurore s'avance à grands pas. Un fils adoré, que vous croyez à Sardes, campa hier sur la rive droite du Choaspe. Il arrive suivi d'une escorte grecque. Que je suis heureux! je les verrai donc, ces hoplites, ces cataphractaires bardés de fer! Leur armure rébarbative ne m'effraie pas, Cyrus sera fier de moi. Encore ce matin je plantai la lance en terre comme nos plus brillants cavaliers et j'exécutai, sans l'abandonner, une volte complète au galop de mon cheval. A moi l'arc des hommes, foin des armes enfantines!...

Mon oncle m'apporte sans doute des poignards de Sparte et des sarisses macédoniennes moins ornées, mais mieux trempées que les nôtres. Pensez-vous qu'il amène Aspasie?

— Que sais-je.

— On la dit belle entre les belles. Pour lui complaire il répudia toutes les femmes de son harem. Ses amis ont hérité les abandonnées. Quelle aubaine! »

Parysatis réprima un sourire.

« L'arrivée imprévue de Cyrus est la suprême consolation que le ciel me réserve. Les Dieux sont cléments : ils permettent que je rende le dernier soupir entre les bras de mes fils. »

Elle avait prononcé ces paroles d'une voix si faible, d'un ton si dolent, que l'enfant laissa mourir sur ses lèvres les joyeux propos qui les affleuraient.

Recueilli dans le harem depuis la mort de sa mère, Darius aimait tendrement la vieille reine dont il calmait l'humeur irritable et charmait les rares loisirs.

Autant Parysatis se montrait sévère envers les fils de Statira, autant elle lui était indulgente. Elle prétextait pour excuser cette unique faiblesse que le prince héréditaire devait recevoir une éducation royale et qu'elle seule pouvait le façonner au trône. Nul n'y trouvait à redire, Artaxerxès moins que tout autre : Darius était l'unique ambassadeur agréé par sa mère.

« Ta jeunesse, reprit-elle, s'écoule souriante tandis que je vois avec effroi l'approche d'un instant redoutable. Tu ne peux apprécier encore la gravité des intérêts qui divisent les membres de ta famille, tu ignores les soucis de la royauté, le supplice de la couronne.

— Vous exagérez. Les jeux et les ris, je ne les connais que par ouï-dire. Mon professeur de philosophie, un Grec chauve et hargneux, me les a même décrits sous des couleurs tellement sombres que je n'aurais guère dessein de me lier avec eux si je ne tenais mon vieux pédagogue pour un peintre infidèle et ne soupçonnais les gentils petits Dieux d'avoir plus gracieux visage que votre nourrice Gigis.

— Tu parles comme un enfant...

— Qui chérit sa grand'mère et voudrait la

consoler. Enfin Cyrus revient, il chassera les noirs pressentiments, sa divine maîtresse nous reposera des figures longues placées en sentinelle autour du harem. Pas une de vos filles d'honneur qui ne couvre sa tête de cendres et ne se croie forcée d'habiller de noir ses traits et ses paroles!

Reprenez courage! L'ombre du feu roi ne peut exiger de vous un deuil éternel.

— Darius, dans son linceul, garde la force de frapper. Il ne tremble pas au milieu des vers acharnés sur sa dépouille, et quand les chairs et les os seraient dispersés aux quatre coins du monde, il se dresserait encore menaçant et maudirait les ingrats qui oublieraient de le pleurer.

Aide-moi, cher Darius, à poser l'une dans l'autre la main de mes fils.

— Parlez, ordonnez. Je cours chez le roi et vous l'amène. Il se décidera sans peine : ne m'a-t-il pas chargé de vous annoncer la venue de Cyrus? Je volerai ensuite au-devant de mon oncle.

— Si la belle Aspasie accompagne mon fils, sois mon interprète. Cyrus m'envoya en son nom un collier sicilien; je tiens à la remercier. »

Darius s'éloignait.

« Charmant complice! Nul n'oserait résister à ses instances. Que deviendra cet enfant après l'avènement de son oncle?... Une adoption précédera le couronnement. Je ne connais pas de fils à Cyrus, et en eût-il jamais de cette Grecque... peu importe. Une étrangère ne saurait donner des souverains à la Perse. Régnons d'abord, nous aviserons plus tard. »

Pendant que Parysatis cherchait à éloigner son petit-fils des embûches tendues sous les pas d'Artaxerxès, Darius, monté sur un cheval vigoureux, franchissait l'enceinte de l'Acropole et traversait la ville. Il rencontra le cortège à deux parasanges des remparts, sur la lisière des bois sacrés qui entouraient un temple pyramidal dédié jadis par les Susiens à leur grand Dieu Koudour.

Le frère du roi suivi de quelques seigneurs perses précédait quatre cents Spartiates couverts d'armures étincelantes. Plus nombreuse, l'escorte eût excité la méfiance d'Artaxerxès, plus faible elle n'eût pas offert une protection suffisante. A la vue du prince héréditaire, Cyrus, respectueux, mit pied à terre et se raidit dans l'attitude réglée par un cérémonial inflexible.

L'enfant bondit dans les bras de son oncle.

« Darius! si fort! si grand! si beau!

— J'avais hâte de te voir! Je ne suis pas le seul d'ailleurs. Le roi...

— Artaxerxès?

— Sans doute! Et grand'mère! Avec quelle impatience elle espère ton retour! Elle tomba malade le jour de notre départ de Babylone et dut rester en arrière. Depuis qu'elle nous a rejoints son état s'est aggravé au point d'empêcher la cour de continuer le voyage. »

« Mon frère persiste donc à précipiter la cérémonie du couronnement, » pensa Cyrus.

Il se sentit interrogé par un regard curieux et reprit :

« Gentil neveu, prenons-nous les devants?

— Entrer à Suse sans ton escorte, comme un chétif ambassadeur de la Hellade? Y songes-tu!... Nous devons à la pompeuse étiquette des égards inconnus dans ton gouvernement d'Ionie.

— L'odieuse personne! Son air maussade et compassé me ferait honnir l'existence si je devais toujours vivre près d'elle.

— Tu aimes mieux le voisinage de la belle Aspasie, reprit Darius en désignant une litière blanche.

— Comment sais-tu que ma maîtresse est belle, démon?

— Nul n'ignore à la cour que le firmament ne compta jamais dans ses constellations une plus brillante étoile.

— En ce cas il lui faudra un protecteur vigilant. Sois un frère pour elle.

— J'accepte de grand cœur les charges et les agréments de ce nouveau parentage. Les filles d'honneur sont d'humeur grondeuse; la petite

Sisygambis, elle-même, dédaigne les tragédies de Sophocle que mon professeur m'a fait apprendre.

— Je te conduis près d'une dame qui appréciera tes talents; au besoin elle te donnera la réplique. »

A l'approche des princes les rideaux de la litière s'entr'ouvrirent. Le visage d'Aspasie se noyait dans l'ombre vaporeuse d'un large chapeau posé comme un papillon sur le calice d'une fleur; un peplos bleu céleste enveloppait, sans dissimuler les formes, le corps gracieux de la jeune femme et couvrait de ses plis multiples un chiton rehaussé d'une grecque d'argent.

L'amour, le bonheur embellissaient encore l'admirable créature qui avait capté le cœur volage de Cyrus.

« Ma bien-aimée, le prince héréditaire, le soleil illuminateur, la joie de mes yeux...

— Trêve de cérémonies... Nous sommes encore à Sardes.

— Darius, mon gentil neveu, vient te complimenter au nom de la reine et te présenter ses souhaits de bienvenue. »

Aspasie se souleva, rougissante.

« Oh! le maladroit ambassadeur qui ne sait pas faire sa cour à une jolie femme. Que t'apprend-on à Suse? Rien de bon, rien d'agréable assurément! » s'écria Cyrus en couvrant de baisers passionnés les mains de sa maîtresse.

L'enfant restait muet. Sa bouche entr'ouverte dans un sourire extatique, ses grands yeux fixés sur Aspasie, parlaient à son insu.

« Te feras-tu prier longtemps? reprit Cyrus, ravi de voir renaître l'impression que son amie produisait sur les Grecs; faudra-t-il te battre pour te décider à remplir tes devoirs de galant messager !

— Peut-être, car j'ai peur de flétrir les roses rien qu'en les effleurant de mes lèvres.

— Pas mal, pas mal ton compliment, quoique trop parfumé. Mais ne sois pas aussi discret. Salue Aspasie au nom de votre commun amour pour la poésie grecque. »

Darius s'avança fort ému et déposa sur la main qu'on lui tendait un baiser si tendre que la jeune femme retira ses doigts effilés et les ramena sous le peplos.

« Vous vous connaissez maintenant. Hâtons-nous, je brûle de revoir ma mère.

— Emmène ton médecin grec.

— Ctésias ! La reine serait donc plus malade que tu ne me l'avais dit?

— Tes amis sont de pauvres hères mal vêtus et mal élevés, si j'en juge aux suppliants venus à la cour ; mais sous une enveloppe grossière se dissimule quelque talent.

— Tu as raison. La médecine grecque discrédite l'empirisme de nos mages. Elle ranime la vie près de s'éteindre et déconcerte la mort, celle-ci ouvrit-elle à sa victime des bras décharnés.

Ctésias!... Ctésias!... Appelez Ctésias et l'avertissez d'avoir à me suivre. »

Parysatis et Artaxerxès attendaient le prince sous un porche très vaste, en communication directe avec la cour du harem. C'était la salle d'audience, l'*ardaçtana* de la reine mère. On l'avait habillé de tentures et de tapis, mais le siècle qui s'était écoulé depuis l'incendie de la salle du trône et l'abandon de l'Acropole avait ouvert de larges crevasses aux murailles et aux voûtes. Les enduits tombés, les peintures décolorées, les traînées pleureuses laissées par les gouttières formaient un contraste navrant avec les décors jetés sur les rides de l'édifice. Tels les bijoux et les fards avivent les décrépitudes humaines.

Un trône était réservé au monarque; la reine mère disparaissait dans une pile de coussins.

Sur un signe de Parysatis les draperies qui fermaient la salle d'audience se soulevèrent et le grand eunuque apparut.

« Le prince Cyrus attend dans la cour intérieure du palais l'agrément de l'Astre de l'État, et sollicite la grâce de baiser le pan de sa robe.

— Le Roi des Rois commande ici.

— J'agrée la requête de mon frère. »

Le masque impénétrable de Parysatis,

esclave servile de ses volontés, ne trahit nulle émotion, et pourtant, de l'entrevue de ses deux fils dépendait la ruine ou le succès de ses dernières espérances.

Cyrus vénérait la reine. Il avait quitté Sardes à son premier appel, et naguère encore, dans les secrets entretiens de Babylone, dont Statira avait eu la si exacte vision, il s'était montré souple et déférent. L'éloignement n'avait pas amoindri ses sentiments filiaux tandis que sa haine pour le roi s'était accrue. Parysatis envenima les plaies saignantes d'un cœur ulcéré. adjura son second fils de se montrer patient. Elle souhaitait le tenir en haleine ainsi qu'un molosse destiné à chasser le fauve, mais elle voulait l'empêcher de rompre sa laisse avant le signal du combat.

Tout autre se décelait Artaxerxès, intraitable, atrabilaire, infesté de religiosité. Cyrus restait-il à Sardes? il y fomentait des complots. Arrivait-il? il venait lui disputer le trône. Parysatis avait bien essayé d'opposer son fils aîné à lui-même, de le mettre aux prises avec ses contradictions, de lui faire honte de sa nervosité. Peine perdue : les plus belles résolutions fondaient dans les bras de Statira. On ne pouvait compter sur un pauvre esprit, tournant à tous les vents, et par cela même rebelle à une direction suivie. Aujourd'hui il élèverait sa mère au trône et l'en précipiterait demain. «Mieux vaut mourir que de céder le pouvoir souverain, mieux vaut renverser Artaxerxès et l'odieuse Statira que mourir, pensait la reine mère. Mais l'instant de frapper un coup décisif n'est pas venu. Flattons le naïf orgueil d'Artaxerxès, endormons son esprit inquiet. »

Aussi bien avait-elle voulu présider à la première entrevue des deux frères. Il s'agissait d'amortir le choc de leur égale susceptibilité, de corriger les imprudences ou les égarements, et surtout d'éviter un irrémédiable éclat. Devant elle, Cyrus se montrerait plus respectueux envers son frère devenu son roi qu'en présence des grands du royaume. Son fils aîné serait plus endurant à huis clos.

Harcelé par Statira, gourmandé par Parysatis, Artaxerxès n'était pas moins anxieux. Devait-il accueillir Cyrus comme un ami fidèle, digne de sa confiance et de sa tendresse, ou le traiter en rebelle? Livrerait-il au bourreau un prince soupçonné de trahison, au risque de s'aliéner sa mère et une partie de la cour? Lui pardonnerait-il? Risquerait-il le trône sur une vaine magnanimité? Pareil à un taureau affolé, il ne savait de quel côté faire tête; la lassitude l'envahissait. Dans sa détresse morale, il avait chargé Darius de lui ménager une entrevue avec Parysatis et s'était réfugié près de la femme qui incarnait toute autorité.

Cyrus parut. Il marchait à pas lents. Ses

yeux superbes, légèrement voilés, se portaient tour à tour sur son défenseur et sur son juge. Parysatis ordonnait; Artaxerxès paraissait plongé dans une inquiète incertitude.

Le prince n'hésite pas. Avant de franchir le seuil de l'ardaçtana il s'incline profondément, frôle le sol de l'extrémité de ses doigts, se dirige vers son frère et salue de nouveau. Arrivé au pied du trône il s'agenouille, touche du front le tapis et prononce d'une voix vibrante la formule de soumission :

« Heureux règne et longue vie au Roi des Rois, au Roi par la grâce de Dieu, à mon frère bien aimé !

— J'accepte votre hommage. Soyez le plus fidèle et le plus loyal de mes sujets, » répondit Artaxerxès sans se départir d'un calme affecté.

Cyrus s'était relevé. Ses cheveux très noirs, sa barbe naissante accentuaient la pâleur du visage : l'effort avait été immense.

Les bras de sa mère s'ouvrirent, il s'y précipita. Alors Parysatis, attirant ses fils et réunissant leurs mains dans les siennes, gémit à travers ses sanglots :

« Vous entourez une femme accablée de douleur, anéantie sous le poids de l'infortune. La plante fragile privée de tuteur dépérit, une veuve ne se reprend à la vie que si l'amour de ses enfants la préserve des rêves déchirants et des cauchemars tragiques. Mon cœur se dilate en vous voyant tous deux à mes côtés. Que vos âmes s'étreignent comme vos mains loyales ; que cet hommage, rendu par l'un, agréé par l'autre, soit un lien indestructible et non une chaîne pesante. Réunissez vos forces, conservez intact le vaste empire de vos ancêtres.

Cyrus, montre-toi digne du titre que tu reçus. Le roi est après Dieu le maître du monde. Guide-toi sur son étoile, élève la voix en sa faveur, combats ses ennemis, verse ton sang pour sa défense.

Artaxerxès, écoute les conseils de ta mère. Rends douce et paisible l'existence de Cyrus. Qui se réfugie dans une mare de sang avec l'espoir d'y trouver la sécurité, devient la proie du désespoir, de la crainte et du remords. L'homme vraiment fort s'appuie sur l'affection de tous. Fermer ton cœur au meilleur des frères serait un crime, une faute irrémissible. Souviens-toi de l'agonie de ton père ! Et pourtant les sévérités de Darius étaient nécessaires. Le ciel connaît les chemins étroits où il recueillit la couronne, et moi je me rappelle les soucis qui s'abattirent avec elle sur ma tête. Toi, mon fils, tu ceins un légitime diadème, car la poussière soulevée dans la lutte est rentrée au tombeau avec le défunt roi. Darius eut les déboires et les difficulté de la conquête, tu recueilles un héritage incontesté. Montre-toi digne de cette faveur céleste.

7

— J'ai accueilli l'hommage d'un sujet fidèle, dit le roi; viens, Cyrus, sceller sur ma poitrine un serment d'amour éternel. »

Et ces deux frères, rivaux depuis leur enfance, ces deux hommes qui se haïssaient, cédant à une émotion fugitive, demeurèrent un instant enlacés. Les lutteurs s'étreignent aussi étroitement.

Dissimulant sous une invincible lassitude sa satisfaction intérieure, Parysatis fit signe à Gigis de soulever les coussins et, dans un entretien intime, empreint d'une douce confiance, elle interrogea Cyrus avec autant de sollicitude et d'intérêt que si elle ne l'eût pas vu à Babylone avant de rejoindre le cortège royal. Elle voulait connaître le jour exact où il avait appris la mort de son père, celui du départ de Sardes, l'attitude de la capitale à son passage, l'état des esprits en Ionie, la situation politique d'Athènes et de Lacédémone, ces éternelles ennemies tour à tour pliées aux fantaisies perses ou coalisées dans l'espoir de ressaisir les riches territoires et les villes orgueilleuses de l'Asie Mineure.

« On ne parle à Babylone que de vos relations avec les Grecs, de votre enthousiasme pour leurs institutions démocratiques et leurs mœurs vulgaires. Savez-vous que nos mages s'émeuvent de vos tendances et vous accusent d'impiété, » dit Artaxerxès.

Cyrus s'apprêtait à se disculper, mais son frère continua :

« Ne dit-on pas encore qu'Éros vous perça d'une flèche acérée? C'est bien ainsi qu'on s'exprime à Paphos? Soyez prudent, ou nos belles se vengeront de vos dédains.

— Aphrodite seule mérite leur courroux, reprit Cyrus, sur le même ton enjoué. J'aime une fleur éclose sous ses yeux, la créature la plus noble, la plus chaste, la plus belle qui jamais ait vu le jour!

— Quel enthousiasme, quel délire! interrompit Parysatis. J'apprécie les qualités morales de l'enchanteresse; son respect pour votre mère témoigne d'un cœur haut placé; mais célébrer sa beauté parfaite dans un dithyrambe, humilier devant elle les jeunes princesses est une insulte dont votre frère et moi devons vous demander raison. La vue d'Aspasie peut seule trancher un aussi grave différend.

— Pour mettre à vos pieds le juste tribut de son respect, mon amie n'a reculé ni devant un voyage précipité, ni devant les rigueurs de la saison. Elle oubliera auprès de vous fatigues et souffrances. Je vais la chercher et après l'avoir vue vous comprendrez mon désir de l'épouser, de l'élever au rang des princesses.

— Grave question, répondit Artaxerxès; votre maîtresse est-elle instruite dans la religion mazdéenne? Répudie-t-elle les croyances démoniaques de la Hellade? Mais patience : Aspasie plaidera elle-même sa cause.

— Je m'en remets avec confiance à ses juges. »

Cyrus se dirigea vers une salle voisine où la jeune femme, accompagnée de ses suivantes, de Darius et de Ctésias, avait été introduite.

« Mon frère et ma mère n'élèvent pas d'obstacle sérieux a nos projets, lui dit-il vivement. Viens, fais effort pour leur plaire. »

Ce fut encore embellie par l'espérance et l'émotion que la fille d'Hermotyle pénétra sur les pas de Cyrus dans l'ardaçtana royal.

Parysatis avait au plus haut degré le don si rare de juger l'humanité. Elle lut à livre ouvert ce visage de vingt ans et, déjà prévenue en faveur d'Aspasie, ne lutta pas contre le charme ineffable qui la subjuguait.

« Les filles des satrapes sont tout au plus dignes de faire cortège à cette enfant. Qu'en pensez-vous? » ajouta Parysatis en se tournant vers Artaxerxès.

Le roi n'avait pas entendu la voix de sa mère. Ce mari fidèle qui vivait indifférent auprès des femmes entassées dans le harem des reines, s'enivrait du parfum délicat que dégageait, inconsciente, la servante d'Aphrodite.

Aspasie sentit peser sur elle un désir ardent. Artaxerxès, attentif à détailler sa beauté, la paralysait, en même temps que Parysatis lui inspirait une frayeur instinctive. Elle se rapprocha de Cyrus, de Darius, de Ctésias lui-même, comme si leur voisinage eût été une sauvegarde.

« Déjà vous éloigner, ma belle enfant! déjà fuir votre mère?

— J'obéissais à la seule crainte de fatiguer la reine.

— Je me trouve mieux depuis que mes fils sont autour de moi. »

Et, d'un geste ramenant la jeune femme à ses pieds, elle la questionna sur son origine.

Aspasie, après avoir conté avec une grâce modeste la touchante histoire de ses malheurs, s'excusa des incorrections que son ignorance d'une langue étrangère lui faisait sans doute commettre.

« Quelles incorrections? s'écria le roi. Le perse acquiert dans votre bouche un charme nouveau; il coule aussi doux qu'une harmonieuse poésie entre vos lèvres pourpres. Permettez que je les baise pour m'assurer qu'elles n'appartiennent pas à une déesse égarée parmi les hommes. »

Il bondit comme un fauve, saisit à deux mains la tête subitement pâlie de la jeune femme et l'écrasa sous un baiser de feu. Bien que les prérogatives régaliennes excusassent Artaxerxès — les filles de Perse n'étaient-elles pas à sa discrétion? — Cyrus vit dans cet attentat contre la beauté d'Aspasie une suprême injure, un outrage sanglant et, de ses doigts de fer rivés à l'épaule du brutal, il l'étreignit à lui broyer les os.

« Arrête, malheureux ! s'écria Parysatis, la personne du roi est sacrée ! Tu nous fais juges des charmes de ta maîtresse et tu t'étonnes que l'un et l'autre, chacun à sa manière, témoignons de l'enthousiasme ! »

Terrifiée par cet accès de passion qui déconcertait tous ses calculs et livrait Cyrus désarmé aux mains d'un despote furieux, elle bondit de son lit de repos et s'interposa avec une tendresse insinuante entre ses fils, celui-ci la figure injectée de sang, les veines saillantes, agité par une fièvre à son paroxysme, celui-là haletant, sifflant des sons rauques à travers ses lèvres crispées. « Mieux vaudrait séparer des lionceaux en fureur d'amour que ces deux hommes ! Tous mes efforts seront vains. » Et, s'affalant, elle simula une défaillance.

Sur l'ordre de Cyrus, Ctésias, qui avait assisté impassible à cette étrange scène, s'approcha et parut s'absorber dans un abîme de réflexions professionnelles :

« Démasquerai-je une fourberie, me ferai-je le complice d'un mensonge ? Quoi que prétende Pythagore, les chemins obliques sont parfois plus courts que les voies directes.

Du haut de l'Olympe où tu saignes les dieux

et médicamentes les déesses, Esculape, tourne vers ton humble serviteur un regard bienveillant. Et toi, Fortune cruelle qui avais emprunté pour te boucher les oreilles la cire qui rendit les compagnons d'Ulysse sourds aux chants des Sirènes, montre-toi moins inhumaine. Fils d'Apollon, j'immolerai un coq sur tes autels. Tu offriras les ergots et le bec à ton aveugle compagne : ma bourse ne me permet pas de vous traiter avec plus de magnificence. »

Le disciple d'Esculape examina longuement la reine... pour l'honneur de la science grecque et, bientôt de connivence tacite avec elle, fit un tableau saisissant des souffrances qui la torturaient, dépeignit sous les plus sombres couleurs la marche fatale d'une maladie sans remède.

Parysatis inanimée savourait en artiste la dissertation du médecin. « Quelle intuition merveilleuse, avec quelle habileté et quelle décision il a joué le rôle que je lui destinais ! Les rois doivent s'entourer de serviteurs ingénieux à pressentir leur volonté. Ctésias serait un ennemi redoutable ; mais je n'ai rien à craindre de sa perspicacité : nous nous sommes compris. Il faut m'attacher cet homme. » Puis sa pensée se reportait sur Aspasie. « On ne peut voir cette Grecque sans l'adorer. Artaxerxès, à son aspect, a perdu le sens comme un jouvenceau. Ce grave incident tournerait-il à mon avantage ? Le jour viendra peut-être où je pourrai humilier ma bru et reconquérir mon fils. »

Le navrant pronostic de Ctésias avait amorti la colère des deux rivaux. Le roi, confus de sa sauvage agression, s'était éloigné, le prince s'empressait auprès de sa mère, épiant sur son visage le retour de la vie. Parysatis devina l'accalmie et parut se ranimer.

« Mes enfants... Mes enfants..., dit-elle d'une voix faible, à peine perceptible, avez-vous si vite oublié vos serments? Une caresse innocente vaut-elle pareil désaccord? Pour un baiser donné sans préméditation et sans espoir de retour les fils de Darius vont-ils s'éloigner l'un de l'autre? »

Gagné par l'émotion, Artaxerxès tendit la main à son frère.

« J'ai eu tort, pardonne-moi. »

Cyrus s'écartait, la reine le retint d'un geste impérieux.

« Rendez-vous tous deux dans la salle du trône où les grands du royaume attendent avec impatience le moment de vous faire leur cour. Le spectacle de votre union excitera l'amour du peuple et calmera les appréhensions que pourraient faire naître un changement de règne et une transmission de pouvoirs.

Aspasie restera désormais auprès de moi. Je te destine un triste office, chère enfant; mais il me semble qu'en te voyant si belle et si douce la mort se montrera moins cruelle et m'épargnera les tortures de l'agonie. »

Cyrus enveloppa sa maîtresse en un tendre regard, remercia sa mère et, fils docile, suivit le roi.

L'inquiétude le dévorait. Il sentait que de toutes les femmes de ce vaste empire la seule qu'on n'eût pas offerte à son frère était la seule qui réveillât son désir. En gardant Aspasie auprès d'elle, Parysatis lui offrait le seul refuge respecté par la cour de Perse, mais oserait-elle s'interposer entre une esclave grecque et les fantaisies d'un souverain?

Il franchissait le seuil de l'ardaçtana quand il aperçut Darius, blême et tremblant :

« Souviens-toi de ta promesse, veille sur Aspasie, lui dit-il à voix basse.

— Compte sur mon zèle. »

Et peu soucieux de figurer dans une réception où la place de l'héritier présomptif était réservée, l'enfant rentra dans le harem.

CHAPITRE V

PREMIER AMOUR

L'arrivée de Cyrus semblait avoir bouleversé les projets de la famille royale. Parysatis, rétablie grâce aux soins de Ctésias, hâtait le départ; Artaxerxès se plaisait à Suse et témoignait le désir d'y prolonger son séjour. Il s'oubliait au milieu d'un peuple respectueux et loyal, il aimait à rêver dans les solitudes des palais déserts, il quittait les soucis devant la majesté enchanteresse des paysages élamites.

Assis un soir sur les ruines de la citadelle, le monarque silencieux laissait errer ses regards du squelette calciné de la salle du trône, de cet apadâna qu'un siècle n'avait point blanchi, jusqu'aux monts Habardip dont les glaciers, couronnés de roses, se détachaient sur un ciel d'or.

Le printemps triomphait de l'hiver et parlait

en maître à la nature. A chacun de ses ordres la terre répondait par un sourire; la jungle verdissait, les champs se couvraient d'iris bleus, se teintaient du sang écarlate des anémones, disparaissaient sous un manteau de marguerites blanches ou de glaïeuls à la fleur charnue. L'Ulæus au nord, le Choaspe au sud, coulaient vermeils comme le ciel qui se réfléchissait sur leurs ondes tranquilles.

Le soleil baisa l'horizon de rayons plus obliques. Les plis purpurins du grand voile endossé par le crépuscule frileux se perdirent dans une gamme violette où les perles de Bahreïn, les saphirs et les opales se mariaient à la jaune topaze et à l'escarboucle flamboyante; les cimes des palmiers se confondirent avec les profondeurs azurées, les silhouettes des monuments, d'abord très dures, s'estompèrent dans l'infini. De rares étoiles scintillèrent au firmament; leur nombre s'accrut, leur éclat resplendit; c'était la nuit qui avançait sur la terre d'orient au triple galop de ses rapides coursiers, la nuit pleine de majesté et de silence. Pas un nuage au ciel, pas de vent courant à travers l'espace; la ville assoupie aux pieds du roi respectait ses rêveries.

« Que reste-t-il et de Suse et d'Assour! De leurs passions, de leurs joies de leurs désespoirs? Que reste-t-il des milliers de siècles écoulés depuis qu'Ormazd créa le ciel sans limite, la lumière éternelle et la terre immense, tout ce qui naît, tout ce qui pense?

Ici vécurent mes aïeux, ces géants dont la grandeur inspirait l'effroi. Sous l'or, les bijoux et les fards, les femmes anxieuses se disputaient leur faveur; le monde se prosternait à leurs pieds. Aujourd'hui la loi des puissants n'est plus qu'un coup de tonnerre évanoui. Le froid raidit le bras des rois et des esclaves, les vers rongèrent les chairs des superbes et des humbles : le Temps soupira son chant de mort, puis refermant ses sombres ailes, il plongea le passé dans d'impénétrables ténèbres. Pas un atome de cette argile faite des monarchies disparues qui n'ait vécu, aimé, souffert !

Mais les décrets d'Ahriman ne sont pas sans appel; il appartient au roi, au protégé du Chef pur du monde pur, d'évoquer devant son tribunal les causes jugées par les génies du mal. Le vieux Soutrouk, dans sa harangue, me traça mon devoir; je ne faillirai pas à ma tâche. Ormazd, sois propice à ton serviteur, anges gardiens, assistez-moi, et je tirerai du néant, des palais pour les rois, des autels dignes des dieux.

Ne suis-je pas le descendant d'une lignée de héros, le maître de l'Asie? Dès demain je signerai l'ordre de reconstruire l'apadâna; les angarées porteront jusqu'aux frontières lointaines mes irrévocables volontés.

Qu'il soit fait selon mon bon plaisir! »

Officiers et soldats, architectes et artisans, désireux de gagner la bienveillance du monarque, s'évertuèrent si bien que les champs et la ville endormis s'éveillèrent bientôt au bruit des chantiers. En files interminables les mulets traversaient la plaine et charriaient les graviers extraits du Choaspe; les terrassiers noyaient les ruines sous une épaisse couche de cailloux qui devait exhausser les plates-formes anciennes et supporter le nouveau palais. Des manœuvres corroyaient la terre, les briquetiers moulaient les matériaux, les chaufourniers approvisionnaient les bois des jungles, les émailleurs construisaient de nouveaux fours, les sculpteurs modelaient des archers et des génies, des lions ou des taureaux, tandis que de nombreux carriers se dirigeaient vers la montagne des Habardip. Deux mois plus tard, Artaxerxès, assisté par les mages et entouré des grands, posait sous le socle de la première colonne les cylindres commémoratifs de l'érection du nouvel apadâna.

Les lourds épis s'inclinaient sur leur chaume, les neiges des monts Habardip fondaient aux rayons d'un soleil ardent, l'heure approchait où Suse deviendrait inhabitable.

Des émissaires chargés de négocier le passage des Portes persiques furent dépêchés vers les Uxyens. Ils revinrent, déclarèrent la voie libre et, à la grande joie de Parysatis, la cour se mit en route.

On traversa des plaines immenses couvertes de récoltes déjà mûres, arrosées par de grands fleuves et d'innombrables canaux, puis on atteignit la montagne. La caravane, faute de route, suivait des torrents écumeux encombrés de blocs erratiques. Ceux qui n'étaient jamais sortis des terres plates de la Babylonie s'étonnaient à la vue de ces escarpements fauves dont les pieds disparaissaient sous des forêts de ginériums, de lauriers-roses et de tamaris. Ils admiraient dans les anfractuosités du roc où des milliers de siècles avaient formé un peu de terre, des jujubiers épineux chargés de baies comestibles rouges comme du corail.

Des crabes bleu turquoise, des tortues géantes se cachaient sous les eaux, les rossignols peuplaient les solitudes fleuries des étages inférieurs; sur les sommets déchirés planaient l'aigle sauvage et le vautour chauve.

Trois semaines après avoir quitté Suse, la horde royale franchit un col, et déboucha dans une vallée superbe où campait la principale tribu des Uxyens. Féroces, sauvages, indomptés, les montagnards défendus contre les invasions et les contacts étrangers par la difficulté d'atteindre leur retraite opposaient cette barrière infranchissable à l'orgueil des rois de Perse. Dès longtemps, les Achéménides avaient renoncé à les combattre. Ils aimaient mieux payer rançon que de forcer des passes où cent hommes hardis eussent arrêté une armée.

A perte de vue les noires habitations des nomades tachent la vallée verdoyante. Les voix discordantes des chameaux, les beuglements des buffles, les hennissements des étalons, les bêlements des chèvres et des moutons enfermés dans les parcs dressés autour de la cité errante, se mêlent aux aboiements des molosses jaunes commis à la défense des troupeaux.

Sur l'ordre formel d'Artaxerxès on installa le camp royal près de celui des Uxyens. Le monarque tenait à recevoir l'hommage fictif du puissant chef des tribus et voulait renouer le seul lien qui retenait encore les montagnards dans l'apparente domination de la Perse.

Les serviteurs dressèrent d'abord une double circonvallation. Aux mâts de cèdre couronnés d'une grenade d'or et armés de glands volumineux s'attachaient des étoffes tissées avec les toisons blanches du Kirman et les poils fauves des dromadaires. Entre les deux murailles on ménagea un chemin de ronde surveillé par les eunuques, défendu au dehors par les Immortels.

Une tente immense occupe le centre de l'enceinte ; ses proportions, la richesse des étoffes, les étendards plantés devant la porte, les panaches de plumes d'autruche accrochées au faîte signalent la demeure du roi. Des palmiers d'or martelé soutiennent le léger édifice, des câbles de byssus passés dans des anneaux d'argent le raidissent. Sur les parements intérieurs, l'aiguille des Babyloniennes peignit des chasses au lion, des scènes empruntées aux légendes de la Chaldée, les exploits de Memnon fils de l'Aurore au siège de Troie. Rangés le long des murailles, des piédouches d'agochilum niellé d'argent, incrusté d'ivoire, supportent les statues en bois d'olivier qui ornaient jadis le temple de Pallas Athéna.

En traînant ces chefs-d'œuvre dans les migrations vagabondes où, fils de nomades, ils dépensaient une partie de leur vie, les rois de Perse oubliaient Marathon et Salamine pour se glorifier de triomphes éphémères.

Pendant que les fourriers achevaient l'installation du camp, les officiers de la bouche chargés de fournir des repas aussi copieux et aussi bien ordonnés qu'à Babylone surveillaient de leur personne à l'arrivée des vivres et à la construction des fourneaux.

Par milliers tombent sous le couteau moutons et volailles apportés à dos de mulets, gazelles et onagres conduits en longues files. Aux aides le soin d'éventrer les carpes monstres pêchées au trident, de rôtir les bêtes entières, de tourner près des foyers ardents les longues brochettes chargées de viandes.

« Louez Ormazd : son serviteur a faim ! »

Au signe de l'intendant on remet le premier service aux esclaves. Ce prélude gastronomique destiné à réveiller l'appétit sera servi sur les plateaux et mangé assis ou debout, en mouvement ou en repos, suivant la fantaisie du souverain. Pistaches, amandes, abricots séchés, gingimbre, graines d'ombellifères marinées dans du jus de citron, confitures de rose, manne tombée du ciel, se mêlent à l'anisette laiteuse, à l'eau-de-vie de datte distillée sous le règne de Darius, au jus alcoolique du lotus. Les vins de Branium consacrés à Cérès, de Chios, de Thase, de Lesbos et de Crète, des amphores pleines de Polios de Syracuse, les liqueurs de Cos et de Rhodes se marient aux panses aplaties dont le verre laisse filtrer la couleur blonde des crus d'Ecbatane ou la pourpre violâtre des raisins de la Pârsa.

Artaxerxès goûte à quelques fruits secs, et boit de larges rasades dans une coupe de murex poli plus blanche et plus précieuse que l'ivoire égyptien.

La nuit est close.

A la lueur des torches confiées aux doryphores, sortent de l'ombre les princes et les courtisans admis dans l'intimité.

Tous, les mains placées devant la bouche afin qu'aucune souillure humide n'atteigne la personne royale, observent un silence religieux et attendent comme une faveur céleste un regard qui les autorise à élever la voix devant le maître suprême. D'un avis, d'un mot, d'un geste, dépendent la richesse et la puissance.

Pendant que le monarque accueille les favoris du jour ou rebute les disgraciés de demain, les serviteurs étendent sur le sol un feutre blanc bientôt caché par une nappe frangée d'argent, groupent dans une savante symétrie les lekytes rehaussés de turquoises, les cratères ornés de perles, disposent vingt-quatre réchauds couverts de cloches massives et répandent au milieu de la vaisselle plate une jonchée de roses et de jasmins odorants dont les senteurs enivrantes tempèrent les fumets des rôts et des viandes grillées.

Un écuyer tranchant, chargé de goûter les mets et de surveiller leur transport des cuisines à la tente royale, serviteur incorruptible, s'avance solennel.

Les cloches sont enlevées. Alors apparaissent des poulets lilliputiens, gras, délicats, farcis de verjus; des agneaux habillés de leur peau croustillante, des brochettes de mouton, des filets de gazelle nageant dans une sauce vineuse. Les hachis emmaillottés dans des pâtes croquantes s'intercalent entre l'épeautre étuvée, tachée de raisins noirs, constellée d'amandes rôties. Près de la main les épices, les concombres et les bouquets d'herbes aromatiques.

Artaxerxès procède à de minutieuses ablutions et prononce le *Yathâ âat yazamaidé* suivi de trois *Achem vohou* :

« La sainteté est le bien suprême. Salut à la sainteté, à la pureté parfaites. »

Ce devoir rempli, le pieux mazdéen enveloppe le couvert d'un regard circulaire, saisit les morceaux à son gré, les pétrit du bout des doigts et mange sans s'interrompre pour parler ou pour boire.

Aux pages le soin d'offrir, sur des plateaux de feuillage capitonnés de fleurs, les fruits gracieusement amoncelés : melons verts, pastèques sanguines, pêches géantes, prunes et raisins dorés par le soleil.

Le roi se lève, rabat ses cheveux, se lave de nouveau le visage, la barbe, les mains, et, recueilli, répète six fois l'action de grâce.

L'heure est venue de gagner le harem ; les fronts s'inclinent devant le maître.

Dès que les muletiers et les bêtes de somme furent en état d'aborder la haute montagne, la cour reprit son voyage.

Bientôt la nature se présenta plus sévère ; les vallées étroites se dépouillèrent de leur tapis odorant, les orchidées blanches et mauves — ces plantes qui ne vivent que pour fleurir — disparurent, les torrents se montrèrent dans la froide nudité de leur lit rocheux, la chaîne se dressa, abrupte, désolée, impraticable. Les mulets glissaient sur les dalles plates, écrasaient les conducteurs qui voulaient les soutenir, se relevaient et tombaient dix pas plus loin. Chars et litières éprouvaient d'effroyables difficultés à parcourir des sentiers creusés le long de parois surplombant les précipices. Il fallait dételer les bêtes et transporter les véhicules à bras d'homme. Mais l'extrême fatigue des serviteurs fit bientôt négliger les mesures de prudence, et chacun s'en remit à ses Dieux particuliers du soin de le protéger.

La litière d'Aspasie marchait derrière celles des reines et des enfants de Statira; les hasards de la route, l'impéritie et l'insouciance des esclaves grecs la rejetèrent bientôt à la fin du convoi.

Un soir, le cheval attelé aux brancards de devant tomba lourdement. Il se débattait au bord de l'abîme, crispait ses jambes grêles et ses sabots sur la pierre polie, luttait en vain contre l'horreur du vide; les conducteurs cramponnés au harnachement des animaux abandonnaient l'équipage au gouffre noir qui le guettait. Aspasie poussa un cri déchirant et s'évanouit dans les bras de Darius follement épris, mais timide et respectueux, de Darius qui, par un miracle d'audace et d'amour, venait de sauver sa belle tante au risque de périr avec elle.

Obséquieux et craintifs, les serviteurs s'empressaient:

« Grâce, prince ! Grâce ! Voyez nos mains déchirées, nos pieds écrasés sous les sabots des mulets !...

— Amenez une autre litière, » dit l'héroïque enfant en appuyant sur sa poitrine la tête décolorée de la jeune femme.

Ils s'éloignèrent. Les uns arrêtèrent l'arrière-garde, les autres coururent vers Cyrus, qui chevauchait à côté de son frère.

La voûte du monde criblée d'astres brillants, traversée par la masse d'une lune éblouissante, semblait un dais d'amour. Aux crêtes martelées de plaques lumineuses s'opposaient des ombres, des abîmes pleins de mystère. On n'entendait que le grondement des eaux lointaines et les bruits vagues de la caravane.

« Viens, ma bien-aimée ; repose l'auréole de tes cheveux d'or sur ce cœur plein de toi. Que je sente dans mes bras le poids de ta faiblesse. Viens, parle-moi sans crainte. Mon haleine respectera ton front, mes doigts impatients ne briseront pas comme un vase fragile un rêve de bonheur. Non, demeure muette, dors. Tu ouvrirais les lèvres pour me défendre de t'aimer, tu revivrais pour t'enfuir. Si tu m'échappais, ton corps rebondissant de crête en crête laisserait ses chairs sanglantes aux aspérités des rochers. Pourrais-je te sauver une seconde fois de l'étreinte pâle et des blêmes caresses de la mort ? »

Le désir de voluptés ignorées le pénétrait.

L'enfant se défendait avec toute l'énergie de son honnête nature, avec la pudeur héroïque du premier amour, mais ses résolutions s'amollissaient à la douce chaleur d'Aspasie. Inconscient, il se pressait contre ce corps frêle et souple; la tête cachée sous les épaisses boucles de sa brune chevelure s'inclinait, attirée par une force invincible. Darius jeta autour de lui un regard effaré — la solitude fut sa compagne, l'isolement son complice, — de ses lèvres tremblantes il effleura l'être radieux que le hasard lui avait confié.

Cette innocente caresse déchira le voile; une extase délirante, inconnue, fit vibrer en lui des cordes vierges; la nature s'emplit de bourdonnements, le ciel descendu sur la terre saupoudra de ses étoiles fulgurantes les monts et les gouffres; l'éphèbe, né dans ces quelques instants, s'épanouit comme s'ouvre le volubilis à l'aube naissante.

Soudain, l'image du brutal qui avait flétri ces lèvres divines lui apparut; il vit son père et son oncle prêts à s'entre-déchirer, sa grand'mère affolée, Aspasie à demi morte de honte et de terreur.

Un baiser!...

Aurait-il outragé une femme si secrètement chérie qu'il s'était à peine avoué son amour? Il se sentit écrasé de remords, puis envahi de respect pour cette créature tout entière à un autre. Elle pesait sur ses bras du poids des regrets qui l'obsédaient. Il dépouilla son manteau et sa robe persique, en couvrit le sol, étendit le corps toujours insensible sur cette couche improvisée et, gardien vigilant, demeura debout, absorbé par le souvenir d'une sensation trop tôt évanouie.

Cependant la nouvelle de l'accident se propageait.

Bientôt on vit s'agiter des torches, on entendit des éclats de voix, des pas précipités; Cyrus accourait. Il avait perdu sa tiare, le vent soulevait sa chevelure bouclée et fouettait son visage empreint d'une anxiété douloureuse. A la vue de sa maîtresse il poussa un cri de joie, car il avait craint, malgré les assurances des eunuques, de ne retrouver qu'un cadavre pantelant. La jeune femme entr'ouvrit ses paupières, exhala un faible soupir et bientôt reprit ses sens dans les bras de Cyrus qui s'était saisi d'elle comme l'avare de son trésor retrouvé. Il lui disait des paroles d'amour; elle ne les comprenait point encore, l'esprit noyé dans une vapeur lourde, mais elle lui souriait doucement.

Les regards reconnaissants de Cyrus se reportèrent sur son neveu.

« Jamais un cœur d'esclave ne l'eût disputée à l'abîme! Ami, je te dois une vie mille fois plus précieuse qu'un trône; Cyrus se souviendra. »

L'enfant se raidissait dans un spasme nerveux, son cœur saignait sous les étreintes d'une douleur poignante. Il voulait fuir un spectacle odieux et n'osait s'éloigner, de peur de s'affaisser au premier pas. Il voulait contempler encore et toujours la femme aimée, mais il lui semblait que la nuit ne voilait pas ses lèvres coupables, que le mouvement ou l'immobilité, le silence comme la parole trahissaient sa faute, livraient son secret.

« Qu'importe de l'avoir sauvée d'une mort horrible, cette Aspasie adorée, si je la rends à celui qu'elle aime, tandis que mon courage et mon dévouement reçoivent pour récompense un baiser dérobé ! »

Jaloux, il interrogea le gouffre sombre avec le désir d'aller y chercher un remède contre l'étrange souffrance qui le mordait de sa dent sauvage. Le vent apporta les plaintes sourdes d'un cheval expirant. Ce râle de mort disait les douceurs de la vie ; l'enfant recula d'horreur, gagna une anfractuosité du rocher et se prit à pleurer.

Cependant des appels réitérés réveillaient les échos de la montagne :

« Darius !... Darius !... »

Avec les larmes s'était écoulé le trop-plein du fiel qui remplissait son cœur. D'un revers de main il essuya ses yeux et se montra.

Aspasie avait appris de la bouche de Cyrus le nom de son sauveur :

« La reconnaissance d'une humble fille insulterait à la majesté du prince royal. Que les Dieux Immortels exaucent mes ferventes prières et jettent sur votre vie un rayon de leur céleste clarté. »

Darius rougit et répondit d'un air boudeur aux vœux de la jeune femme.

Le lendemain, comme la caravane s'ébranlait, Cyrus rejoignit Aspasie :

« Chère âme, je te consacrerais les instants de ma vie, comme je te donne les battements de mon cœur, si le roi n'était jaloux de me garder auprès de lui. Prends courage, sois forte, vers nous s'avancent des jours meilleurs. Je m'éloigne contristé, mais tranquille : Darius ne cessera de veiller sur toi. »

Depuis ce moment la belle Grecque et son innocent adorateur cheminèrent côte à côte ; Aspasie, fière de son écuyer, se blottissait gracieusement au fond de sa litière ; Darius, penché sur le cou de son cheval, jouissait non sans mélancolie d'un bonheur dont il serait bientôt sevré. La pureté de leur cœur enlevait tout danger à ces longs entretiens. C'était assez pour elle de bercer les ennuis du voyage avec un compagnon attentif, et, pour lui, de vivre aux rayons émanés d'une beauté sans rivale.

Darius, imbu de la supériorité de la Perse, tenait en profond mépris les petits peuples de la Hellade sans fortune, sans faste, prêts à s'entredéchirer pour quelques dariques. Les leçons d'un philosophe grec, mieux encore Aspasie dépeignant avec enthousiasme Lacédémone si redoutable à ses ennemis, Athènes, ses temples et les chefs-d'œuvre de ses artistes, bouleversaient ses idées.

A son tour il racontait les légendes des Aryens, les exploits des peuplades dont la horde traversait les territoires. Il disait la longue et glorieuse histoire de ses ancêtres, l'asservissement de la Médie par la Perse triomphante, la supercherie du faux Smerdis, la conjuration des Sept, l'avènement de Darius, le rêve de Xerxès, le départ pour la Grèce. Le jeune prince montrait l'Athos vaincu, l'Hellespont fouetté et enchaîné, puis la fatalité cruelle s'abattant sur une armée trop nombreuse.

L'amour a des humilités plus méritoires que des transports héroïques; l'adorant sacrifie sans regret une pure victime devant les autels de ses Dieux.

Quand la nuit jetait une ombre épaisse sur le visage de son amie, Darius chantait des poésies perses adaptées au mode ionien.

« Je t'en conjure, beauté radieuse, apparais avant que j'expire ; ta vue est une caresse suprême pour des yeux près de se clore. Ordonnes-tu ma mort? Mon âme en ton pouvoir s'envolera joyeuse vers le paradis où tu règnes. Préfères-tu que je vive? Seule tu peux me rendre heureux.

Être charmant, tu n'es pas de cette argile dont les autres ont été pétris !

Amour, j'admire ta puissance : tu m'entraînes vers celle qui s'éloigne et tu m'enchaînes à qui me repousse.

Je verserais mon sang goutte à goutte sur un signe de tes yeux et toi tu ne me ferais pas l'aumône de ta pitié !

Quand je te vois je me courbe tremblant devant l'ange envoyé pour martyriser mon âme.

Anahita m'accable, l'amour me rend languissant, il a fait de moi un étranger sans patrie dans ce monde et aux cieux.

Ne me reproche pas mes tourments, tu ignores le mal dont je souffre ; grâce, ne m'ordonne pas de t'oublier, je bénis ma torture. »

« Vous ne chantez jamais ni guerre ni combat, lui dit un soir Aspasie. Vos poètes ne jalousent donc point la gloire de Tyrtée ?

— La guerre ! Je bénirais l'ennemi qui la déclarerait à mon père et le capitaine assez audacieux pour se mesurer avec moi. Rien qu'à la pensée d'une bataille mon sang bouillonne et je sens frémir dans ma main cette épée honteusement inactive. Que je serais heureux d'être un grand général, un héros vaillant et redouté !

— Toutes les femmes vous aimeraient !

— Celle que j'adore en secret me refuserait encore sa pitié, mais elle poserait sur mon front une verte guirlande.

— Des feuillages sombres et sévères! Non, certes; une couronne de roses. Je connais les doux liens qui depuis votre enfance vous unissent à la jolie Sisygambis. Un éclair de joie illumine son gracieux visage lorsque vous passez devant les litières des filles d'honneur.

— Pauvre Sisygambis! J'avais oublié ton nom, jusqu'au son de ta voix, jusqu'à la couleur de tes yeux. Es-tu blonde? es-tu brune? »

Et sans ajouter une parole, le jeune prince s'élança comme un fou jusqu'à la tête du convoi.

Plusieurs mois après le départ de Babylone les éclaireurs joyeux signalèrent sur leur droite la nécropole royale, creusée aux flancs escarpés d'une haute montagne; à gauche, les constructions orgueilleuses de Persépolis. Bâtis sur une terrasse immense appuyée contre des escarpements rouges, les palais hypostyles des Darius et des Xerxès dominaient la ville d'Istakhr étendue comme un troupeau de brebis devant son berger.

Le cortège dévala une pente rocheuse, atteignit les murailles, traversa la ville et gravit le grand escalier de la terrasse royale. Au sommet se présentait le pylône Viçadahyum « d'où l'on voit tous les pays. » Des taureaux ailés en défendaient l'accès. Ces colosses protecteurs de la vie, ces génies dont l'âme repose dans la lune sous la garde de neuf cent quatre-vingt-dix-neuf mille Férouers ne s'émurent pas à la vue d'un nouveau roi. Dédaigneux des êtres éphémères qui les avaient modelés et ne les verraient pas mourir, ils regardaient, indifférents dans le temps et dans l'espace, les hommes, les choses et les siècles.

Derrière le pylône, assise sur un large soubassement, s'élevait la salle du trône bâtie par Xerxès. Le jeune monarque s'assit avec orgueil sous le dais de son aïeul, bien petit dans l'immensité du vaisseau. Mais le drap d'or, surchargé de gemmes, qui protégeait sa tête, le défendait mal contre la tristesse.

Qu'il reportât ses yeux sur les sépultures des Achéménides, qu'il considérât les palais élevés par ses aïeux, chaque pierre lui rappelait la brièveté de la vie, l'inanité des espérances humaines, la vanité de la grandeur royale.

Combien Suse lui avait paru plus séduisante, malgré ses ruines calcinées, que Persépolis drapée dans ses voiles de deuil!

« Villes superbes, plaines fertiles, montagnes sauvages, n'aurais-je goûté vos charmes et votre sublime poésie que pour vous oublier dans la solitude désolée du dakhma! Que me réservez-vous, ô dieux éternels? des années, des heures ou des secondes pour jouir de la puissance souveraine! »

Le lendemain de son arrivée il reçut en audience secrète le satrape de la province.

Tissapherne, inquiet du silence d'Artaxerxès, avait changé l'itinéraire des courriers et fait tenir ses dépêches à l'une de ses créatures avec mission de les remettre entre les mains du roi. Elles éclairaient d'un jour singulier la conduite de Cyrus, ses relations avec Lysandre, des préparatifs de guerre que l'attitude des colons ioniens ne justifiait point. Enfin, indice grave, elles faisaient allusion à certains faits déjà vieux de six mois et pourtant ignorés. Artaxerxès s'efforçait de s'illusionner encore, mais une certitude cruelle l'envahissait : depuis la mort de Darius la correspondance de Tissapherne était interceptée.

Parysatis seule avait l'audace d'ordonner pareille perfidie et la puissance d'imposer sa volonté. Le roi différa jusqu'à l'arrivée du satrape l'ennui de convaincre la coupable ou de rechercher ses complices. Honteux de subir un joug qu'il n'osait ni secouer ni reconnaître, il se contenta de répondre par la voie secrètement ouverte et sans donner les motifs de sa brusque détermination, commanda de célébrer en toute hâte les premières funérailles de son père.

Les prières rituelles s'achevaient à peine que la maison royale fuyait Persépolis.

CHAPITRE VI

LE BAIN DE LA REINE

Si la soumission de la Médie, la conquête de la Chaldée et l'agrandissement de la monarchie forcèrent les rois à déplacer le siège du gouvernement, le triomphe de leurs armes ne les rendit pas ingrats. Pieux pèlerins, ils viennent se faire sacrer au berceau de leur famille et prier devant le tombeau de Cyrus avant de saisir le sceptre.

Depuis deux semaines la horde royale emplit Pasargade, la très antique cité, dont le nom rappelle celui de la tribu noble d'où sortirent les Achéménides.

La vieille capitale ne prétend pas rivaliser de splendeur avec Babylone. Le palais délabré, la cité comprimée par d'épaisses murailles ne peuvent donner asile au vice-roi d'Ionie, aux princes et à la multitude qui gravite autour de ces fastueux personnages. Les satrapes, les généraux, les soldats couvrent de leurs tentes les champs voisins de l'enceinte; Cyrus, entouré des hoplites grecs à sa solde, campe dans les jardins merveilleux placés devant la porte de Khorched comme un pectoral d'émeraudes. Sous les palmiers dont les gracieux panaches se dressent trop haut pour ombrager la terre, s'élève une voûte de grenadiers et d'orangers fleuris qui entrelacent leurs ramures et marient au sang le lait de leurs bouquets. Sur le sol, des prairies touffues sillonnées de canaux.

« Tu as abreuvé la grande altérée, tu as eu pitié de sa souffrance, dit au cultivateur la terre enorgueillie de sa triple parure; prends en échange ces dattes blondes et ces fruits vermeils, nourris tes troupeaux de ces herbes grasses; en moi tu ne trouveras pas une marâtre, mais une divinité heureuse de rendre au centuple les dons qu'elle reçoit de ses adorateurs. »

Quand vient le soir, des banquets, égayés par les refrains bachiques, les jongleries des psyles et les prouesses des danseuses, réunissent chez le gouverneur d'Ionie tout ce que l'Iran compte de satrapes, de seigneurs et de courtisans.

Autant la vie se dépense bruyante et active auprès du frère du roi, autant elle s'écoule calme et recueillie dans la retraite où le dévotieux Artaxerxès se prépare à recevoir l'investiture sacrée. Le peuple n'avait jamais aperçu son maître qu'entouré de mages, les seuls chants qui eussent réveillé les échos du vieux palais disaient les louanges de Dieu.

Elle allait enfin sonner, l'heure solennelle, et le roi, assis sous une nef très antique qui dominait les constructions dressées autour d'un péribole planté d'arbres, s'abandonnait à des soins profanes.

Un coiffeur et un manicure habiles lui coupèrent d'abord les cheveux, la barbe et les ongles. Des prêtres recueillirent ces débris impurs, les enfouirent loin de l'eau et du feu, sous une couche de terre épaisse de deux doigts, puis ils tracèrent neuf cercles concentriques afin d'appeler l'oiseau Achôzuchta qui dévorera les rognures en récitant la loi sainte et les retournera, telles que des armes meurtrières, contre les Dives.

Pendant que s'accomplissait la pieuse liturgie, les serviteurs teignaient les pieds et les mains de cette chaude couleur que donne le henné. Un enlumineur étendit une pâte rouge sur les joues, accusa les sourcils, d'un trait vigoureux, promena autour des yeux l'estompe chargée de fard et prolongea l'ombre des paupières au delà de la tempe. Les cheveux d'un noir bleuté pendaient en grappes sur les oreilles; la barbe, que les rois portaient très longue, se tordait en boucles minuscules.

Peintres et parfumeurs, satisfaits de leur

œuvre, présentèrent un disque de métal poli. Le monarque se mira longuement, souleva ses narines pour s'assurer de leur épilage irréprochable et, fier de son image, congédia les coiffeurs.

Aux prêtres appartenait l'honneur de passer la chemise de lin composée de neuf pièces qui rappellent les commandements de la loi mazdaïque et de lier autour des reins le kosti, cette triple ceinture, symbole des bonnes paroles, des bonnes actions et des bonnes pensées. Les pages de la garde-robe apportaient le costume du sacre, tenaient la mitre et présentaient le poignard, lorsque des éclats de voix, des accents de colère, le tumulte d'une rixe firent tourner vers le vestibule les têtes inquiètes du maître et des serviteurs. Le chef des eunuques veut connaître la cause de ce bruit inexplicable, il s'élance et se heurte contre Tissapherne récemment arrivé d'Ionie.

A la vue d'Artaxerxès, le satrape se souvint du châtiment qu'il encourait et, tombant à genoux :

« Grâce, grâce ! s'écria-t-il.

— Un esclave ose violer la retraite royale !

— Mon crime est irrémissible, la mort seule l'expiera. Je devais obéir à la loi, demander une audience ; Votre Majesté me l'eût accordée demain, après-demain, dans huit jours. Qui peut se vanter de voir luire un autre soleil ?

— Approche. »

Tissapherne obéit et entretint le roi à voix basse. La pâleur ne pouvait percer la couche de fard étendue sur les joues d'Artaxerxès, mais les frissons qui agitaient le corps du monarque témoignaient d'une violente émotion. Les sourcils se contractèrent, une écume blanche monta aux lèvres crispées et la main se porta instinctivement à la ceinture pour y chercher le poignard que les esclaves n'y avaient pas encore attaché.

« La vice-royauté de l'Ionie ne le satisfait donc pas !... murmura-t-il après un long silence. Te croirai-je, Tissapherne ?... Hier encore la reine me montrait la vanité de mes soupçons !...

— Ignore-t-elle ces banquets, ces fêtes où, chaque nuit, Cyrus rallie des partisans dévoués ?

— Es-tu le seul maître d'un pareil secret ?

— Un Juif, à mon service depuis de longues années, m'en a fait la confidence. Il vous l'aurait lui-même révélé s'il ne s'était incliné devant des menaces que méprise le zèle de Tissapherne. »

Artaxerxès frappa dans ses mains; les serviteurs aux écoutes rentrèrent aussitôt.

« Un Juif vient d'être arrêté à la porte du harem; amène-le, dit-il au chef des eunuques.

— Faut-il l'enchaîner ou le battre auparavant ?

— Traite-le comme un ami du roi. »

Quelques instants plus tard, Artaxerxès, Tissapherne et Ruben, épaule contre épaule, causaient avec animation. Singulier contraste entre cet homme fardé, vêtu de brocart, ruisselant de pierreries, ce cavalier poudreux et ce vieillard déguenillé, au visage débile encadré de boucles fauves.

L'entretien se prolongeait, le roi se débattait contre l'évidence.

« Serais-tu vendu aux ennemis de mon frère? D'où te vient ce beau zèle pour ma personne?

— Le Dieu d'Abraham, d'Isaac et de Jacob nous a révélé que les fautes des pères retombaient sur les enfants jusqu'à la septième génération, mais que les bienfaits des aïeux protégeaient leurs descendants. Le grand Cyrus brisa nos chaînes, nous ouvrit les portes de Jérusalem, nous permit de relever nos autels; j'acquitte entre les mains de son arrière-petit-fils une dette de reconnaissance.

— Vos accusations ne reposent sur aucun fondement... Parysatis conserve des gages formels de l'obéissance de Cyrus... Connaissez-vous meilleur otage qu'Aspasie?

— La certitude en pareille occurrence ne précède pas les événements. Quand on l'acquiert il est trop tard.

— Je verrai..., j'interrogerai... Plus tard... Avant le sacre...

— Qui arrêtera la marche du jour!... Josué seul reçut de l'Éternel la puissance de commander aux astres. »

Et le vieillard, interrogeant l'ombre des arbres, leur demandait le nombre d'heures que devait vivre le soleil avant de disparaître derrière l'horizon.

« O mon maître, ne vous endormez pas dans une fausse sécurité, insista Tissapherne.

— Veille donc sur ma vie. Je m'en remets à ton dévouement avec le ferme espoir qu'il ne sera pas mis à l'épreuve. »

Le satrape manda le commandant des Immortels, lui intima l'ordre verbal de fermer sur les pas de Cyrus les portes de la ville aux hoplites grecs et lui remit, sous le sceau du roi, une dépêche pour le mobed; puis il sortit du palais et regagna son campement afin de revêtir la robe de cour et de rejoindre au plus tôt le cortège royal.

Resté seul, Artaxerxès pesa froidement les paroles qu'il venait d'entendre : « Il n'osera... La vie et la personne d'Aspasie répondent de sa fidélité... D'ailleurs il est trop tard, je ne puis revenir sur une décision irrévocable et remettre la cérémonie. Ormazd, Anahita et Mithra, mes grands Dieux, protégez le roi ! »

Pendant que Tissapherne prenait le commandement des troupes et disposait les gardes sur le parcours du cortège, les princesses et leurs esclaves s'ébattaient dans les bains du harem.

Un escalier d'agate rose compris entre deux rampes de géraniums et de tubéreuses conduisait à la piscine souterraine plongée, semblait-il, dans une éternelle nuit. Une à une saillissaient les grosses turquoises d'émail serties dans la mosaïque de verre opalin qui tapissait la coupole; l'eau cristalline des cascades, les bassins entourés de sauges sanguines s'irisaient à leur tour. Aux rires joyeux, se mêlaient le bruissement des étoffes et le cliquetis des bijoux; aux parfums de chair, l'haleine des fleurs. On voyait s'agiter des ombres nues, souples, gracieuses; sur les épaules vaporeuses s'épandaient en ondes des cheveux de jais. Alors disparaissaient et les formes élégantes des voûtes et la décoration des coupoles. L'œil se fixait, pour ne plus les quitter, sur les baigneuses nonchalantes réunies dans cette fraîche demeure, oublieuses du soleil qui brûlait le sol et des passions qui agitaient la terre.

Rivales ou ennemies avaient signé une paix éphémère; en ce jour de fête, la jalousie et l'ambition s'étaient réconciliées.

Plus grave, plus majestueuse, mais aussi plus sombre que de coutume, seule Parysatis semblait obsédée par des soucis que le babil et les rires de ses voisines ne parvenaient pas à dissiper.

Une nouvelle cour se forme autour de Statira. Le visage ovale de la jeune reine, son teint d'une blancheur laiteuse, ses yeux noirs qu'ombragent l'ébène indocile des cheveux bouclés, sa bouche pareille à une grenade entr'ouverte sur deux rangs de perles, dégagent un charme ineffable. A peine voilé d'une gaze transparente qui rappelle les vapeurs dont s'enveloppent les déités, le corps apparaît dans sa délicate vigueur. Les épaules bien effacées, les seins délicats, les hanches minces, les reins cambrés, les bras et les jambes nerveux décèlent la femme de grande tente, trahissent la fille des steppes arides où se forment ces ouragans humains qui portent la désolation aux sabots de leurs juments, s'élancent avec la fureur du simoun et disparaissent comme des spectres dans la poussière de leur marche.

Parysatis, morose, s'isolait. Statira, rayonnante de beauté, triomphante d'allure, écoutait, sans y prendre part, un dialogue engagé entre ses suivantes et la maîtresse de Cyrus.

« Aspasie, regretterais-tu la Hellade? Tu hésites! Parle sans crainte de nous déplaire et d'exciter notre envie.

Les palais de Babylone et de Persépolis, leurs paradis enchanteurs ne sont-ils pas des merveilles par-dessus les rêves de l'esprit humain? Cette armée de princes, ces soldats innombrables, ces esclaves prosternés aux pieds du Grand Roi, ces milliers de bras levés vers le trône, ces milliers de cœurs qui tressaillent à la vue d'une ride au front du maître, n'offrent-ils pas une image du ciel sur la terre?

Si l'Ombre du Roi se lassait un jour de son gouvernement d'Ionie, ne serais-tu pas fière et glorieuse, petite Grecque, de partager notre vie de fêtes?

— Ma patrie est celle de Cyrus. Là où il ira je le suivrai. Heureuse par sa seule tendresse, je ne rêve ni les honneurs, ni les triomphes. Oui, j'admire la splendeur des palais persépolitains, mais l'apadâna du Grand Roi ne saurait effacer dans mon cœur le souvenir du temple qui s'élève radieux sur les rochers de l'Acropole athénienne. Que vous dirais-je? J'aime la voix des oracles, et l'écho de l'Olympe ne retentit pas ici.

— Je te croyais originaire de Paphos?

— J'ai habité Athènes pendant deux années.

— Les guerriers grecs sont-ils aussi courageux que les Immortels?

— Ils attendent leurs adversaires de pied ferme, la lance au poing, inébranlables, pareils à un mur de fer.

— Et leur roi?

— Point de roi, point de sujet. Quand l'ennemi menace la patrie, le peuple entier se lève et nos frères, nos enfants, nos maris, debouts à leur rang, font face au péril commun.

— J'entends; mais, vos plaisirs?

— Aux hommes le privilège d'assister aux fêtes de Diane et d'Apollon, de prendre part aux jeux sacrés de Delphes et d'Olympie, où les fils de la Hellade disputent les prix décernés à la force et au talent, émanations de la divinité.

Les chars volent, environnés de poussière; dignes émules du tonnerre, ils roulent dans les nuages; fils de l'éclair, ils percent la nue, s'avancent, se précipitent, touchent le but. Tous ont fourni une course furieuse. Seuls se sont arrêtés ceux qui gisent rompus dans l'arène. Mais, au-dessus des héros, un vainqueur s'est élevé! Quelle joie pour les siens, quel honneur pour sa patrie! Il recevra la couronne verte, les poètes chanteront sa victoire, les peintres et les sculpteurs reproduiront son image, les éphèbes l'acclameront; dans le recueillement du gynécée, les vierges murmureront son nom glorieux.

A nous les Thesmophories offertes par les femmes mariées à la déesse de la chasteté féconde, les mystères d'Éleusis célébrés en l'honneur de Cérès, les grandes Panathénées qui réunissent les tribus de l'Attique devant l'autel de la déesse guerrière, source de toute sagesse, inventrice de l'olivier. Après les danses armées, après les luttes gymniques, où le vainqueur reçoit une amphore d'Euphronios ou d'Amasis, sigillée au nom de l'archonte, la cavalcade aux flambeaux et la procession du peplos.

— Pas de souverain! pas de cour! Et en

guise de banquets et de fêtes, des cérémonies religieuses, des processions, des tragédies? On doit s'amuser chez vous comme au fond d'un collège de mages !

— Cassandane, ton incroyable naïveté me chagrine : les couronnes de feuillage et les vases de terre, sache-le bien, sont, comme la vertu et la tempérance, le luxe des pauvres. Ma chère Aspasie, je plains les Grecs de tout mon cœur. Vos guerriers, vos héros, vos vainqueurs reçoivent-ils au moins de belles jeunes filles? Un harem convenable sied aux vaillants. Parle-nous des femmes grecques, de leurs amours, de leurs fantaisies.

— Leur vie se passe douce, respectée, au fond du gynécée où l'on file la laine. La matrone, unique maîtresse dans sa maison, dispensatrice des biens de la famille, chérie de son mari, aimée de ses enfants, ne tolérerait jamais une rivale à ses côtés.

— Les Hellènes sont plus courageux qu'on ne suppose : traîner leur vie durant la même compagne ! c'est héroïque. Que deviennent donc les talents d'or que le Grand Roi leur envoie? Puisque chaque homme se contente d'une seule femme, il devrait la conserver pour lui de la pointe des cheveux au bout de l'orteil. Montrer son visage est un appel inconvenant aux passions, une coutume immodeste qui ne prouve pas en faveur de votre chasteté.

— Dans quel but la femme forte et sûre de son cœur voilerait-elle la loyauté peinte sur son visage? Les liens noués entre elle et son époux sauvegardent sa vertu. A Lacédémone, où garçons et filles reçoivent la même éducation, participent aux mêmes jeux dans les mêmes gymnases, se disputent les prix de la course et de la lutte, il naît des amours si sincères et si pures que Géraldas dit un jour en toute vérité : « Il serait moins facile de trouver chez nous une femme adultère qu'un taureau assez grand pour boire du mont Taygète l'eau du fleuve Eurotas. » Ne savez-vous pas que la jeune Spartiate, avant de pénétrer dans la chambre nuptiale, rase ses cheveux et revêt le rude costume des éphèbes? Ignorez-vous qu'elle attend son époux sur une claie d'osier? La lionne ne connaît pas les fards et les bijoux, elle ne provoque pas le mâle avec des épices irritantes ou de fades sucreries; seule pourtant elle engendre des lionceaux.

— Eh quoi! tu oserais soutenir qu'il est séant aux jeunes filles d'étaler leur corps de vierge devant une foule impure et de prostituer leur beauté aux yeux de tout venant!

— La honte procède des pensées mauvaises, reprit Aspasie d'une voix tremblante; rejetez fièrement le voile et bientôt s'établiront entre les hommes et vous des relations loyales, se purifieront les mœurs, s'élèveront les esprits.

— Aspasie, garde-toi d'écouter les vertueuses homélies de Mandane; elle ravalerait les princesses du sang royal au rang des femmes de rien. Et toi, cruelle Grecque, as-tu bien pesé tes conseils? Tu veux donc nous enlever notre unique secours, notre incomparable protecteur, celui qui reçoit nos confidences sans jamais les révéler. Plus de voile pour aller à un rendez-vous, plus de voile pour dissimuler nos amants et leur permettre de franchir les portes du harem! Du même coup supprime les eunuques, ces messagers fidèles et attentifs dont on attendrit le cœur avec des présents, et il ne nous restera plus, triste consolation, qu'à nous aller réfugier à l'ombre du temple radieux de Pallas Athéna.

— Calme-toi, Kissie! L'usage du voile nous survivra. Tu pourras sans danger courir ce soir chez le bel Artapherne.

— C'est bien ainsi que je compte fêter le couronnement!

— Tu reconnais d'une façon singulière les largesses de ton vieux mari.

— Barbe grise qui gèle doit offrir de somptueux présents, la chaude jeunesse apporte ses fleurs. »

Aspasie indignée abdiqua toute prudence :

« Gloire te soit rendue, ô divine Aphrodite, toi qui me fis naître dans un pays où les femmes vivent libres et chastes sans connaître ni faire éprouver les angoisses de la jalousie, où tes servantes se consacrent à un époux dont le cœur leur appartient sans partage !

— Bravo ! s'écria Statira jusque-là silencieuse, nous voici bien renseignées ! La Hellade est peuplée de matrones impeccables, dignes de l'admiration universelle !

C'est, je pense, pour attirer les hommes dans le chemin de la vertu que des clous fixés aux sandales des vierges sans tache impriment sur le sable un provocant « suivez-moi. » Et ces courtisanes de Corinthe dont le nom a forcé la porte de nos harems ? leur influence, leur luxe outrageant témoignent-ils en faveur de l'amour conjugal ?

— Je ne sais…, reprit Aspasie. La femme grecque, fière de son irréprochable vertu, ne regarde pas cette lie de toutes les civilisations, faite du sang des jeunes libertins et de la moelle des vieux débauchés ; elle oublie leur existence et les repousse dans un abîme si profond et si noir qu'on n'y voit pas même s'agiter leur ombre.

— Le dédain sied mal à tes pareilles ! Quand les vents malfaisants poussent sur le rivage oriental de la mer Tyrénienne une de ces déités si nobles, si pures, si chastes, nous la voyons, vile courtisane, démon détestable, diviser avec candeur les familles, devenir la maîtresse de l'un, exciter les désirs de l'autre, allumer des feux coupables jusque dans l'âme des enfants et semer innocemment sur son passage la rage, la haine et l'inceste! Que nos armées envahissent un jour la Grèce! Je cacherai de force ces visages, ferments de corruption, et je serrerai si bien le voile qu'il deviendra entre mes mains un instrument de torture et de mort!

En attendant ce jour prochain, maudites soient les femmes grecques et trois fois maudits ceux qui les amènent parmi nous! »

Sous le souffle brûlant qu'exhalait Statira les fronts se courbèrent. Aspasie doutait de ses sens. Avait-elle bien entendu, bien compris? Était-ce à elle qu'on infligeait un outrage sanglant, immérité? était-ce à elle que s'adressaient ces accusations odieuses? Elle jeta sur ses compagnes un regard interrogateur; Statira avait été l'interprète des colères jalouses du harem: tous les visages reflétaient une sauvage expression de bonheur. Nulle pourtant, princesse ou esclave, n'osait approuver de la voix ou du geste, car Parysatis arrachée à ses méditations s'était redressée, abritant de sa main puissante la jeune femme blottie à ses côtés.

Lorsqu'un vautour aperçoit son ennemi, il le toise, cherche à deviner les côtés vulnérables, scrute les secrets de sa force et de sa faiblesse. Tout à coup un éclair illumine ses yeux, l'oiseau fond sur son adversaire: telle Parysatis considérait sa belle-fille trop hautaine dans son triomphe :

« Le crime de cette enfant? Daignerez-vous me le faire connaître? dit-elle d'une voix sourde? Apprit-elle la calomnie à votre école?

— De sa part, silence ou parole, hommage ou injure m'insultent également.

— Vous haïssez son esprit droit et son cœur pur; vous jalousez d'idéales perfections qui vous ravalent au-dessous de nos esclaves éthiopiennes et vous exhalez votre ressentiment en odieux mensonges. L'inceste sévit à la cour de Perse? L'adultère, voulez-vous dire, quand votre cousine Roxane, invitée au mariage d'Amestris, ravit à ma fille un époux ensorcelé par des charmes et des philtres démoniaques.

— Il ne s'agit pas de Roxane, l'innocente victime livrée en pâture à vos tourmenteurs, mais de la zélatrice d'Aphrodite. Puisque vous me forcez à parler je ne cèlerai aucune de ses vertus. Cyrus ne lui suffit plus; la belle ambitionne les baisers délirants d'Artaxerxès, les humbles hommages d'un roi de Perse? Vous la croyez rassasiée? Détrompez-vous. Jahie insatiable, elle torture deux frères, envenime leur rancune et, pour couronner l'œuvre, attire dans ses rets l'héritier présomptif. »

La pauvre Aspasie étendit vers le ciel ses bras désolés, le prit à témoin de son innocence et retomba pâmée sur le sol. Ses yeux égarés, sa pâleur effrayante, la sueur glacée qui perlait à son front, ses spasmes convulsifs, plaidaient en sa faveur mieux que les protestations arrêtées à la gorge.

« Bien joué ! tu as le don des larmes, mais tu te fatigues en vain. Les ruisseaux de pleurs ne m'attendrissent plus ; je connais ces ruses humides, bonnes à détremper le cœur des hommes. Invoque donc tes Dieux, vante-nous la continence de Zeus et la pudeur de Léda ! Les Grecs ont l'Olympe qu'ils méritent. »

Aspasie défaillait. Parysatis l'attira dans ses bras.

« Protégez votre digne complice, l'instrument détestable d'une ambition criminelle, continua Statira. Qu'attendiez-vous à Babylone, si ce n'est l'arrivée de cette Grecque maudite ? Croyez-vous que j'aie été dupe d'une feinte maladie ? Vous espériez jeter cette étrangère entre Artaxerxès et moi, m'écraser sous la honte, m'abreuver d'humiliation, pousser votre fils à me répudier ou retarder la cérémonie du sacre. J'ai déjoué vos artifices et dévoilé vos complots. Moi, moi seule, entendez-vous, suis l'auteur de votre ruine, moi seule vous ai précipitée du trône ! En vous immolant — joie suprême ! — les Dieux justes permettent que je vous jette à la face le nom de votre ennemie victorieuse !

Demain un irrévocable firman répandra

dans l'univers le nom d'une nouvelle reine, demain se lèvera à l'horizon une étoile rayonnante dont l'éclat ternira les feux mourants des astres déchus.

— Aspasie, s'écria Parysatis, ouvre tes paupières gonflées de larmes; cette Babylonienne porte-t-elle le bandeau royal? Il me semble plutôt voir grimacer sa tête sur un oreiller funèbre! »

Puis, sans laisser aux princesses, terrorisées, le temps de commenter ses paroles :

« Qui donc assistera au sacre d'Artaxerxès? Parysatis, ou Statira? Qui de nous deux a droit au titre de reine? Femme, vous n'êtes encore que l'esclave du roi. Je sais…, vous comptez sur demain, mais les secondes dans la main de la fatalité durent aussi longues que les siècles dans celles des hommes. Plus haute est la tour, plus probable est la ruine; les monts rapprochés du ciel sont voisins de la foudre.

— Figurer dans une cérémonie comme un subalterne, se cacher derrière une draperie hermétiquement close, suffit à vous enorgueillir? Ne vous faites point d'illusion : si l'on accueillit votre humble requête, vous le devez à mon intervention. Le roi vous fait l'aumône de cette décevante faveur comme on jette un os au chien qui rôde autour de la table, où il ne trouvera jamais sa place et dont on va l'écarter à coups de pied.

— Je regrette, reprit Parysatis devenue plus

prudente, que nos scribes ne puissent transcrire vos paroles. Les pensées de la future reine accroîtraient la valeur de nos annales.

— Vous me bravez!

— Non, je vous admire et j'envie la noblesse de vos discours. »

Un calme lugubre succédait à la tempête. Statira demeurait pensive. L'étrange assurance, l'audace de Parysatis à la veille de rentrer dans le néant du harem, lui semblaient pleines de périls : « Quelle trame subtile conduisait-elle encore? quel gouffre allait s'ouvrir sous les pas d'Artaxerxès? L'orage fondrait-il du midi ou du septentrion? Il approchait : un éclair avait déchiré de sa lumière brutale les profondeurs d'un épais nuage. »

Comme leurs maîtresses, les femmes se taisaient. Pas un souffle, pas un murmure ne couvrit un bruit sourd de sandales paresseusement traînées sur l'agate de l'escalier. Le chef des eunuques parut et annonça que le cortège royal allait se mettre en marche. A sa vue, la reine mère pâlit.

Hésitait-elle à profiter d'une faveur instamment requise?

« Qu'attendez-vous? s'écria Statira.

— J'ai hâte de connaître les nouveaux privilèges que le couronnement vous réserve. »

« Il le faut! pensa Parysatis; cette femme me dicte ma conduite. Faiblir, c'est disparaître. »

Elle se leva brusquement ; des voiles opaques cachèrent sous leur pourpre ses traits bouleversés, puis, soutenue par deux négresses susiennes, elle gravit les degrés à pas lents.

L'eunuque, devançant sa maîtresse, longea un bassin revêtu de faïences vertes et atteignit un portique compris entre le harem et les appartements du roi. Arrivée dans la galerie où l'attendait sa litière, Parysatis appela d'un signe la jeune Grecque, et, comme celle-ci s'inclinait devant sa protectrice, elle l'étreignit avec tendresse. La reine se montrait si avare de démonstrations affectueuses, qu'Aspasie sentit son cœur se gonfler. Dans un élan de reconnaissance, elle voua une fidélité éternelle à la seule femme qui osait prendre sa défense.

Statira passait, hautaine, menaçante.

Dès que les reines eurent disparu, les princesses, les eunuques et les serviteurs se dispersèrent. Aspasie ne connaissait pas la ville et, comme ses prudentes compagnes ne la priaient point de les accompagner, elle demeura seule, revint sur ses pas, traversa la cour du harem abandonnée et s'arrêta près de la pièce d'eau.

Fleurs charnues aux pétales roses, blancs nénuphars que baisaient en voltigeant les libellules agiles, animaient la surface des eaux assombries par l'étrange reflet des faïences vertes. S'approchait-on ? la nappe humide se troublait, d'innombrables cyprins montraient leurs gros yeux au milieu des fleurs et mettaient en fuite les insectes apeurés. Le souvenir des dix monstres sacrés de la mer Vourakacha protégeait les hôtes du bassin contre la voracité humaine. Les poissons répondaient à ces égards en se montrant confiants, indisciplinés et gloutons. Ils bondissaient de joie quand ils croyaient découvrir un pourvoyeur et, accordant mal les distances avec leurs efforts, poussaient parfois l'imprudence jusqu'à s'abattre douloureusement sur les dalles de marbre.

Aspasie, lasse, découragée, s'était assise sur la bordure verte. Machinalement elle comptait les fleurs roses ou blanches, les nénuphars, les libellules bleues, les poissons gris, et s'absorbait dans cet effort comme si elle eût accompli un travail très difficile. Son esprit vagabondait parmi les plaines d'Ionie. Avec quel bonheur elle reprendrait la route parcourue plusieurs mois auparavant. Être libre! échapper à cette odieuse étiquette qui l'avait contrainte de quitter la tente de Cyrus pour s'enfermer dans le harem royal! Fuir un enfer où la vie humaine pesait moins qu'un atome, où l'honneur d'une femme valait moins qu'une vie! S'éloigner d'une cour pervertie, de ces princesses qui exaltaient le vice et bafouaient les saintes vertus!

Tout à coup elle tressaillit. Un homme, un enfant plutôt se tenait à ses côtés!

« Vous, Darius !... que faites-vous ici ?... Fuyez, au nom des dieux !...

— Je suis revenu sur mes pas, belle tante, afin d'attacher à ma ceinture le splendide poignard que vous me donnâtes l'hiver dernier. Il avait été placé par mégarde dans le trésor royal ; pour rien au monde je ne voudrais assister au couronnement sans porter celle de mes parures qui m'est la plus chère.

— Courez, ou la foule déçue ne pourra témoigner de son dévouement à l'héritier du trône.

— Hélas !... » répondit-il.

Et sous son épiderme délicat le sang affluait et se retirait tour à tour, trahissant les tumultes d'un cœur bouleversé par la timidité et la passion.

La jeune femme rougit, se leva et tenta de regagner l'intérieur du harem. Darius comprit qu'elle allait mettre fin à l'entretien depuis si longtemps cherché ; cette crainte l'enhardit.

« Aspasie, dit-il en posant la main sur l'épaule de la belle Grecque, ne fuyez pas, ne détournez pas des yeux où je me nourris d'amour ; je vis de votre souffle enivrant, je me réchauffe au rayon de votre beauté, soleil radieux et cruel qui aveugle quand il ne tue pas. Votre regard se fixe-t-il sur moi ? je tressaille et pourtant je demeure craintif, misérable, espérant toujours, désespérant plus souvent encore. Comment ai-je le courage de vous parler aujourd'hui ? je ne sais. Mon audace me surprend et m'effraie. »

L'explosion de cet amour, qu'elle n'osait deviner mais dont elle s'était efforcée de conjurer les ravages, acheva de bouleverser Aspasie.

Le harem connaissait déjà le secret du prince, Cyrus en serait méchamment informé, on travestirait actes et paroles, on présenterait sous les plus noires couleurs la fantaisie fugitive de l'enfant gâté. Elle jeta autour d'elle un regard empreint d'une sombre inquiétude ; le palais abandonné lui sembla sourd et aveugle. Tranquillisée, elle répondit avec plus de sang-froid :

« Assez jouer, petit frère, ou je conseillerai à votre grand'mère Parysatis de vous offrir une poupée de Tanagra comme présent du Nouvel An : vous lui réciterez vos déclarations. »

Elle voulait rompre par une malice un entretien douloureux ; l'expression de souffrance subitement peinte sur le visage de Darius lui montra son erreur. Elle n'avait point à ses pieds un prince capricieux, mais un homme au cœur sensible, à l'âme délicate que la raillerie déchirait.

« Vous êtes un enfant, je n'en saurais vouloir à vos jeunes années. Vous devriez cependant comprendre qu'une offense irréparable s'attache à chacune de vos paroles !

— Peut-être suis-je un fou, un malheureux dont la raison mourut le jour où il vous aper-

eut pour la première fois; mais un enfant!...
N'avez-vous jamais pénétré les replis de mon
cœur? Quand je perdais de vue votre litière
durant notre long voyage de Babylone à Pasargade, les astres disparaissaient de la voûte
azurée, la lumière s'éteignait au ciel. En revoyant Aspasie mon âme affamée se repaissait
de sa grâce avec une âcre volupté.

J'ai envié les asphodèles sauvages dont vous
respiriez le parfum, les marguerites effeuillées
sous vos pas; je jalouse la dalle de marbre
qui porte vos pieds pétris du suc des roses.
Le soleil illuminateur du monde vit-il jamais
dans sa course créature plus exquise que
vous? Aspasie, aimez-moi, je le veux! Mon
père rit de ma sottise lorsque je fis chasser de
ma tente les vierges susiennes amenées par le
grand eunuque. Il ignorait que le souvenir
d'une divinité affolait mes sens, que les mortelles comparées à l'évocation de mes rêves
semblaient sortir d'une souille fangeuse.

— Êtes-vous possédé des Euménides? Assez,
assez! »

Et elle essayait de briser l'étreinte du jeune
prince.

« Je mourrai si vous revenez à Sardes. Un
mot, et je cours me jeter aux genoux du roi.
En un pareil jour ni sa volonté ni celle des
Dieux mêmes ne peuvent entraver les souhaits
de l'héritier présomptif.

Faut-il vous mériter? Pour vous conquérir j'arracherais à la louve ses petits nouveau-nés, je braverais le tigre acharné sur sa proie! »

Un coup brutal, asséné sans ménagement, calmerait peut-être cette passion funeste. Aspasie n'hésita pas à le frapper. Éloignant le jeune homme d'un geste impératif :

« Les femmes de ma nation n'aiment pas deux fois. J'appartiens à Cyrus, votre oncle, votre meilleur ami. Esclave, je lui devais mon corps; libre, je lui ai donné mon âme. N'outragez pas les dieux protecteurs de la fidélité conjugale; oubliez comme moi un instant d'égarement et redevenez mon frère bien aimé. »

Darius s'inclina; tel se penche le roseau blessé par la foudre. Il regarda s'éloigner l'étrangère sans chercher à la retenir et s'affaissa dès qu'elle eut disparu. L'arme précieuse, la dague offerte par une main adorée venait de s'ouvrir un passage dans sa poitrine, un sang vermeil et fumant éclaboussait les dalles blanches.

CHAPITRE VII

ROI

Artaxerxès avait attendu pour quitter le palais que la brise de l'est eût attiédi la chaleur torride du jour. Il s'avançait signalé par des acclamations toujours grossissantes. La foule, massée au dehors du tombeau de Cyrus, partageait son admiration entre les arrivants, satrapes, grands vassaux et courtisans splendidement parés, mais reportait toute son attention sur l'offrande du roi : mille bœufs attelés, mille chevaux, cinq mille moutons et huit mille chèvres qui allaient être répartis entre les agriculteurs au lieu de tomber sous le couteau des victimaires.

A l'approche du souverain la baie s'ouvrit toute grande et les mages, accourus pour assister, dans la cérémonie du sacre, le zélateur couronné de la religion, se rangèrent en longues théories et se portèrent au-devant de lui.

Ils psalmodiaient un chœur sacré et agitaient des branches de myrte ou de tamaris dont la teinte sévère contrastait avec la blancheur immaculée de leurs robes.

« Honorez Mithra, l'éther lumineux aux coursiers rapides, qui le premier, paré de l'éclat de l'or, embrasse dans un baiser tout le sol aryaque.

Honorez Ardviçoura-Anahita, l'eau sainte au large cours.

Honorez Haoma, la sève du monde, le Yazata qui écarte la mort ; car ils sont les ministres très actifs et très fidèles d'Ormazd, le Maître infiniment sage, le Créateur pur du monde pur. »

Le monarque très pieux mit pied à terre, baisa les lèvres du mobed et pénétra dans l'enceinte sacrée.

Derrière la baie apparaît un édifice archaïque, aux murailles aveugles, orné d'arcatures plates, couronné de créneaux. Ses formes massives, ses berceaux et ses coupoles contrastent avec la gracilité et la splendeur des palais hypostyles de Persépolis nés du contact de la Perse avec l'Égypte, la Lydie et la Hellade. Qu'importent la rusticité de voûtes bâties en moellons à peine dégrossis, la sobriété d'une ornementation poussée jusqu'à l'indigence, si elle s'allie à l'harmonie parfaite des proportions, à la simplicité grandiose du plan, à l'imposante majesté de l'ordonnance intérieure ?

Un vestibule immense, réservé aux clients des mages, précède trois salles d'égales dimensions, couvertes de dômes ovoïdes si élevés que le regard n'en peut épouser les voussures. Des hypètres ménagés au sommet des coupoles tamisent une lumière d'une extrême douceur ; des galeries, comprises dans l'épaisseur des murailles, activent l'aération et réunissent les terrasses et les escaliers extérieurs. Aux grandes fêtes les lambris enduits d'un plâtre laiteux, le dallage de briques grossières cachent leur austère nudité sous des tentures et des tapis offerts jadis par le grand Darius.

Dans les deux pièces latérales se réunissent les prêtres, les novices et les étudiants. Celle du centre, le dâd-gah, percée de portes grillées, est interdite aux fidèles. Elle abrite l'âtech-gah. Autant que les cendres grises amoncelées, les flammes pétillantes témoignent de la destination du pyrée.

Trois prêtres chargés de l'entretien du feu sacré, nu-pieds, sans manteau, la bouche couverte d'un voile, les mains gantées afin de préserver de toute souillure humide le fils mystique d'Ormazd, veillent attentifs et recueillis.

Derrière le dâd-gah s'étend une cour spacieuse, entourée de portiques voûtés qui protègent, à leur issue, les escaliers des galeries et des terrasses.

L'autel du sacrifice, l'arvis-gah, occupe le centre du péribole. Sur les deux tables de pierre s'étagent l'avand rempli d'eau bénite, une écuelle d'argent où mousse le lait de vache, le barsom composé de neuf tiges de grenadiers, de tamaris ou de palmier cassées aux premières lueurs de l'aube, à la disparition des astres, enfin le haoma, cet arbrisseau qui symbolise le Génie de la sève vivifiante.

Dès que le roi eut pris place sur une estrade dressée en face de l'autel, le mobed invoqua les génies propitiatoires, saisit le barsom, l'aspergea d'eau bénite, exprima dans un mortier le jus du haoma, et l'unit à toutes les pensées, les paroles et les actions saintes.

La communion sous l'espèce du haoma mélangé au lait suivit la consécration. Le mobed, les prêtres, le roi et les princes goûtèrent à la sève de la plante sacrée; puis un cantique d'allégresse, la récitation du credo mazdéen, une invocation aux Férouers des vivants et des morts portèrent vers les cieux les actions de grâce des fidèles.

Les chants des prêtres avaient cessé. Un silence solennel emplissait l'immensité de l'édifice, le jour déclinait, un voile d'ombre estompait déjà les galeries occupées par les assistants. Tous les regards convergeaient vers le roi et le mobed, seuls au milieu du vaste péribole.

« Ormazd, pasteur des peuples, sauveur des

âmes, maître de la puissance royale, qui brille comme une auréole lumineuse, détache un rayon de ta couronne éblouissante et illumine l'héritier légitime des rois.

Ormazd, seigneur illustre, seigneur le plus illustre, protecteur des chefs du monde corporel, Amechaspands, ministres des volontés éternelles, Yazatas très purs, Férouers secourables, puissants, rapides, impétueux, bénissez Artaxerxès l'Achéménide, défendez-le, assurez-lui l'éternité, protégez ses œuvres.

Artaxerxès, au nom du Dieu Puissant, Omniscient, Éternel, dont je suis l'interprète, je te sacre Roi, Roi des Rois, Roi de l'Univers. »

Les enthousiastes acclamations de l'assemblée éveillent un écho extérieur, sans cesse grossissant, et leurs ondes sonores se propagent à travers la multitude serrée derrière les remparts. Artaxerxès est roi devant les Dieux, devant les hommes.

Cependant les rites exigent que le souverain se rende au tombeau de Cyrus où il revêtira la robe du fondateur de la dynastie et recevra l'inspiration d'au delà dans un entretien mystique avec son aïeul. Mages, satrapes, grands du royaume, fidèles et inébranlables amis, se mettent en marche. Derrière eux vient un peloton d'Immortels à pomme d'argent dont la présence insolite dans l'enceinte du temple frappe d'étonnement les formalistes raffinés.

Le cortège a déjà franchi la baie qui s'ouvre entre le péribole et le bois funéraire. Artaxerxès, suivi de ses flabellifères, s'est engagé sous le portique.

Mais voici qu'un désordre inexplicable ralentit ses pas ; Tissapherne et quelques gardes, arrêtés devant la porte trop étroite, refluent : le tumulte s'accroît, paralyse les mouvements. Parysatis, après avoir assisté au sacre dans les galeries du premier étage, s'avance à la tête de ses eunuques. Elle ne veut pas être la dernière à féliciter l'Élu de Dieu. Le respect, une instinctive terreur éloignent les pages, écartent les Immortels.

Le roi est seul.

Profitant de cet isolement, un homme caché sous l'escalier des terrasses s'élance la dague à la main.

Tissapherne se jette devant son maître : accourus à l'aide, les Immortels renversent l'assassin avant de l'avoir reconnu. Des cris de rage, une clameur furieuse, un ouragan de malédictions déchirent l'air où vibrent encore les dernières acclamations triomphales.

Le régicide gît écrasé sur le sol, le visage contre terre. Artaxerxès seul a vu son ennemi face à face. On l'avait averti, il s'était montré incrédule, et la vérité éclate, brutale, indéniable. Cyrus est là, garrotté, couvert de sang.

« Frapper son roi, son bienfaiteur! Crime horrible, abominable, quel nom te donner!... Une dévorante malédiction pèse sur l'âme de mon frère! »

La nouvelle de l'attentat vole de bouche en bouche; comme un vent de tempête elle soulève les vagues populaires. La marée humaine mugit, gronde, bat les portes du couvent et les brise. En vain les mages veulent s'interposer. La multitude envahit l'enceinte sacrée; elle s'exaspère devant les obstacles, bouscule les prêtres, nargue la lance des doryphores; elle veut voir le roi, s'assurer qu'il vit, déchirer le meurtrier, se partager ses membres pantelants. Ce peuple si timide et si respectueux se presse autour de son souverain sur lequel il osait à peine lever les yeux, le serre, l'enlace, se prosterne à ses pieds. Artaxerxès ne sera jamais tant chéri.

« L'assassin! Qu'on nous le livre! A vos esclaves revient le droit de broyer ses os!

— A nous d'arracher lentement son cœur damné de ses entrailles! » hurlent les femmes mêlées aux hommes et toujours plus cruelles dans la manifestation de leur fureur.

Les vociférations redoublent, l'exaspération touche à son paroxysme. Le peuple affolé, ivre, furieux, menace — justicier impitoyable — les protecteurs de l'homicide.

Le mobed n'hésite plus. A sa vue la foule se calme. Il va parler, elle se tait, elle écoute.

« Fidèles serviteurs des Dieux et des rois, éloignez-vous. Vos clameurs troublent la paix de cette retraite; éloignez-vous; Ormazd protège son serviteur. Le Roi des Rois se rit de la haine impuissante de ses ennemis. N'espérez pas punir le coupable de vos mains loyales, il ne vous sera pas livré; le sang royal coule dans ses veines : Cyrus, l'Ombre du Roi, s'est armé contre son frère, contre son seigneur.

— A mort! A mort!... La tête et la main du meurtrier! »

Le grand-prêtre se tourne vers Artaxerxès :

« O roi, ne céderez-vous pas aux supplications de sujets fidèles?

— Votre bouche vénérable est le canal qui apporte à la terre les volonté célestes. Décidez vous-même du sort de mon frère.

— Cyrus, les Dives t'ont souillé jusqu'à la langue, jusqu'à la moelle. Tu répands la mort dans le monde corporel de la pureté. Ton regard arrête le tiers des eaux rapides, ton regard paralyse la croissance du tiers des plantes, des plantes brillantes, des plantes couleur d'or. Il fait décroître d'un tiers la verte parure du sol, il enlève à l'homme juste dont les pensées, les paroles et les actions sont saintes, le tiers de sa force, de ses mérites, de sa pureté. Tu es plus pernicieux que le serpent qui lance son venin, que le loup hurlant de fureur, que l'hyène affamée fondant sur les troupeaux, que le lézard qui rejette mille œufs dans les eaux et qui remplit le fleuve de sa dangereuse progéniture.

Séroch. le saint à la massue menaçante, incarnation fidèle de la loi, quelle est la peine de ce crime? Quelle est l'expiation?

« La mort précédée du Patet ! »

Qu'un prêtre assiste l'assassin dans ses derniers moments, que le patient confesse ses fautes au ministre du Seigneur; qu'il se repente.

Que la sagaris vengeresse s'abatte sur le cou jusqu'à ce que la tête soit séparée du tronc.

Qu'on livre le corps ainsi purifié aux créatures voraces d'Ahriman, aux oiseaux carnivores.

Alors tous les péchés de cet homme seront effacés pour l'éternité.

Telle est la peine, telle est l'expiation. »

La sentence vibrait encore sur les lèvres du mobed que Parysatis s'élançait vers le roi :

« Voilà bien la justice éternelle ! Les Démons conduisent nos pas jusqu'au bord du crime, le suggèrent, le font commettre, et les Dieux ne l'excusent pas. Ahriman prendrait-il plaisir à susciter des coupables afin de donner à son antagoniste la joie de châtier les complices de son odieuse intervention ! »

Puis elle sentit que l'impiété convenait mal à une suppliante.

« Grâce ! grâce ! pitié !... Artaxerxès, sauve la vie de ton frère, les mêmes entrailles vous ont portés. Tu ne peux rien me refuser le jour de ton couronnement! Le dernier des esclaves qui approchera le roi verra ses vœux comblés; rends-moi une vie en échange de celle que je te donnai! »

Parysatis s'anéantissait, s'accrochait au manteau royal, serrait les mains glacées de son fils dans une étreinte folle, traînait sa robe d'or sur le sol moins insensible que le monarque offensé.

Le ressouvenir des tendresses dont sa mère l'avait frustré, des préférences ouvertes accordées à Cyrus, réveillait une haine mal éteinte et confirmait Artaxerxès dans la résolution de livrer le régicide au bourreau. « Parysatis n'avait-elle pas supplié Darius de modifier l'ordre de succession? Le matin même, après avoir obtenu la confirmation du gouvernement de l'Ionie, cette mère ne s'était-elle pas portée garante d'une fidélité mensongère! Comme elle avait insisté, elle une femme, pour obtenir l'autorisation insolite d'assister au sacre! Son arrivée soudaine n'était pas accidentelle, l'interruption du cortège témoignait de sa complicité. »

Le cœur d'Artaxerxès se ferma à toute compassion :

« Éloignez-vous.

— Tu veux tuer ton frère!

— De quel front osez-vous m'implorer? Quelles lois divines et humaines n'enfreignit pas ce fils adoré? Quels engagements solennels ne viola-t-il pas?

— Je suis mère.

— De Cyrus!

— L'ingrat! Il doute de ma tendresse quand l'écrasement de ses ennemis fut mon unique loi!... Parce que j'aime ton frère, m'es-tu donc moins cher?... Roi, maître offensé, tu peux obéir à ta haine; mais tu grandiras en ouvrant ton âme à la clémence. La clémence, rosée bénie, épanouit les cœurs que le crime a fanés; elle protège celui qui la répand contre les injures du Mauvais.

— Avez-vous jamais pardonné, ma mère! »

Elle reprit, sans écouter cette amère critique de sa vie :

« La clémence! Elle est l'enviable parure du monarque assis sur le trône. Aux rois, aux Dieux, qui ont le droit de punir, appartient aussi le privilège d'oublier...

Je ne veux pas que Cyrus meure! »

La reine mère haletait; mais quand elle vit son fils chéri debout, sanglant, entraîné par les gardes, la douleur qui meurtrissait son âme lui rendit toute son énergie :

« Je t'ai imploré comme une vile esclave, tu es resté sourd à mes supplications. Alors que mes yeux pleuraient du sang, tu demeurais glacé! »

Et rejetant d'un geste frénétique les voiles de pourpre qui couvrent son visage, Parysatis, terrible, superbe d'impudence, rajeunie par la passion, apparaît au peuple qui la connaît bien sans avoir jamais vu ses traits. Elle arrache le bandeau royal qui entoure son front, se précipite vers Cyrus, telle qu'une tigresse dispute au chasseur son petit blessé, entoure le cou du rebelle de ses longs cheveux, étreint entre ses bras ce corps frémissant :

« Frappe, bourreau ! Avec la tête de Cyrus tombera celle de Parysatis, fille de roi, femme de roi, mère de roi ! Et quant à toi, monarque cruel, inexorable, baigne-toi dans le sang le jour de ton sacre, fais largesse au peuple avec la tête de ton frère ; mais que le poids du diadème te soit moins lourd que celui des remords ! »

Un frisson agite la foule houleuse. Elle a donc un cœur, cette Parysatis si redoutée ! Elle palpite, cette femme martelée dans le fer ! Lorsque la passion exprime sans artifice les tumultes de l'âme elle éveille toujours des échos sympathiques. Les seigneurs, les soldats, les prêtres même, si vindicatifs, se laissent gagner à la pitié. Autour de la reine se groupe pour la défendre une longue lignée d'aïeux, se dressent le souvenir vivant de son patriotisme, les triomphes de sa politique étrangère.

L'Ionie asservie paie de mille talents d'or le droit de traîner ses chaînes ; la Hellade, cette irréconciliable ennemie, cette terre farouche par deux fois engraissée des ossements perses, ronge son frein ; Sparte et Athènes, semblables à deux lions féroces, lèchent les pieds du belluaire jusqu'à ce qu'ils se déchirent sur un signe de sa main. Les crimes pèsent peu quand on les met en balance avec la grandeur de la monarchie.

Artaxerxès reflétait, inconscient, les impressions de la foule ; l'occasion lui sembla propice et rare d'immoler sa vengeance sur l'autel du Dieu clément.

« Mon frère, réjouis-toi que les clameurs du peuple et les exhortations du mobed ne m'aient pas arraché ton irrévocable condamnation. Ormazd, en donnant la couronne, élève ses élus au-dessus des humaines passions. Il me plaît d'inaugurer mon règne par un acte de miséricorde. Gardes, détachez ces liens. Approche-toi, Cyrus. Vis assez longtemps pour renouveler les exploits de tes aïeux et racheter ton crime. Demeure dans cette retraite : la sainteté de l'asile te défendra mieux que mes soldats contre la fureur populaire. Mais demain, quand l'aube matinale éclairera de ses rayons pâles l'enceinte de Pasargade, éloigne-toi, retourne en Ionie et montre-toi désormais le fidèle sujet de ton roi. »

Cyrus demeurait silencieux. On sentait bouillonner sa rage vaine sous les ecchymoses du visage. Il ne pardonnait pas à son frère d'avoir le droit de pardonner. Quand on a brisé les liens de la nature, nulle force ne saurait réunir ceux que de pareilles chaînes ne retinrent pas.

Autant le peuple s'était montré impitoyable, autant il accueillit avec enthousiasme la clémence d'Artaxerxès. Cette tête qu'il voulait écraser, ce criminel qu'il aurait lapidé lui paraissait moins coupable puisqu'il inspirait un tel dévouement à une femme, une si rare magnanimité à un monarque gravement outragé. Des cris de joie s'élevèrent. Il semblait que la terre, vaste et populeuse, eût entonné un cantique d'allégresse après le passage d'un cyclone impuissant.

« Vive le Roi ! le Roi des Rois ! Ormazd et les Dieux de l'Iran protègent l'Achéménide ! »

Artaxerxès ne put dissimuler une émotion passagère, mais il reconquit bientôt son impassibilité olympienne. Grandi vis-à-vis de lui-même par la générosité de son pardon, il reprit sa marche interrompue d'une façon si tragique.

Derrière la cour de l'arvis-gah s'étendait un bois de cyprès et de térébinthes centenaires, de figuiers au lourd feuillage et d'oliviers superbes dont les reflets argentés éclairaient les noires profondeurs. Des branches, très grosses, s'enchevêtraient, formaient un toit impénétrable à la lumière du jour, et enveloppaient d'un suaire glauque le tombeau de Cyrus : la nature respectueuse avait pris le deuil.

L'édifice funéraire, vaste tour carrée, pleine à la base, haute de trente coudées et bâtie en pierre noire, reposait sur un soubassement à gradins. Quelques marches permettaient de s'élever jusqu'à l'étroite porte de la chambre sépulcrale.

« Passant, disait une inscription, je suis Cyrus, j'ai donné aux Perses l'empire du monde, ne m'envie pas cette demeure. »

Le grand prêtre, suivi du monarque, gravit lentement les degrés et pénétra dans le tombeau. Un sarcophage, un lit et une table d'or massif meublaient l'étroite pièce ménagée au centre de la tour. Au fond du sarcophage, dormait le fils de Cambyse ; sur la table reposaient les coupes à libations d'un antique travail ; sur le lit, les vêtements du mort.

« Il est le faible, le bras d'un puissant souverain, vaine est sa menace, inutile sa colère, léger le poids de ses anathèmes dans le temps qui fuit. Apprends à défendre ton empire, à protéger les travaux des champs et celui qui cultive la terre, car il est pur devant le Seigneur ; rends tes sujets heureux, respecte la loi ainsi que l'ont commandé les Dieux et les rois évanouis, » dit le mobed en posant sur les larges épaules d'Artaxerxès la robe de Cyrus. C'était la fin de la cérémonie.

Brisée, anéantie, Parysatis avait cherché un

refuge dans une pièce solitaire. Elle tenait Cyrus enlacé comme si elle eût craint un retour offensif de ses ennemis.

Le fils et la mère s'interrogeaient :

« Depuis que je la cherchais, jamais occasion meilleure ne s'offrit à ma vengeance ! Les grands subornés, le temple fermé aux Immortels, les hoplites accourus à ma voix, le roi lui-même dans une si parfaite quiétude que ce matin il me confirmait le gouvernement de l'Ionie, me prêtaient une aide secourable. Que mon poignard eût rencontré le cœur du spoliateur de mon trône, du lâche qui voulait me ravir Aspasie, et le mobed intimidé me sacrait roi avant que le peuple eût appris le nom de son nouveau maître !

— Comment un complot si habilement ourdi a-t-il échoué ?

— Pourquoi les hoplites ne m'ont-ils pas rejoint ?

— A quelle heure prévint-on le roi ?

— Pareil déploiement de troupes est insolite même à l'occasion du sacre !

— On n'introduit pas les Immortels dans le sanctuaire de Pasargade !

— Et le traître ? Si je connaissais son nom ! »

Cyrus soupçonnait son vieux précepteur, un mage adonné aux pratiques divinatoires, qu'il était allé sottement consulter. Parysatis, plus perspicace, accusait Tissapherne.

Depuis sa disgrâce le satrape d'Ionie échappait moins que tout autre à une surveillance active. Pour lutter contre la police de Cyrus, déjouer celle de Parysatis et se venger des affronts qu'il avait subis, il entretenait une armée d'espions à peu près avoués, mais n'accordait sa confiance qu'à des étrangers exclus du palais, afin de dépister la curiosité de leurs collègues. Il tenait en particulière estime une sorte de prophète milésien, le juif Ruben. Grâce à sa profession, cet homme recevait des clients sans inspirer de soupçons, scrutait les consciences et apprenait des naïfs habitants de la terre des secrets qui lui permettaient de vaticiner au nom du ciel.

Ruben, perdu dans les scories de la caravane princière, atteignit sans encombre la ville sainte des Achéménides. Souple, liant, d'humeur facile, il fit échange de recettes de sorcellerie avec le vieux précepteur de Cyrus. Le Juif parla Ourim et Thoumim, ces deux grands oracles de l'antiquité hébraïque ravalés au nombre des sorts; le prêtre mazdéen lui répondit astrologie.

Prophète contre mage, Iahvé contre Ormazd, la lutte n'était pas courtoise. Le fils d'Israël profita si bien de ces conférences qu'il sortit vainqueur du combat confratricide peu d'heures avant le couronnement.

Quoique la sagacité de sa police eût été mise

en défaut, Parysatis avait l'intuition de la vérité et rétablissait cette phase secrète de la vie de Tissapherne avec une singulière pénétration.

Cyrus, plus préoccupé de la conclusion que des prémisses, prêtait à sa mère une oreille impatiente.

« Je vous suis deux fois redevable de la vie et vous seule pouvez encore m'arracher à une insupportable torture, dit-il, en prodiguant à son mentor de tendres caresses. Partez, rentrez au palais; quand la nuit sera close, confiez Aspasie au chef de vos eunuques et envoyez-la dans mon camp. S'il plaisait à mon frère de la retenir! De quel œil enflammé il la regardait hier! Mille guêpes me piquant de leur dard m'eussent moins fait souffrir! J'espérais me venger aujourd'hui. Malédiction!

— S'occuper d'une femme!

— Souvenez-vous que je ne m'éloignerai pas de Pasargade sans Aspasie.

— Tu joues gratuitement ta tête en demeurant ici. Passe encore s'il s'agissait de conquérir un trône!

— Ma mère, ne comprendrez-vous jamais que l'amour maternel! Rassurez-vous; le départ d'Aspasie montrera mon intention d'obéir aux ordres d'Artaxerxès.

— Je n'ose te quitter. Je redoute ce grand prêtre. Moi partie, qui te défendra? »

Et elle le saisit comme s'il eût fallu le disputer encore au bourreau.

« Faites-moi la grâce de retourner au harem ; je meurs d'inquiétude. »

Parysatis connaissait l'obstination d'un fils fait de sa chair et pétri de ses mains. Elle étreignit une dernière fois Cyrus, couvrit de baisers sa tête chérie et soulevant avec orgueil les belles boucles qui pendaient le long des joues :

« Prépare ta revanche ! »

Puis, ramenant les voiles qu'elle avait rejetés pour faire face à la population furieuse, elle sortit du collège et regagna le palais.

Les pénombres crépusculaires envahissaient le harem encore désert. Parysatis s'avançait d'un pas rapide et longeait le bassin en traînant sur le marbre les talons durs de ses chaussures, quand elle s'arrêta, pétrifiée, devant un corps étendu sur son passage. Elle avait manqué le heurter du pied. Les dernières lueurs échappées de l'horizon éclairaient Darius, pâle, inanimé, les vêtements maculés de sang. « Son petit-fils !... Il était mort !... » Des idées folles se choquaient dans son cerveau soumis depuis quelques heures à de terribles secousses. « Qui devait-on tuer ? A quel meurtre avait-elle tacitement consenti ? Quelle interprétation funeste de ses paroles ou de son silence ? Elle ne savait pas... Elle ne se souvenait plus ! Si on l'eût consultée pourtant !... Elle se fût opposée à cette exécution inutile... Un enfant!... » En réfléchissant il lui vint à la pensée que l'assassinat du fils était la conséquence inéluctable de la mort du père.

Parysatis n'avait pas tremblé devant le bourreau. Elle s'affaissa près de ce corps sanglant et de ses yeux s'échappèrent des larmes amères qui, en tombant sur le visage de Darius, semblèrent lui rendre la vie.

« Aspasie! » murmura-t-il sans ouvrir les yeux. Une cuisante douleur lui fit porter la main à la poitrine ; il la retira couverte de sang.

« Aspasie!... toujours Aspasie!... Qui t'a frappé, malheureux enfant? »

Il ne répondit pas. Accuser le cœur de sa bien-aimée, avouer sa faiblesse, lui répugnaient également. Parysatis appuya sur son épaule la tête du blessé, écarta la chemise et découvrit une large éraflure. La dague avait déchiré la peau et glissé le long d'une côte.

Des torches, des fanaux jetaient leurs clartés diffuses sur les voûtes, des acclamations ébranlaient les portiques.

« Le roi! arrêtez ses pas! »

Mais le cortège avait déjà franchi le seuil du harem. Parysatis courut vers son fils ; elle voulait lui dire que Darius vivait avant qu'il le sût blessé.

Artaxerxès chancela :

« Quoi!... Le prince héréditaire!... L'enfer

doit être vide : Ahriman et les Dives emplissent mon palais !... »

Darius n'était pas grièvement atteint. Ses joues et ses lèvres se colorèrent, et bien qu'il ignorât le dramatique épisode du couronnement, il devina les poignantes angoisses de son père et de son aïeule.

« Je courais, dit-il d'une voix faible ; j'ai glissé et suis tombé sur la pointe de cette dague. »

Parysatis respira : la fatalité n'avait pas de complice.

Ctésias entrait.

Dans un pays où l'on ne connaissait en fait de clinique que les conseils donnés dans les carrefours par les fortunés mortels sortis indemnes d'une maladie grave et pour toute thérapeutique que les exorcismes des mages, le médecin grec avait rapidement conquis une prestigieuse renommée. Il appliqua sur la blessure une toile enduite d'une huile parfumée, fit prendre à Darius un breuvage réparateur et promit que la plaie serait cicatrisée avant huit jours.

Quand la reine, libre de toute inquiétude, eut étendu son petit-fils sur un lit de repos, quand elle le vit calme, presque assoupi, elle prit congé d'Artaxerxès en proclamant avec emphase la clémence du souverain et, de retour dans ses appartements, prétexta de sa fatigue pour éloigner les femmes de service. Gigis restait seule à ses ordres.

« Nourrice, prends un rouleau de papyrus. Écris. Ne m'interroge pas, je t'instruirai demain de mes projets. »

« L'Astre de l'État, reine par la grâce de Dieu, veuve de Darius Grand Roi, mère d'Artaxerxès Grand Roi, reçut comme présent de noces les revenus de la ville de Thapsaque, destinés à l'entretien de ses voiles et de ses ceintures, ainsi qu'il est de droit pour les princesses de sang royal. Ces revenus seront versés désormais entre les mains de l'Ombre du Roi, sur la seule vue de cet ordre. »

Parysatis coupa une mèche des longs cheveux qui s'enroulaient naguères autour du cou de Cyrus, noua le rouleau, étendit de la cire dure sur ce lien, et, saisissant un cylindre de chalcédoine saphirique, imprima en guise de scel l'image protectrice de Mithra.

Les heures des clepsydres s'écoulaient monotones dans les ombres de la nuit ; aux bruits du harem, succédait le silence profond de la nature endormie. La reine quitta ses bruyantes sandales, traversa les vestibules sans réveiller les eunuques de garde et se perdit sous les ramures épaisses des jardins.

Très loin, près de l'enceinte, se cachait un pavillon soigneusement clos ; les chaînes des portes s'abaissèrent, les ais gémirent. Aspasie, les yeux hagards, les joues sillonnées de larmes, était agenouillée dans un angle de la salle. Dominée par une invincible terreur, elle se rejeta vers la muraille, où il semblait qu'elle voulût chercher un refuge contre d'inexorables ennemis. Mais son visage se rasséréna soudain : de leurs reflets mourants les lampes éclairaient Parysatis.

« Majesté !... Ma mère !... s'écria-t-elle en courant vers la reine. J'attendais la mort, la torture cruelle !...

— Chère enfant !

— Vous m'avez défendue contre d'horribles accusations, vous apparaissez comme une déesse bienfaisante dans la prison où Statira m'a jetée en attendant que sa haine dispose de mes jours ! La vie d'une pauvre esclave sera trop courte pour témoigner à une souveraine magnanime un dévouement sans borne, une reconnaissance infinie. »

Parysatis ne jugea pas utile d'informer la recluse que les eunuques l'avaient conduite dans cette retraite pour la soustraire aux entreprises du roi. Mieux valait laisser peser sur Statira une accusation imméritée, et se parer d'une auréole d'emprunt :

« Conserve-moi toujours ta tendresse, elle me sera précieuse, car tu reviendras dans cette Perse que tu vas abandonner.

— Partir ! Revoir Sardes et le ciel d'Ionie ! »

Puis elle réfléchit :

« Cyrus ?

— L'Ombre du Roi franchira les portes de la ville avant le lever du soleil. Sa vie dépend d'une prompte obéissance aux ordres de son frère.

— Sa vie ?

— Un événement très grave survenu pendant la cérémonie du sacre a surexcité la colère d'Artaxerxès. L'éloignement peut seul calmer un juste courroux. Hâte-toi, le temps presse. Le moindre retard mettrait en péril une existence qui nous est chère. »

Parysatis, déployant un voile sombre, enveloppa la jeune femme.

« Prends cette dépêche destinée au gouverneur de Thapsaque ; sa divulgation serait fatale à ton amant et à ta reine. Je m'en fie à l'amour et à l'affection d'Aspasie, pour être certaine qu'elle parviendra intacte entre les mains de mon fils. Viens, suis mes pas. »

Les deux femmes traversèrent d'épais fourrés enlacés de roses. Parysatis marchait vite, écartant les sauvageons épineux devant sa timide compagne, déchirant sa robe, ensanglantant ses mains. Enfin, elles atteignirent une porte secrète. A quelques pas de la baie stationnait une litière. Aspasie n'osait franchir le seuil.

« N'hésite pas, ma fille, le salut de Cyrus dépend de ton courage.

— Loin de moi une lâche terreur...

— Eunuques, gagnez au plus vite la tente du gouverneur d'Ionie.

— Le mot de passe?

— Clémence et repentir. »

Il résumait les événements tragiques de ce jour de triomphe; Artaxerxès l'avait donné au chef des Immortels en présence de la reine.

Quand la litière se fut éloignée, Parysatis leva les yeux vers le ciel. Des brumes, inconnues l'été dans le sud de la Perse, s'élevaient de l'horizon et voilaient les étoiles.

« Mauvais présage!... Je divague cette nuit. Qu'ont de commun le ciel et la terre? Penser que les astres s'inquiètent de nous révéler un avenir qu'ils ignorent est le fait des engeances stupides. L'esprit des rois plane au-dessus des vulgaires faiblesses, car il n'y a de divin que leur personne et de suprême que leur volonté! »

CHAPITRE VIII

CUNAXA.

Trois ans s'étaient écoulés depuis le sacre de son frère; depuis trois ans Cyrus avait mis à profit les heures et les événements pour préparer une révolte préméditée avant la mort de Darius et que l'avortement du complot de Pasargade avait mûrie.

Dès son retour en Ionie, le trésor de Sardes fut livré à toutes les cupidités, à toutes les mains félonnes. Il s'agissait d'enrôler de nombreux mercenaires sans divulguer le but de l'expédition : la terreur des multitudes perses était restée si vivace qu'on n'eût pu conduire une armée contre le Grand Roi. Cyrus fit mander les commandants de place, les entretint de ses griefs, leur montra Tissapherne prêt à le supplanter, parla de se défendre et ordonna d'engager tous les soldats qui voudraient entrer à sa solde. En même temps, il adjurait Sparte de lui prêter son aide. Les éphores, jugeant que leurs intérêts s'accordaient avec l'ambition de Cyrus, accueillirent la demande de secours et mirent à la disposition du gouverneur d'Ionie trente-cinq vaisseaux commandés par Pythagore de Lacédémone. Outre la flotte, ils mobilisèrent huit cents hoplites qu'ils placèrent sous les ordres de Chirisophe.

Une troisième armée se formait dans la Chersonèse, vis-à-vis d'Abydos. Cléarque avait reçu mille dariques pour la recruter et l'organiser.

Cyrus rangeait encore parmi ses alliés Aristippe de Thessalie qu'il avait jadis secouru dans une sédition populaire, Proxène de Béotie, habile en l'art des sièges, Sophénète de Stymphale et Socrate d'Achaïe, capitaines renommés. Leurs troupes complétaient, avec les bannis de Milet, le corps de Cléarque et les Lacédémoniens, une armée forte de dix mille quatre cents hoplites et de deux mille cinq cents peltastes. Les contingents perses placés sous les ordres d'Ariée comptaient environ trente mille combattants et tout autant de femmes, d'enfants ou de serviteurs.

Le printemps venait d'éclore lorsque Cyrus sortit de Sardes dans le but avoué de marcher contre Tissapherne et de châtier ensuite quelques bandes de Pissidiens qui infestaient les frontières de la Lydie.

L'armée n'apprit qu'à Thapsaque sa véritable destination ; une émeute éclata. Les dariques eurent raison des plus énergiques, les menaces calmèrent les faibles.

Derrière les murs de Thapsaque s'ouvraient les portes du désert. Les approvisionnements de farine s'épuisèrent, les outres se vidèrent, les bêtes de somme périrent, les hommes furent réduits à se nourrir d'ânes sauvages et à s'abreuver d'eau fangeuse. Cyrus doublait les étapes. Peu lui importait de jalonner sa route de cadavres ; plus il hâterait sa marche et moins nombreuse serait l'armée perse. Les troupes elles-mêmes ne se laissaient rebuter par aucun obstacle. Trop avancés pour revenir sur leurs pas, elles escomptaient les récompenses promises et suivaient vaillamment leur chef.

Babylone n'était plus qu'à douze jours de marche.

Mais voici que des transfuges apportent de graves nouvelles. L'armée royale s'avance, ses innombrables bataillons couvrent la rive droite du Tigre. Cyrus, surpris de la marche rapide d'Artaxerxès, réunit en toute hâte les chefs des Grecs et des Perses afin d'exciter leur ardeur et de concerter un plan de bataille.

« Stratèges et chiliarques, si je recherche votre appui, ce n'est pas que les Perses refusent de combattre sous mes ordres. Je vous choisis parce que j'honore les vertus militaires des fils d'Athéna, parce que la liberté, cette liberté dont je voudrais doter mes peuples au prix de mes richesses et de ma vie, fait bouillonner dans vos veines le sang pourpre des héros.

Voulez-vous connaître vos adversaires?

Depuis dix siècles vous avez abreuvé de leur sang les champs de bataille de l'Europe et de l'Asie. Sous les ruines de Troie dorment les noirs bataillons de Memnon le Susien; la baie de Salamine engloutit la flotte de Xerxès; Marathon, Mycale, Platée dévorèrent les multitudes à la solde du Grand Roi. Montrez-vous les dignes héritiers des Agamemnon et des Achille, des Léonidas, des Miltiade et des Simon.

Que le nombre des ennemis n'ébranle pas votre courage. Je rougis de conduire des soldats contre les troupeaux d'Artaxerxès.

Vous servirez-vous seulement de vos armes? Le choc des boucliers suffira pour effarer ces moutons déjà mis en déroute par la crainte prestigieuse du nom grec. Souvenez-vous de la facile soumission des provinces que nous venons de traverser, des villes se livrant à merci, des gouverneurs accourus en suppliants. »

Un banni de Samos, Gaulitès, répond au nom des Hellènes

« Les uns prétendent que tu es prodigue de paroles parce que l'orage gronde, mais que tu oublieras tes promesses si les cieux se découvrent; d'autres ajoutent même que si tu avais souvenance et bonne volonté tu ne pourrais tenir tes engagements.

— Au sud, l'empire de mes pères s'étend jusqu'à des pays où le soleil règne en souverain; du côté de l'ourse il confine à des steppes glacés. De l'Hyrcanie à l'Égypte, de l'Inde à la mer Tyrénienne la terre est gouvernée par des satrapes. Si nous sommes vainqueurs vous deviendrez les maîtres de l'univers. J'ai moins peur de ne pas récompenser comme ils le méritent chacun de mes amis que de manquer d'amis à récompenser. »

L'armée royale ne se montra pas. Chefs et soldats crurent, sur les rapports de nouveaux déserteurs, qu'Artaxerxès remontait vers la Médie et résignait la souveraineté de la plaine entre les mains de son frère.

Si les inquiétudes assiégeaient Cyrus depuis son départ d'Ionie, les soucis et leur lamentable cortège se relayaient autour d'Artaxerxès. La nouvelle de la révolte trouva la cour à Ecbatane; les frontières étaient violées, on annonçait le soulèvement de plusieurs satrapes, une armée étrangère s'avançait au cœur du pays.

Artaxerxès avait gracié Cyrus sur la prière de sa mère et résisté aux efforts de sa femme qui ne voulait accorder ni paix ni trêve au régicide. Trop tard, hélas! il reconnaissait son erreur! Sa colère grandit de sa désillusion. Avec une ardeur que l'on n'eût pas attendue de son caractère hésitant, il cria sur-le-champ son ban de guerre. Tandis que la maison militaire achevait ses préparatifs de départ, Parysatis prenait le chemin de Suse sous le prétexte plausible de conserver au roi les trésors de l'Acropole. Son dessein était tout autre. Loin du théâtre de la guerre elle manœuvrerait plus sûrement qu'à l'armée, elle éviterait d'intervenir dans la dernière phase de la lutte et se ménagerait la possibilité de se rapprocher du vainqueur ou de protéger le vaincu.

Les lenteurs de la route, les scrupules, les longues insomnies amortirent bientôt la colère d'Artaxerxès. L'accès tomba et laissa le roi aussi perplexe que découragé.

Tissapherne, qui avait rejoint l'armée royale au débouché des gorges de la Parætacène, répétait avec une insistance blessante qu'il avait dès longtemps annoncé les armements de Cyrus et, dans sa haine aveugle, exagérait la force, le nombre et la valeur des soldats grecs. Statira, compagne fidèle des bons et des mauvais jours, accusait la faiblesse du monarque et sa condescendance pour sa mère, des maux qui menaçaient la famille royale :

« Si vous aviez étouffé la vipère et son petit vous ne seriez pas réduit à courir aujourd'hui les chances d'une bataille. Suivez mes premiers conseils. Mieux vaut tuer un traître que de verser le sang des Perses. »

En atteignant les rives du Tigre une division fatale entre les chefs de l'armée éteignit le dernier rayon d'espérance. Les généraux tombaient d'accord sur l'opportunité de la résistance, mais ils se querellaient sur le plan de campagne. Fallait-il se porter au-devant du prince, défendre la ligne du Tigre ou rétrograder en Susiane? Chaque avis réunissait des partisans et rencontrait encore plus de détracteurs. C'est alors que le monarque désespéré conçut le lamentable dessein de gagner les hauts plateaux où Cyrus n'oserait s'aventurer. Peut-être conserverait-il l'apanage d'Astyage!

Artaxerxès ne péchait pourtant ni par couardise ni par timidité : son attitude à Pasargade avait donné la mesure de son sang-froid et de son courage. Semblable à une cire molle sur laquelle tous les corps laissent une empreinte fidèle, mais qui ne conserve aucune forme parce qu'elle les prend toutes, il était toujours ce même prince enclin au bien, faisant souvent le mal, brutal, passionné et néanmoins fidèle à la femme qui régentait ses sens, excessif, sans frein dans la colère, sans mesure dans l'abattement. Il fatiguait son esprit par des soubresauts incessants, se débattait contre des hésitations obsédantes. La folie dormait sous ce front royal.

Tiribaze, gouverneur d'une petite satrapie, décida du sort de la guerre.

« Grand Roi, ne désertez pas ainsi le champ de bataille, eut-il l'audace de dire comme l'on donnait l'ordre de lever le camp. Est-ce en fuyant à bride abattue qu'il convient d'abandonner un royaume? Les Dieux ont-ils décrété votre déchéance? Attendez pour descendre du trône qu'on vous tire par les jambes. Devez-vous périr? Montrez à la mort un fier visage. Que fût-il advenu de Denys de Syracuse s'il eût cherché un refuge dans l'armée d'Amilcar? N'allez point vous cacher au fond de la Médie, n'abandonnez point sans combat Suse, Persépolis, leurs trésors et leurs palais. Eh quoi! ne commandez-vous pas une armée décuple de celle de votre frère? Vos soldats, ne fussent-ils qu'une horde sauvage et mal équipée, suffiraient à étouffer les Grecs et à les écraser comme la meule de pierre met en farine le blé dur. Voulez-vous couronner le rebelle de vos propres mains ou lui laisser le soin de ramasser le diadème et de le poser sur sa tête? Voulez-vous donner le titre de Roi des Rois au misérable qui saccage la terre de ses pères, insulte les Dieux gardiens de la patrie et guide sur le sol de l'Iran une armée étrangère? Disposez vos troupes, concentrez vos forces, marchez sur Babylone, et que nos cœurs soient fortifiés, car notre roi est un maître dans l'art de la guerre. »

Ces paroles firent vibrer chez Artaxerxès des cordes qui semblaient brisées :

« J'irai me mesurer avec Cyrus. Personne mieux que moi n'est fait pour cette lutte : prince contre prince, ennemi contre ennemi, Étéocle contre Polynice ! Je répondrai à ses coups par des coups plus violents, l'empire des Perses vaut la vie qu'on hasarde pour le conserver. Accordez vos lyres, composez des strophes tragiques, ô mes poètes, car la mort de votre roi ne sera pas sans gloire. Courons à la rencontre du rebelle. »

Au lieu d'expédier les ordres de retraite déjà préparés, des officiers traversèrent le camp et annoncèrent le combat.

Le revirement avait été si prompt que Cyrus l'ignora. Plein de confiance dans l'issue de son entreprise, il continuait sa marche à travers la plaine de Cunaxa. Les troupes débandées ne comptaient reprendre le harnais de guerre qu'au jour de leur entrée triomphale à Babylone.

Tout à coup, apparaît Patégyas, ami du prince. Il arrive couvert de poussière, criant en grec et en perse que le roi s'avance à la tête d'une armée formidable. Cyrus descend de son char, saisit ses armes, saute sur un cheval ; les soldats courent aux bagages, endossent le harnais et se massent, honteux d'être surpris en désordre. Cléarque appuiera l'aile droite à l'Euphrate ; Proxène, les Spartiates de Chirisophe et les cavaliers paphlagoniens le rejoindront. Ménon commandera l'aile gauche soutenue par l'armée perse d'Ariée; Cyrus se placera au centre avec six cents cataphractaires.

Comme le soleil de midi dardait sa lumière zénithale, un nuage de poussière — muette mais éloquente menace — s'élève à l'horizon. Il grandit, s'étend, noircit, couvre la plaine et vomit d'innombrables combattants.

L'armée royale marche par nation. Perses, Mèdes, Susiens, Égyptiens, Aryens et Sogdiens obéissent à Tissapherne et sont opposés à Cléarque. Dix mille Immortels, quinze mille cavaliers les soutiennent. A contempler leur robe et leur parure, il semble qu'on ait armé les harems des satrapes.

Sous la protection de la maison militaire s'avance le char du monarque. Le timon, incrusté de nacre et d'ivoire, est surmonté d'une statue d'or haute d'une coudée; sur le mantelet s'éploie l'image, constellée de pierres précieuses, d'un Férouer ailé. Artaxerxès domine la bataille et attire les regards. Sa parure efface en magnificence celle de ses parents et des nobles groupés autour de lui. La cidaris blanche étoilée de bleu, nouée sur la nuque, maintient la tiare ronde ruisselante de topazes; la tunique pourpre barrée de blanc se relève en plis droits sur la jambe, le manteau chamarré d'or est retenu par deux éperviers qui semblent s'entre-déchirer à coups de bec. De la ceinture pend un cimeterre dont le fourreau disparaît sous les cabochons. Auprès du char se serrent les pages ; ceux-ci portent l'éventail et le parasol, ceux-là tiennent à la disposition du monarque son cheval de bataille, son arc, ses flèches, sa lance et ses armes défensives.

La cavalerie forme l'aile droite. Arabes, Mèdes et Parthes rivalisent de jactance.

A travers la plaine toute heurtée d'armes roule un grondement impétueux, mugit une avalanche formidable. Ce sont les deux cents chars de guerre qui prennent position derrière les troupes de Tissapherne. Les étalons se cabrent, se mordent, hennissent ; de leurs naseaux enflammés s'échappe en bruissant une large respiration. Les mors se couvrent d'écume, à la bouche sursautent sans repos les gourmettes de bronze ; les conducteurs maîtrisent à grand'peine la bouillante ardeur des attelages. Dans l'entourage du roi, on compte sur ces chars armés de faux obliques pour jeter la terreur dans les rangs des Grecs. Nul champ de bataille n'est mieux approprié à leur manœuvre que les plaines immenses de la Babylonie ; nuls cochers ne l'emportent sur les Perses. Aussi bien a-t-on multiplié ces engins terribles et les a-t-on dissimulés derrière l'infanterie. Vienne l'instant décisif, le rideau s'ouvrira et la baie vomira l'enfer.

Les Grecs, rompus aux évolutions, soumis à une discipline sévère, prennent sans désordre leur formation de combat. Ils ne portent pas, comme les Perses, une rançon royale sur leur poitrine. Si l'or est l'arme des négociateurs, le fer et le bronze régentent les champs de bataille. Cyrus parcourt les rangs ; comme une Thyade il se démène.

« Hommes de Sparte, de Sardes et de Milet, laisserez-vous leur parure et leurs bijoux à ces femmes gonflées de lâcheté, n'arracherez-vous pas cet or qui s'étale impudemment sur leur robe ? »

Il passe devant Cléarque et lui commande de se porter contre le centre de l'armée ennemie où se trouve le roi. Mais le capitaine grec, craignant d'être tourné, refuse de détacher son aile droite de l'Euphrate :

« Aux officiers grecs de remporter la victoire, à vous de suivre les phases du combat derrière nos bataillons. Ne vous jetez pas imprudemment dans la mêlée et je réponds du succès.

— Que dis-tu, Cléarque ! Veux-tu que je me montre indigne du rang que j'ambitionne ? Le mot de ralliement, et laisse-moi gagner la couronne !

— Zeus sauveur et victoire.

— Je l'accepte comme d'heureux augure. »

Les soldats de Cléarque, de Proxène et de Chirisophe ont entonné le péan formidable ;

ils frappent leurs piques contre les boucliers pour épouvanter les chevaux des ennemis et s'élancent au cri d' « Héléleu! » sur le corps de Tissapherne.

Ils courent, ils volent, la fureur au front, l'écume à la bouche; armes de fer et freins de bronze sonnent la mort. On distingue leurs casques abaissés, les cimiers farouches, les crinières et les panaches capricieux, les cuirasses polies; les sarisses. pareilles à de hauts brins d'herbe, dessinent les rangs. L'effroi qu'ils inspirent exagère leur stature.

Les Perses blêmissent. Ils reconnaissent les terribles soldats combattus par leurs aïeux sur la terre de la Hellade et croient sentir déjà la froide morsure du fer. Malgré les officiers qui leur lacèrent les épaules à coups de fouet, les archers bandent leur arme alors que l'ennemi est à plus d'un stade de distance, et les flèches, serrées dans le ciel comme un épais nuage noir, tombent aux pieds des combattants ou glissent sur leurs armures: telle la brume légère caresse les plumes de l'oiseau. Habituées au succès de cette manœuvre toujours suivie chez l'adversaire d'un mouvement de retraite, les troupes royales perdent tout sang-froid. Les rangs, si bien formés, ondulent comme un serpent, se tordent en replis sinueux, les bataillons se dispersent ainsi que des monceaux de feuilles mortes roulés par le premier vent d'hiver.

Si les fuyards se fussent retournés pour considérer le petit nombre de leurs ennemis ! Mais ils se heurtent, se renversent, gisent à terre foulés sous les pieds des chevaux, se blessent à leurs propres armes ; beaucoup périssent sans avoir été frappés. Abandonnés de leurs conducteurs, les étalons furieux entraînent les chars au hasard de leur folie, dans la masse confuse des Perses aussi bien que dans les rangs des mercenaires grecs. Ces derniers s'écartent et laissent passer les faux, jadis si redoutées, sans qu'un seul homme soit atteint.

Déjà des cris de triomphe saluent Cyrus Roi des Rois. Il ne s'enorgueillit pas et surveille anxieux, l'aile droite et le centre de l'armée royale qu'il avait avec raison donnés comme objectif à Cléarque. La droite d'Artaxerxès a dépassé sa gauche formée des peltastes de Ménon et des Perses d'Ariée. Le roi, descendu de son char, et monté sur une jument vigoureuse, s'efforce de réparer l'échec de Tissapherne aux dépens d'une troupe de valeur inférieure et dirige lui-même le mouvement tournant qui doit envelopper l'aile gauche des alliés.

Cyrus devine le projet de son frère. Si l'ennemi culbute le corps d'Ariée, il prendra à revers les hoplites de Cléarque et les taillera en pièces.

« Trompettes, sonnez la charge ! »

Et le jeune général, profitant de la marche de

flanc d'Artaxerxès, s'élance à la tête de sa cavalerie, passe sur le corps des Immortels, atteint et renverse les Cousins du Roi. Bientôt il ne reste sur cette partie du champ de bataille, sillonnée par les noires silhouettes des fuyards affolés, que deux escadrons inébranlables — trois cents cavaliers peut-être — décidés à s'entre-déchirer et à mourir fidèles autour des deux rivaux.

Il n'est plus temps de gémir sur le crime de Cyrus, de déplorer la lutte fratricide qui ajoutera un épisode nouveau aux légendaires tragédies des Achéménides; il n'est plus temps d'invoquer les Dieux et d'apitoyer les impitoyables Euménides. Place, place aux frères ennemis! Peuples, suspendez vos batailles; Grecs mercenaires que fascine la vue des dariques, Perses qui ne secouerez jamais le joug, que vous importe de donner le trône à Cyrus ou de le conserver à son adversaire. Misérables, épargnez votre sang; laissez couler celui des rois!

Cyrus aperçoit son frère; altéré de vengeance, il se précipite. Son javelot siffle dans l'air, se fraie un passage à travers les bords du bouclier, bosselle la cuirasse et renverse le roi.

L'empire sera-t-il à Cyrus?

Tiribaze relève le monarque et lui cède sa monture :

« Grand Roi, souvenez-vous de cette journée. »

Pharnabaze accourt, rassemble les Jaunes, rallie les Blancs, renverse ceux qui le serrent de trop près, fond sur les compagnons du prince, rétablit le combat et se montre partout à la tête des Immortels. L'ivresse a vaincu la peur. Ariée s'avance à son tour; derrière lui accourent les peltastes de Ménon; la mêlée devient générale. Cavaliers du roi, commensaux de Cyrus frappent de la lance et du poignard. Les boucliers se heurtent, les cuirasses retentissent sous les coups comme des vases fêlés, les chevaux roulent sur le sol, les hennissements de douleur se confondent avec les cris des hommes écrasés; les cadavres s'amoncellent, les blessés tressaillent à l'appel des compagnons d'armes.

Cependant une soudaine hésitation se manifeste dans les rangs des insurgés; la panique pâle sévit de proche en proche. Les combattants réclament leur chef, l'appellent; il ne répond pas; ils le cherchent et ne le trouvent pas. Alors, pris d'épouvante, Ariée lâche pied et entraîne dans la débâcle le corps de Ménon.

O Zeus! Qu'as-tu fait de Cyrus? Où est Cyrus. Ormazd Dieu des Perses? Ses cheveux se soulèvent arrachés par le vent qui s'oppose seul à la rapidité de sa course, il vole emporté sur les ailes d'un hippogriffe noir!

Le roi ordonne d'achever le mouvement qui l'a mis en présence de son frère et montre au loin le camp des rebelles. Tous comprennent ce geste. L'espoir du pillage ramène les fuyards apeurés, l'armée presse le pas sous les aiguillons d'une ardente convoitise.

Du haut des bagages transformés en observatoires, eunuques, muletiers et serviteurs suivaient les péripéties de la bataille.

Pleins de jactance, ils tournèrent en dérision la manœuvre de la garde royale, anxieux ils accompagnèrent du regard la charge de Cyrus. tremblants ils virent se fondre dans la plaine l'armée d'Ariée. Aucun obstacle ne les sépare des vainqueurs. Ces êtres pusillanimes, accoutumés à partager les terreurs des femmes, ne songent plus qu'à se soustraire au danger. Les chameliers et les muletiers courent à leurs animaux, tranchent leurs entraves et se dirigent de toute la vitesse de leur monture vers les berges des canaux qui cachent les contingents débandés; eunuques et serviteurs grimpent en croupe ou se jettent au hasard dans la plaine. Peu leur importe la direction : ont-ils le temps de réfléchir!

Les femmes s'informent de la cause du tumulte. Tomberont-elles aux mains des vainqueurs? Deviendront-elles la proie de la soldatesque? Les abandonnées veulent suivre les fuyards; mais il faudrait délaisser les enfants accrochés à leur robe, seller les cacolets, atteler les litières! Elles courent de tente en tente.

poussent des sons inarticulés. des cris de terreur. et secouent dans leurs gestes tragiques les bijoux d'or qui vont, plus que leur beauté, exciter la convoitise.

Des centaures suivent le roi. Sous leurs pas monte. ainsi qu'un orage prêt à crever, la poussière de leur marche. Ils viennent pour commettre des crimes comme des Arabes qui arrivent en masse et veulent piller; ils bondissent au-dessus des obstacles, culbutent les suppliantes, engagent les pieds de leurs chevaux dans les cordages ; les piquets volent, les haubans mollissent et se détendent, les toits se penchent. les panaches s'inclinent, les pavillons s'abattent. Alors, des êtres humains rampent pareils à des reptiles entre le sol et le linceul qui les étouffe. Traînant leurs enfants à demi asphyxiés, les mères apparaissent échevelées. les vêtements en lambeaux, montrent à tous les yeux leurs seins palpitants. leur figure violacée. leurs jambes flageolantes. Hier encore elles eussent fait fouetter l'impudent qui eût aperçu leur ombre, le conducteur qui eût imprimé le moindre cahot à leur litière dorée.

Et ces vierges, belles comme le soleil lorsqu'il égrène ses coraux et ses rubis! Leurs yeux n'ont plus de larmes, leur gorge n'a plus de cris, leur âme n'a plus d'espoir! Dans leur folie de sang, dans leur fureur de chair les soudards violent les saintes lois de la Perse.

Ils oublient que vainqueurs et vaincus sont de même race, que des liens étroits les unissent peut-être. Lassés d'écraser des corps, de broyer des os sous les pieds de leurs montures, de profaner jeunesse et pureté, ils éventrent les sacoches où s'empilent les richesses des ennemis, disputent à leurs victimes les pierreries suspendues au lobe de l'oreille, arrachent avec la chair le bijou convoité et rejettent les objets moins précieux dont ils se saisirent d'abord.

Artaxerxès passait, sans réprimer les violences de la soldatesque. Il se dirigeait vers la tente de Cyrus. Informés de l'approche du roi, les eunuques, armés de grands éventails, rafraîchissaient des amphores enveloppées de linges mouillés, empilaient les raisins et les pêches sur des lits de roses. Tous se hâtaient sans s'émouvoir des gémissements d'Aspasie.

« Grâce, rendez-moi la liberté, laissez-moi rejoindre mes compatriotes ! Les entendez-vous, ces guerriers qui outragent les femmes et versent le sang des mères sur les mains suppliantes des enfants !...

— Ne tremble pas, répondait froidement le grand eunuque, nulle tête ne saurait payer le rapt d'un seul des cheveux qui voltigent sur ton front.

— Artabaze, aie pitié de ta maîtresse. Oublies-tu que, hier encore, je disposais de ta vie et que jamais ma main ou ma bouche ne t'infligèrent châtiment ni outrage ? Laisse-moi fuir.

— Trêve de supplications ! Tu appartiens au vainqueur. A lui d'ordonner, à nous de te remettre entre ses mains avec toutes les richesses du vaincu.

— L'Ombre du Roi me vengera !

— Cyrus, Cyrus, s'écria l'esclave impatienté, le dernier d'entre nous n'envie pas son sort ! Laisserait-il piller le camp s'il n'était mort ou prisonnier ?

— O Cyrus, ô mon héros, prince trop vaillant, toi qui parcourais comme un aigle rapide le champ de bataille où le fer exerce ses fureurs, toi qui maniais au milieu des noirs tourbillons de poussière une épée aussi brillante que le feu du ciel ! O mon Cyrus, ô mon doux seigneur, toi qui me fis là-bas, au bord de la mer bleue, un bonheur sans mélange et des jours fortunés, toi qui fus glorieux et puissant pour embellir la vie de ton Aspasie, as-tu passé le sombre Achéron ? Je m'endormis reine en Ionie, je me réveille esclave en un pays barbare ! Dieu de justice ! Dieu de miséricorde ! Aphrodite, ma sainte protectrice, ne me condamne pas à la cour de Perse !

Tue-moi, eunuque ! Plonge ta dague dans mon cœur ou tranche les liens qui me retiennent ! Le repos et les caresses de la mort plutôt que la vie dans le harem ! »

Artabaze accueillit son souverain à l'entrée de la tente qu'il se faisait gloire d'avoir conservée intacte. Une collation était préparée.

« Seigneur, s'écria la captive en se prosternant aux genoux d'Artaxerxès, Cyrus? Vit-il encore ?... »

Son visage désespéré, ses cheveux d'or qui pleuraient tristement le long de ses joues livides, ses bras tordus, ses doigts noués dans une convulsion nerveuse, apitoyèrent le monarque.

« Calme-toi, ma belle. Cyrus paiera cher sa folie ; quant à toi... »

Des cris, le bruit d'une lutte engagée dans le camp des Grecs dont les troupes royales avaient respecté l'indigence, arrachèrent le roi à sa quiétude.

D'abord entraîné dans la déroute générale, Tissapherne avait groupé quelques troupes fidèles, attaqué les peltastes de Proxène, pénétré comme un coin entre l'Euphrate et Cléarque et forcé une extrémité du camp pendant qu'Artaxerxès atteignait l'autre. Mais l'ennemi, las de poursuivre le sable soulevé par les pieds des fuyards, avait fait volte-face.

Le satrape comprenait l'imminence du péril, et ses soldats débandés troquaient leurs armes contre des bijoux, se paraient, en guise de cuirasse, de pectoraux volés à des femmes. À la vue de son maître, il poussa un cri de joie.

Seul Artaxerxès pouvait arracher l'armée à un désastre.

Sur le conseil de Tissapherne, les trompettes sonnèrent le ralliement. Les pillards, inquiets, virent briller au loin les casques des Grecs, prirent peur et se massèrent autour de leur souverain.

« Que dois-je faire des richesses tombées aux mains de mon glorieux maître? dit humblement Artabaze.

— Apporte-les dans mon camp.

— Où conduirai-je Aspasie? »

Artaxerxès pressa le flanc de sa cavale; la question n'arriva pas jusqu'à lui.

« Mieux vaut l'incomparable maîtresse de Cyrus que tous les trésors d'Ionie, pensa l'eunuque; ma fortune est certaine si je la conduis saine et sauve dans le harem du roi.

Esclaves, abattez cette tente, roulez les murailles, chargez à dos de mulet les meubles précieux, hissez Aspasie sur une jument rapide et dirigez-vous vers le tabernacle royal que signale l'image étincelante de Verethragna, génie de la victoire. »

Quand les Grecs atteignirent le camp, il était évacué. Quelques femmes très vieilles, quelques enfants très jeunes, mêlaient leurs gémissements aux plaintifs aboiements des chiens. Hormis ces êtres sans âge, tout avait été volé, violé, tué, saccagé. L'incendie rouge, la mer déchaînée, la tempête sablonneuse du désert, eussent été plus cléments que les hommes.

Cléarque et Proxène tinrent conseil.

« Secourir Ariée? Rallier Ménon? Se mettre à la recherche de Cyrus? Folies! »

Ils décidèrent de revenir seuls au combat.

Bientôt les deux armées, allégées d'innombrables fuyards, se retrouvent dans les positions respectives qu'elles occupaient au commencement de la bataille; mais les Grecs, au lieu d'avoir pour adversaires les contingents des provinces, sont en face du roi et de l'élite de ses troupes.

A la vue de l'ennemi séculaire de leur race, les Hellènes entonnent de nouveau le péan. Le renom de la garde, l'horreur que leur inspire le pillage du camp accroît leur ardeur.

Les Immortels se retirent en bon ordre et gravissent le tumulus que domine la tente royale.

Assis au sommet de cette éminence, Artaxerxès, voyant la faiblesse des siens, se lamente, jette sa couronne, déchire ses vêtements, invoque Mithra, génie des combats heureux, et sa compagne fidèle, la victoire Verethragna.

Soudain un cavalier, pâle d'émotion, baigné de sueur, s'approche du roi.

Les officiers s'élancent, les commandements retentissent sur toute la ligne, les troupes s'arrêtent, se massent par pelotons serrés et se remparant derrière leurs immenses boucliers, s'apprêtent à décocher les flèches.

Surpris de cette attitude martiale et d'un calme que la certitude du succès peut seule donner, les Grecs hésitent et décident de remettre au lendemain une attaque décisive.

Sur l'immense plaine s'abaisse le soleil; la nuit grise, la nuit au ténébreux regard, met un terme à ces combats d'hommes, à ces courses d'affolés qui se heurtent, se poursuivent et se fuient.

Ni les Grecs, ni les Perses ne coucheront sur le champ de carnage : jusqu'au matin la terre écrasée sous le poids des cadavres appartient aux chacals.

CHAPITRE IX

APRÈS LA BATAILLE

« J'ai rendu les derniers devoirs à la triste dépouille de mon fils, j'ai placé ses reliques si chères, tout ce qui me reste de lui, auprès de la demeure royale où j'espérais le voir trôner glorieux. De cette terre d'Iran il n'a pas même ce que peut couvrir un cadavre.

O linge, teint du sang de ses veines, je te conserverai comme un regret éternel, car sans moi tu n'aurais pas cette terrifiante couleur. Cyrus ! Fils adoré ! Ton souvenir fait de ma vie une mort qui se renouvelle à chaque battement de mon cœur !

Viens, Sparmixe, parle sans détour : l'émotion n'a plus de prise sur mon âme. Des traîtres aidèrent Artaxerxès dans son œuvre vengeresse, je les veux tous récompenser. Leur nom ? Il ne doit pas sortir de ma mémoire. »

Parysatis interrogeait ainsi son eunuque

favori qui venait de rapporter à Suse la tête et la main droite de Cyrus. Ses regards disaient assez la récompense qu'elle réservait aux meurtriers.

Sparmixe frémit, mais n'osa désobéir.

« La reine reçoit l'inspiration d'Ormazd, les astres s'inclinent à ses pieds, le firmament et la terre chantent ses louanges. Il ne m'appartient pas, vile poussière, de discuter ses ordres, me commandât-elle d'aviver une cuisante blessure.

Vous connaissez les épisodes du combat. L'Ombre du Roi venait de frapper son frère et, décrivant une volte, arrachait le glaive trop lent à obéir... Pasacas, son coursier favori, excité par le bruit des armes, s'emporte à la suite des fuyards. Nulle force humaine ne peut l'arrêter...

— Hélas !...

— Mithradate croise un cavalier sans tiare, emporté dans une course folle, le frappe à la tête et le jette étourdi sur le sol.

— Pour tant d'infortune qui pourrait avoir assez de larmes !

— Passe une troupe de Cariens employés aux plus humbles fonctions de l'armée. L'un d'eux brandit la sagaris, atteint le blessé au jarret et lui coupe l'artère. Des soldats accourent, mais ils ne relèvent qu'un cadavre.

— Il est mort !... Sanglots amers, ébranlez les cieux ! Quand il roula dans la poussière, râlant et chassant de ses mains crispées la Droudj implacable, pendant que son dernier souffle s'exhalait de ses lèvres blêmies, j'attendais dans ce paradis la nouvelle de son triomphe!

Vous n'étiez que trop réels, fantômes de mes nuits! L'esprit a, quand il dort, le regard bien perspicace!

— Derrière les soldats venait Artasiras.

— L'Œil du Roi?

— Lui-même.

— « Qui pleures-tu si amèrement? Pourquoi déchirer ta robe et arracher ta chevelure? demanda-t-il à l'un des soldats. — Hélas! seigneur, ne voyez-vous pas que Cyrus est mort? »

A la nuit tombante le roi ignorait encore le sort de son frère. Il assistait désolé à la déroute des siens et eût troqué la couronne contre un verre d'eau fraîche. Apparaît Artasiras. Ordre est transmis aux Immortels de faire face à l'ennemi, et pendant que les Grecs intimidés regagnent leurs tentes, Mézabate reçoit la mission de couper la tête et la main du héros et d'abandonner le cadavre sur le champ de bataille.

— Que la malédiction des Dieux, que la vengeance des hommes s'abattent sur les bourreaux!

— Alors je m'approchai et ne vis plus qu'un corps et une face pâles comme la cendre, tachés, souillés de caillots noirs.

— Une mer de douleur roule ses vagues houleuses dans mon âme !

— Je cachai sous des linges pourpres les lamentables débris, et bravant une ineffable souillure, méprisant la colère des prêtres, je vous les apportai.

— Tout ce qui reste de mon fils !... Des os décharnés..., des chairs putréfiées... Horrible consolation !

Et cette armée grecque sur laquelle je fondais tant d'espoir, elle n'a donc pas suivi Cyrus?

— Si Cléarque eût exécuté les ordres de l'Ombre du Roi au lieu de s'appuyer trop prudemment à l'Euphrate, je ne pleurerais pas aujourd'hui ce prince que je vis naître et grandir, je n'entendrais pas Artaxerxès se glorifier d'avoir tué son frère !

— Que dis-tu ?

— Le roi récompense les meurtriers sous des prétextes spécieux et achète leur silence à plus haut prix qu'il n'eût payé un service avoué. C'est ainsi que Mithradate...

— Le seigneur qui frappa Cyrus à la tempe ?

— Lui-même, reçut un collier, des armes d'honneur et le titre de Soutien de l'État contre la house de Pasacas ; au Carien qui acheva le prince on offrit mille dariques pour avoir confirmé la bonne nouvelle ; mais le rustre ayant refusé un présent, disproportionné, prétendait-il, avec le service rendu, fut saisi, enchaîné...

— Et supplicié ?

— Je ne sais. A mon départ rien n'était décidé : le roi avait chargé Statira d'imaginer une torture nouvelle.

— Je m'en rapporte à ses soins. Revient-elle avec son mari ?

— Elle ne le quitte plus et attise sans cesse sa colère. Il n'existe pas de mage plus soucieux d'entretenir la flamme sacrée.

— De qui tiens-tu ces détails ?

— Nul au camp ne les ignore. Mon cousin Satibarzane, qui, sur votre recommandation, entra jadis au service du roi, m'a chargé de conseiller la prudence à sa bienfaitrice.

— Personne ne prit ma défense ?

— Vous seriez exilée de Suse et reléguée sur un rocher de l'océan si la triste Aspasie n'avait juré que les projets de Cyrus vous étaient inconnus.

— Aspasie est prisonnière ?

— Elle voulait fuir et rejoindre ses compatriotes ; les eunuques l'en empêchèrent. Ils la conduisaient, chargée de chaînes, dans la tente d'Artaxerxès, quand de jeunes seigneurs qui traînaient leur ivresse sur le champ de bataille, dispersèrent la petite escorte. C'était la plus belle prise de la journée ; chacun la voulait saisir. Faute de s'entendre, ils la jouèrent aux dés. Passe Darius. Tremblant de colère, il se précipite, ordonne de bâtonner les eunuques qui avaient chargé de chaînes la veuve de Cyrus, les seigneurs qui avaient convoité la part du roi, et conduit lui-même sa protégée dans le harem de Statira. Aspasie, accablée par un chagrin dont rien ne peut la distraire, n'aspire qu'à revenir auprès de vous.

— Éloigne-toi, Sparmixe, et envoie Gigis à mes ordres. »

Depuis l'avortement du complot de Pasargade, Parysatis avait mis toutes les ressources de son habileté et de sa grande fortune au service du fils qu'elle avait sauvé. Il s'agissait d'intercepter les rapports des gouverneurs, de détruire l'effet des dépêches qu'on n'avait pu saisir, d'aveugler le roi, de montrer que les armements de Cyrus étaient dirigés contre Tissapherne, ce satrape insoumis, cet ami d'Alcibiade, ce détenteur des énormes tributs payés par les Provinces Maritimes.

Parysatis, informée de la valeur des troupes grecques par les nombreux étrangers venus à la cour du Grand Roi, ne doutait pas de l'heureuse issue d'une expédition bien conduite, depuis longtemps préparée.

Des courriers, partis de Cunaxa, à peu d'heures d'intervalle, annoncèrent le succès de Cléarque, la victoire d'Artaxerxès et la mort lamentable de Cyrus. Les angoisses, le désespoir succédant à la joie, assaillirent tour à tour l'âme de la reine, brisèrent les ressorts de sa volonté.

Avec Cyrus disparaissait un enfant chéri, le seul être, hormis le jeune Darius, qu'elle eût jamais aimé ; avec Cyrus s'éteignait son dernier espoir de ressaisir la puissance souveraine. Désormais, elle serait le jouet d'Artaxerxès le victorieux, elle allait subir les outrages, peut-être même la compassion de Statira..., de la reine ! Et la cour servile, et l'univers après la cour, applaudiraient à sa déchéance.

Elle allait appeler le grand eunuque et lui ordonner de la frapper au cœur, quand l'image de Cyrus se présenta à sa pensée, les yeux vitreux, la barbe souillée, les cheveux collés par le sang, la bouche contractée, les membres raidis. Des narines coulait une bave rouge, sur le corps apparaissaient de nombreuses blessures ; on les pouvait compter ; on pouvait sonder leur profondeur. Mort !... Il était réellement mort.

Le récit de Sparmixe, elle l'avait écouté ; les restes mutilés, elle les avait vus. Les organes ne doutaient plus, mais le cœur de la mère n'acceptait pas la vérité cruelle. Le coup était trop soudain ; la secousse, trop terrible. Pour la première fois elle se trouvait face à face avec le cadavre. La crise fut courte. Telle une épée rougie à la fournaise et plongée dans l'eau reçoit une trempe favorable, telle Parysatis sortit plus forte et mieux armée de l'épreuve décisive qu'elle venait de traverser.

« Tant que l'haleine empestée d'un assassin souillera l'air, je vivrai. J'en jure par Ahriman dont on ose à peine prononcer le nom, si le prudent Mithra repousse mon serment ! Désormais plus d'espoir que dans Artaxerxès. Il faudra régner sous ce fils maudit, subir d'un front serein le conctact de la Babylonienne, cacher sous le masque épais d'une joie d'emprunt mes chagrins et ma haine ! O Vengeance, si douce au cœur des hommes, toi qui délectes les Dieux, mets-toi donc au service de mon bras !

Gigis, ces voiles sombres pèsent sur ma tête comme un suaire : arrache cette livrée funèbre, le temps des larmes est passé. Fais proclamer la cessation du deuil. »

Il ne fut bruit que de la soudaine décision de la reine. Les courtisans eux-mêmes n'osèrent la défendre, mais ils défripèrent leur robe, peignèrent leurs cheveux et montrèrent en tous lieux des visages triomphants.

Trois mois s'étaient écoulés depuis la bataille — qui songeait encore à Cyrus ? — La ville en s'éveillant apprit un matin que Parysatis avait traversé les faubourgs et se rendait au-devant du roi.

Artaxerxès venait passer l'hiver à Suse afin d'isoler l'armée grecque et d'éluder ainsi ses promesses. Satrapes, courtisans, soldats le suivaient avec leur maison, leurs chevaux, des milliers de chariots où s'empilaient concubines, enfants et bagages ; interminable caravane que d'innombrables convois ne suffisaient pas à ravitailler.

Plus on avançait et plus le roi multipliait les étapes. Au lieu de se rapprocher avec joie de son nouveau palais, il semblait redouter de l'atteindre : depuis deux jours la grande masse du Memnonium était le point de mire de l'armée, et l'on restait stationnaire.

Malgré la force puisée dans le succès, Artaxerxès appréhendait la colère de sa mère et il reculait une entrevue pourtant fatale. Il se reprochait d'avoir cédé à une haine de femme comme il s'était repenti jadis d'avoir faibli devant des sanglots. « Pourquoi s'était-il attribué la vaine gloire d'avoir tué Cyrus ? Convenait-il d'outrager un cadavre, de livrer le corps du vaincu aux chacals de Cunaxa ? La reine de Perse n'oserait maudire le vainqueur, mais la mère désespérée accablerait l'assassin sous le poids de sa malédiction. »

Parysatis était si redoutée, on la savait si habile à tirer vengeance des audacieux qui se plaçaient sur son chemin que nul, pas même Tissapherne, n'avait osé instruire le roi du rôle actif joué par la reine dans la révolte de Cyrus. Ne pouvant opposer aux scènes de désespoir qu'il prévoyait, les justes griefs connus de son entourage, Artaxerxès se préoccupait même de rappeler dans ses conseils le plus ferme soutien de la monarchie, et d'acheter une réconciliation, fût-ce au prix d'une humble attitude, quand les courriers lui annoncèrent l'arrivée de l'Astre de l'État.

Le cortège s'avançait précédé de musiciens aux longs cheveux bouclés qui jouaient sur les harpes triangulaires, les cithares horizontales et les flûtes doubles, des hymnes guerriers ou des marches triomphales. Une litière, en bois de santal incrusté d'ivoire, enveloppée de draperies amarantes brodées et rebrodées d'or rouge et d'électrum, couronnée de plumes d'autruche d'une blancheur neigeuse, s'arrêta devant la tente royale.

Cachée sous une gaze pourpre aux longs plis traînants, soutenue par ses femmes également voilées, Parysatis descendit avec une lenteur majestueuse les degrés de l'escabeau d'ébène. Elle avait revêtu un splendide manteau babylonien, coiffé le diadème royal et surchargé ses bras, ses chevilles et sa poitrine de perles et de pierreries.

Artaxerxès remarqua cette toilette de fête et, reprenant courage, s'inclina jusqu'à terre.

Parysatis la première rompit le silence :

« Je suis fier de vous avoir enfanté, mon fils. La Perse doit le salut à l'énergie et au courage de son roi, au talent militaire du descendant d'Achéménès.

— Les dieux seuls dispensent le succès ; nous ne sommes que les instruments aveugles de leur volonté.

— Le triomphe de vos armes n'a jamais fait un doute dans mon esprit. Ils étaient bien arrogants ou bien fous, ceux qui osèrent affronter votre colère devant les murs de Babylone. »

Elle ajouta que la mort de Cyrus, juste expiation d'un exécrable forfait, n'arracherait à sa bouche ni gémissements ni lamentations funèbres. Puis elle s'informa de l'armée grecque.

« Son audace et sa jactance ne sauraient suspendre l'effet de ma colère, répondit Artaxerxès ; mais que d'habileté, de diplomatie, ne devrai-je pas déployer avant de l'anéantir !

— La présence de troupes étrangères au cœur même du pays me cause de mortelles inquiétudes. Dans quel état moral la défaite a-t-elle laissé les fiers Lacédémoniens, les soldats de Cléarque et de Ménon ?

— Après la mort de Cyrus, Ariée, Cléarque et les autres généraux décidèrent de battre en retraite vers la mer Ionienne, car ils craignaient de reprendre la route affamée de Thapsaque. Instruit de leur anxiété par les milliers de transfuges qui accouraient dans mon camp pour implorer leur grâce, j'essayai de les intimider et me lançai à leur poursuite. Ils firent halte. S'engager contre des gens désespérés fut toujours imprudent. Je négociai.

— Vous devenez un politique.

— Ne suis-je pas votre fils? Phalynus de Zacynthe promit en mon nom de cesser les hostilités dans les régions que les Grecs allaient traverser, de fournir des guides jusqu'à la mer Ionienne et de permettre aux Perses de ravitailler leurs anciens adversaires durant la retraite. De leur côté les mercenaires s'engageaient à ne commettre aucun dégât sur mes territoires.

— Ils acceptèrent de pareilles conditions sans exiger des garanties? demanda Parysatis.

— A manier le sabre et la lance les hommes ne s'affinent guère.

— Quels étaient vos projets?

— Peu de jours après mon retour à Babylone, je mandai Tissapherne, mis à sa disposition mes meilleures troupes, lui commandai de joindre Ariée et de lui offrir son pardon en échange des généraux grecs. Depuis lors le satrape suit l'ennemi, le harcèle, lui dispute tous les passages difficiles où des guides à mes gages le conduisent. La Hellade a bu le sang des soldats de Xerxès, aux aigles des montagnes arméniennes les ossements des Grecs audacieux. »

Parysatis eût peut-être accepté le plan d'Artaxerxès si elle l'eût cru réalisable; mais un politique de sa valeur doutait à bon droit des succès présumés de l'armée perse et ne s'illusionnait guère sur la victoire de Cunaxa. Avant tout elle redoutait que les ténébreuses machinations de son fils n'aboutissent à un nouvel échec et ne montrassent sans voile la faiblesse militaire de l'Iran. Ce jour-là, la monarchie aurait vécu. A ce sentiment, au secret désir de contrecarrer Tissapherne se mêlaient des scrupules mal définis, une intuition vague de l'honneur royal. S'agissait-il de l'Iran? Parysatis rusait, martyrisait, torturait, au gré de sa politique ou de son bon plaisir. Elle ne soupçonnait pas que le peuple pût avoir d'autre loi que la volonté d'un despote, d'autre but que de baiser les mains de ses tyrans. Qui l'eût accusée de cruauté l'eût bien surprise : les saignées ne sont pas moins nécessaires dans le gouvernement des États que dans le traitement des maladies chaudes.

Les Grecs, au contraire, s'étaient loyalement engagés au service de Cyrus. Ils avaient suivi ses pas, compté sur ses promesses, combattu avec courage, instruments inconscients et dociles des volontés de leur chef. L'obéissance ne se payait pas de la vie. D'ailleurs l'hiver approchait, les opérations militaires allaient être suspendues, mieux valait conserver une attitude expectante, laisser dormir les événements et regagner la confiance d'Artaxerxès avant d'intervenir.

Parysatis écoutait d'une oreille distraite le récit d'exploits imaginaires et l'emphatique narration de l'entrée triomphale à Babylone.

« Vous êtes-vous montré généreux pour les serviteurs qui combattirent le bon combat ? reprit-elle. Petit ou grand, nul ne doit être oublié.

— J'ai traité chacun selon ses mérites. Ceux qui se distinguèrent dans la mêlée reçurent de beaux présents, je proclamai Tissapherne le fidèle entre les fidèles et lui promis la main de ma fille aînée en récompense de sa loyauté.

— Pensez-vous tenir cette promesse ? Tissapherne est de basse extraction ! Les Achéménides doivent au respect de leur race d'éviter pareille mésalliance.

— A Pasargade cet homme sauva ma vie; à Cunaxa, mon trône. »

Le visage de Parysatis se contracta, ses yeux lancèrent des éclairs fauves : « Sauver la vie... » C'était donc Tissapherne ! Depuis trois ans elle soupçonnait le satrape de Lydie d'avoir fait avorter le complot de Pasargade, sans jamais relever une preuve sérieuse contre lui : elle ne doutait plus.

« Certains hommes vous aidèrent plus directement encore : le seigneur Mithradate ? Un Carien ?... Je veux oublier mes douleurs maternelles et ne me souvenir que des services rendus. »

A son tour Artaxerxès demeura silencieux. Persistant dans un mensonge péniblement échafaudé, il répondit :

« Avez-vous prêté l'oreille à ces insidieuses calomnies ? Dans les veines de Cyrus coulait le sang le plus pur. Qui eût abattu un prince courageux, habile cavalier, expérimenté dans le fait des armes, sinon son propre frère.

— Mon orgueil blessé se réserve de poursuivre les criminels qui tentent d'usurper votre gloire. Un fils de roi périr de la main d'un esclave ! Ma douleur en fut plus amère !... »

Comme deux amis qui se revoient après une longue absence, la mère et le fils causèrent de leurs joies, de leurs déceptions et de leurs espérances, firent assaut de prévenances et de grandeur d'âme. Parysatis fut magnanime lorsqu'elle s'enquit de Statira et voulut la féliciter de son heureux retour :

« Venez çà, ma fille, que je vous admire. Votre beauté s'est accrue au lieu de souffrir des fatigues d'un long voyage et des angoisses de la vie des camps. Nulle Achéménide ne porta avec plus de noblesse la robe médique et le bandeau des souveraines. »

Artaxerxès, ravi de la tournure que prenait une entrevue fort appréhendée, dédommagea sa mère d'une aussi rare condescendance en envoyant quérir Darius.

La mine fière, la tête haute, la ceinture garnie de poignards à la grecque, apparut le prince héréditaire. Il s'élança dans les bras de son aïeule :

« Grand'mère, grand'mère, ne me grondez pas : j'obéirai désormais à toutes vos volontés. »

Parysatis le regardait et pâlissait : n'était-il pas la vivante évocation de Cyrus, n'avait-il pas le même regard franc et droit, la même voix, la même sveltesse avec la même vigueur ?

« Darius ?... Cher enfant !... As-tu combattu près de ton père ?

— Hélas ! non, répondit le jeune homme, la faute en est à vous. J'arrivai comme la bataille prenait fin. Si je n'avais trompé votre surveillance, je viendrais, aussi timide qu'une jeune fille, féliciter le roi de son retour. Par bonheur, on s'échappe plus aisément du Memnonium qu'on n'escalade les murailles de la vieille forteresse.

— J'avais l'espoir que tu devancerais l'arrivée du camp afin de solliciter ton pardon...

— Le mutin aime mieux errer autour du harem que d'affronter vos réprimandes, interrompit Artaxerxès.

— Je crois plutôt qu'il s'est mis aux gages de la Grecque, » ajouta Statira.

Darius rougit, baissa la tête, puis la relevant, non sans audace :

« Aspasie voulait fuir une vie abreuvée d'affliction et de regrets. Elle serait morte si je ne lui avais promis de l'amener auprès de vous, grand'mère, et de la mettre sous votre protection.

— La veuve de Cyrus serait en effet mieux placée dans le harem de la reine mère que dans le mien. Sa tristesse lasse le roi et sa figure maussade réveille de pénibles souvenirs.

— Je proteste. La beauté d'Aspasie est une caresse pleine de charmes ; je trouve même que les longs voiles de deuil lui siéent à miracle. Jusqu'aux larmes, si déplaisantes sur les visages vulgaires, qui communiquent à ses yeux infinis un éclat que vos fards ne donneront jamais. »

Statira ne put réprimer un geste d'impatience. Les traits mobiles de Darius peignirent la jalouse irritation de son âme ; on eût dit Cyrus réclamant Aspasie comme il échappait aux mains du bourreau.

Parysatis n'avait cure des tourments du jeune prince : elle ne croyait pas aux chagrins d'amour ; mais le dépit de Statira fit courir dans ses veines un frisson de bonheur. La passion brutale née quelques années auparavant vivait donc toujours au cœur de son fils ?

« Ma bru parle avec sagesse. Aspasie doit trouver dans ma maison le calme et la retraite qui conviennent à son deuil. Je vous la demande comme don d'heureux retour.

— J'aurais mauvaise grâce à refuser une esclave, » répondit Artaxerxès dépité.

On amena la veuve de Cyrus. Qui eût reconnu la belle adoratrice d'Aphrodite dans cette femme pâle, effarée, semblable au malade qui chancelle à l'air et au soleil. Ses yeux caves, ses lèvres blêmes, ses joues émaciées, les admirables boucles blondes qui cerclaient d'un nimbe d'or sa tête désespérée, semblaient appartenir à un être immatériel. Elle ne put étouffer ses sanglots en revoyant Parysatis et, se précipitant aux genoux de sa protectrice, les étreignit de ses mains diaphanes tant elles étaient amaigries.

« Relevez-vous, ma fille. Je sais que loin d'exciter Cyrus à la révolte, vous vous êtes efforcée de le détourner d'une lutte fratricide et de le retenir dans les Provinces Maritimes. Que n'a-t-il suivi des conseils aussi sages ! Pour reconnaître vos courageux efforts, le roi vous attache de nouveau à ma personne. Vous m'accompagnerez ce soir à Suse et vivrez désormais auprès de moi.

— Ma mère, ne m'abandonnez pas. Restez au camp jusqu'à demain, reprit Artaxerxès, nous entrerons ensemble dans ma fidèle capitale.

— Non, je tiens à préparer moi-même votre retour triomphal et à vous montrer que l'amour de vos peuples n'a point décru en votre absence. Je vous prierai même d'attendre ici mes instructions et de ne pas me surprendre au milieu des préparatifs de la fête.

Esclaves, ma litière. »

CHAPITRE X

L'APADANA

Le surlendemain de son entrevue avec Parysatis, Artaxerxès donna l'ordre du départ.

Il avait été décidé qu'on suivrait le cérémonial du sacre, car en ce jour solennel tous les satellites du trône tenaient à figurer auprès de l'émanation vivante de la majesté divine. Le caractère triomphal du cortège serait indiqué par les dépouilles opimes du camp de Cyrus et le défilé des captifs offerts à l'avide curiosité du peuple. Faute de Grecs assez nombreux, des soldats perses revêtiraient le costume des hoplites et, pour un jour, traîneraient des chaînes.

Le roi franchit un canal, l'Oulaï, qui charriait dans le nord les eaux dérivées du Choaspe, traversa des vergers merveilleux, parcourut des plaines luxuriantes, l'orgueil et la joie des pieux mazdéens, et longea des jardins qui se confondaient avec les faubourgs.

Longtemps perdu dans les ruelles tortueuses que n'égayait aucune ouverture et dans les sentiers bordés de murailles grises, Artaxerxès atteignit le quartier commerçant, inextricable écheveau de galeries voûtées où se coudoyaient les représentants des vingt-quatre satrapies. Mongols au teint jaune et aux yeux relevés, Éthiopiens à la peau noire et aux cheveux crépus, Caucasiens farouches sous leurs peaux de mouton, Arabes parés de mitres éclatantes, Grecs drapés avec art, Lydiens aux robes flottantes, Babyloniens vêtus de blanc, Perses, Mèdes et Susiens reconnaissables à leur type et à leur coiffure, mais uniformément habillés à la dernière mode d'Ecbatane. Il y avait encore des Phéniciens, des nègres de Nubie, des petits noirs venus de l'Inde, des hommes nés sur les rives du Danube et du Gange, des femmes dissimulées derrière leurs voiles impénétrables, puis des ânes, des buffles, des éléphants, ces derniers survivants des faunes antiques échappés au déluge de Xisouthros. Et mêlés à ce pandémonium, les armuriers déployaient leurs arsenaux cosmopolites, les écrivains publics taillaient leur calam, les mouleurs offraient des statuettes divines exportées de Babylone, de Persépolis ou d'Athènes, celles-ci élégantes et fines, les autres lourdes et vulgaires. Au fond des entrepôts, les tapis tissés dans le Fars ou la Médie, les broderies de Borsippa, les cuivres ouvrés de Tarava; aux carrefours, des maraîchers étalant devant la foule émerveillée une chaude polychromie de légumes et de fruits, les marchands d'épices et d'aromates, les mariniers armés de tridents criant de monstrueux poissons piqués dans le Choaspe. Dans leurs concessions respectives, les étrangers et leurs produits : bimbeloterie égyptienne, quincaillerie de Sidon ou de Chypre, pelleterie d'Hyrcanie, parfums du Hédjaz, fards, onguents, fibules, miroirs de métal, scarabées, sceaux et cachets, étoffes de byssus ou de laine, vaisselle de bronze ou d'argent couverte de signes cabalistiques.

Les marchands, dont les vœux étaient comblés et qui fêtaient, avec l'arrivée de la cour, le retour de la richesse et de la vie, avaient enchéri sur les recommandations de la reine. Par leurs soins, les galeries voûtées s'étaient transformées en un gigantesque parterre. Les gerbes de glaïeuls et de tubéreuses, les buissons épanouis, les fleurs d'oranger et de grenadier, jaillissaient de chaque boutique et s'élevaient comme des escarboucles lumineuses jusqu'au sommet des arcatures; la vile poussière disparaissait sous une jonchée odorante de roses et d'anémones.

A la sortie du quartier commerçant la procession abandonna l'itinéraire direct afin d'éviter les rues trop étroites et s'engagea dans un boulevard sinueux qui aboutissait à la forteresse. Les ouvrages étaient crépis en pisé de couleur fauve, mais les litres de faïence bleues, jaunes ou blanches accrochées au sommet des remparts, les merlons émaillés, les portiques de marbre, les bas-reliefs polychromes, les saillies d'or et d'argent glacés d'azur par la pure atmosphère du matin, tempéraient la sévérité de l'argile sans faire perdre à la ville royale son caractère de force et de majesté.

L'Acropole se mirait dans un lac; on ne saurait donner un autre nom à des fossés larges de quatre cents coudées, aussi profonds que les murailles étaient hautes.

Combien les fortifications si vantées de Babylone semblaient de pauvres défenses auprès de ces bastions et de ces tours qui portaient leurs créneaux à trente hauteurs d'homme!

Le cortège suivit les glacis, contourna la citadelle bâtie sur un hémisphère gazonné, et se présenta devant la Porte royale.

Toute la vie du palais se concentre autour de cette entrée qui tient du château-fort autant que de la baie. Sous ses voûtes se racontaient hier les intrigues du harem, se commenteront demain les exploits du monarque, les actes des ministres, les succès et les revers des armées, se trameront et se découvriront les complots.

La Porte royale et le pont qui lui faisait suite

furent franchis. La théorie se heurta au donjon, inclina vers l'ouest, longea les remparts et pénétra dans la place d'armes. A gauche, la citadelle ; à droite, le palais des rois et des reines; en face, l'escalier géant de l'apadâna.

Deux volées symétriques aboutissent à deux volées convergentes. Chacune comprend cent vingt marches assez larges pour que trente hommes puissent les gravir de front, assez douces pour être montées à cheval. Leurs rampes d'émail, couvertes de lotus jaunes et bleus embranchés en colonne, sont crénelées et capables de supporter une attaque imprévue.

Dans l'axe du dernier palier s'élève un pylône couronné d'un diadème de faïence. Entre la double litre de fleurons et de denticules on aperçoit, au milieu de fauves éternellement commis à leur garde, de longues inscriptions commémoratives qui glorifient, en perse, en médique et en assyrien, le Roi des Rois, le Roi Grand, le Roi des Pays et appellent sur lui la bénédiction des Dieux.

Orgueil et religiosité.

Le triomphateur, suivi de son escorte, atteint les jardins suspendus. Dès ce moment il s'avance sous les tentures hyacinthes, pailles ou bleues, accrochées par des câbles de byssus et des anneaux d'argent aux mâts de cèdre poli.

A travers les platanes élagués, vêtus jusqu'à leur cime de buissons de roses, au-dessus des plates-bandes, des corbeilles et des fleurs éblouissantes apparaît l'apadâna, expression suprême de la puissance et de la richesse des fils d'Achéménès.

Le tabernacle royal ne comprend qu'une salle et trois portiques hypostyles, mais assez vastes pour abriter toute une armée, tellement hauts que les bouquets des palmiers séculaires n'en atteignent pas le faîte. Pareilles à des dentelles roses, les mosaïques de briques qui tapissent les antes gigantesques rehaussent les éclats des frises émaillées où le turquoise des fonds se marie avec le pourpre violâtre, le vert rompu et le jaune des décors. Les colonnes de marbre gris surmontées de doubles campanules lotiformes, couronnées de volutes ioniques et terminées par un groupe de taureaux agenouillés, aux cornes et aux oreilles, aux yeux et aux sabots d'or, proviennent des carrières des monts Habardip. Elles franchirent cinquante parasanges et traversèrent deux fleuves torrentueux avant de se dresser sur les terrasses du Memnonium. Les entablements et les charpentes de cèdre furent traînés depuis la mer Tyrénienne par dix milliers de soldats. Des hommes attelés à ces arbres, combien sont restés sous les sables du désert! De combien de vies le roi a-t-il payé les soffites de son palais? Au-dessus de la frise règne un zoophoron d'émail orné de vingt-quatre lions passants, apparaît l'arête dorée des tuiles de rives, taillant le ciel d'un trait lumineux.

Aucune muraille ne forme la façade, mais des lambrequins accrochés aux poutres intérieures de l'architrave et des portières suspendues entre les colonnes, portières que l'on peut soulever sur des mâts, abaisser, ouvrir ou fermer tour à tour. Ces draperies, tissées avec les laines soyeuses de la Karamanie, trois fois trempées dans la pourpre de Tyr, sont couvertes d'un semis de pervenches et bordées de frises très larges où se marient en spirales régulières les fleurs et les boutons du lotus. Elles s'ouvrent soudain. Par l'immensité de la baie le soleil impatient se rue dans la salle pleine d'ombre, s'accroche aux saillies, filtre entre les fûts, brutal, indiscipliné, distribuant, comme Dieu, la vie sur son passage.

On perçut, à la lueur de l'éclair qui déchira la nuit de l'apadâna, l'ensemble merveilleux de l'architecture intérieure, mais à peine le roi, ses fils, les ministres et les pages eurent-ils franchi le seuil, que le rideau se referma.

Au jour éblouissant, à la chaleur écrasante succèdent la fraîcheur et les ténèbres mystérieuses.

Les yeux percent l'obscurité.

D'abord apparaissent les colonnes couronnées par les taureaux dont les pupilles d'or semblent fouiller les consciences jusque dans leurs plus profonds replis. Sur les stucs rouges des revêtements se détachent les merveilleuses peintures à l'aiguille des artistes babyloniens. Dans les niches pratiquées aux flancs des murailles s'abritent des vasques et des urnes ciselées à Persépolis ; devant les pilastres rayonnent dans leur blancheur marmoréenne Harmodius et Aristogiton les tyrannicides, le poète Pindare, Zeus tonnant et Aphrodite, les prêtresses des Branchides, le divin Apollon ; puis, martelées dans des feuilles d'or, les statues des Achéménides. Celles-ci sortirent des mains de Téléphanès de Sycione et des artistes grecs à la solde des rois de Perse, celles-là furent rapportées par Xerxès, conservées d'abord à titre de trophées et admirées depuis comme de précieux chefs-d'œuvre.

L'œil s'abaisse-t-il vers le sol? Les tapis de Perse déroulent leurs velours en multiple épaisseur. S'élève-t-il? Il voit fuir dans la nuit les soffites de cèdre incrustés de nacre, rehaussés de filets d'or. Essaye-t-il de percer les mystères de la royauté? Le nard et l'encens d'Arabie jettent une draperie mouvante entre le maître du monde et les esclaves appelés en son auguste présence.

Le monarque s'est assis sous un dais aux pentes de drap d'or brodées en bosse, ornées de taureaux, rehaussées de gemmes. Le trône, très élevé, est d'argent et d'ivoire ; de même l'escabeau placé sous les pieds.

Artaxerxès, plus impassible qu'une idole, emprunte aux pénombres de la salle une forme mystique et quasi divine. Il s'appuie sur le sceptre, insigne de la puissance souveraine; de la main gauche, il serre un bouquet de fleurs de lis. Peuples, courbez la tête. L'Élu d'Ormazd est descendu dans son tabernacle et va recevoir les hommages de l'univers.

Alors commence l'interminable défilé où se mêlent et se heurtent jusqu'au soir les chefs des trois grands ordres de l'État: le clergé mazdéen, les agriculteurs et les guerriers.

A peine les adorants se sont-ils éloignés, que la salle du trône s'emplit de bruit et de tumulte. Les seigneurs abandonnent leur rang, se précipitent vers les portes et se forment en procession devant le roi. Chacun veut prendre la place hiérarchique que ses titres et sa fonction lui donnent le droit d'occuper.

Artaxerxès marche lentement, sans agiter les plis de sa longue robe, traverse les jardins et laisse l'apadâna aussi triste que la terre quand elle pleure le soleil enseveli dans les brumes de l'horizon.

Mais le monarque n'a pas franchi le seuil du harem que les portes extérieures du Memnonium s'ouvrent toutes grandes devant le peuple de Suse. De huit jours et de huit nuits, elles ne se refermeront pas. Bourgeois et propriétaires fonciers, étendus sous les arbres de l'apadâna, ouvriers et artisans entassés au milieu de la place d'armes, soldats campés sur le chemin de ronde, femmes groupées dans les cours du harem, se rassasieront des viandes et des vins du roi.

Artaxerxès veut que ses invités jouissent sans contrainte de l'hospitalité du palais et, sur ses ordres, officiers ou eunuques parcourent les rangs pressés des convives pour s'assurer que le maître est obéi.

Le soir, des bûchers dressés sur les remparts, des torches accrochées à des mâts de fer incendient l'Acropole. A son tour la plaine en liesse semble prendre feu et, de cet embrasement d'une province, s'élèvent de longues flammes qui portent jusqu'aux vastes cieux la gloire du vainqueur.

CHAPITRE XI

REPAS DE CORPS

Depuis la mort de Cyrus nul ne songeait à dénoncer la trêve conclue sur un cadavre. Parysatis acceptait sans murmure un rôle effacé, Statira ne mésusait pas de ses prérogatives, Artaxerxès sommeillait, Darius s'absorbait dans ses rêves d'amour. Cette atmosphère de paix s'étendait au delà du Memnonium et descendait sur la province. Des bruits de fête, échos affaiblis du banquet royal, s'élevaient en un concert unanime des palais et des chaumières; l'armée, couronnée de roses, attendait que Tissapherne débarrassât la Perse des envahisseurs. Victorieuse, elle n'eût pas montré plus d'orgueil.

Au printemps fugace succédait l'été, un été jeune de quelques jours, aux nuits embaumées de senteurs enivrantes.

Artaxerxès, qui témoignait à ses palais de

Suse une prédilection paternelle, ne parlait pas de gagner les plateaux de la Médie ; peut-être craignait-il aussi de troubler le rare équilibre du harem. La cour se résigna donc à vivre en troglodyte comme les habitants du pays.

Sous la ville s'étendait une cité souterraine, creusée à plus de trente pieds de profondeur.

Dès que les cimes de l'Habardip eurent perdu leur couronne virginale, on transporta le mobilier au fond de ces demeures où chaque famille trouvait un abri contre la chaleur suffocante de la plaine. N'affirmait-on pas que les lézards et les serpents assez imprudents pour traverser les rues de Suse mouraient d'apoplexie à moitié chemin, que l'eau exposée au soleil entrait en ébullition, que l'orge dans le guéret crépitait comme des pois sur une pelle rougie !

Les gens de médiocre condition dormaient sur les terrasses ; les seigneurs et les riches marchands abandonnaient la cité au coucher du soleil, et, bercés par des litières paresseuses, gagnaient leurs maisons de plaisance bâties le long du Choaspe.

Au milieu d'une épaisse forêt de palmiers chargés de dattes blondes, de pamplemousses aux fruits pâles, de bananiers roses, de grenadiers couverts de pommes incarnadines, se cachait un de ces luxueux pavillons. Si le rez-de-chaussée demeurait désert, des degrés appuyés contre la façade, degrés très raides, sans rampe, conduisant à la terrasse, disparaissaient encombrés d'allants et de venants. Sparmixe, grand eunuque de Parysatis, avait attendu la belle saison pour fêter à son tour le triomphe du roi.

Les convives étaient glabres, bouffis, blafards, chargés de boucles d'oreilles, de colliers, d'anneaux et de ceintures d'orfèvrerie. Autour de leur tête rasée s'enroulaient de légers turbans ; les chemises transparentes, qui apparaissaient sous les vestes et les jupes médiques, laissaient deviner les plis lourds de ventres et de seins infiltrés de graisse. Les voix blanches et les rires suraigus sonnaient toujours à faux.

Un beau garçon, dont la barbe fournie et les formes élégantes faisaient disparate dans cette singulière réunion, occupait la place d'honneur.

On en était encore au prélude du repas. Les pistaches, les amandes grillées, les grains d'anis circulaient à la ronde; les vins cuits emplissaient les coupes et les cornets. Des inscriptions cunéiformes dorées ou colorées dans la pâte couraient comme une légère dentelle sur la mousseline des verres et célébraient seules les charmes de l'ivresse délicieuse, suprême bonheur, unique consolation de l'homme... et de l'eunuque ici-bas, car on buvait en silence, suivant les prescriptions de la loi religieuse.

Mais à mesure que les amphores se vidaient les têtes s'emplissaient d'idées falotes.

« Quelle nuit de plaisir a dû passer notre collègue Artaxarès! dit tout à coup le grand eunuque de Statira, placé vis-à-vis Sparmixe. J'aurais voulu voir ses grimaces.

— Un eunuque! exiger que les femmes se voilent en sa présence!

— Le harem délirait.

— Sa joie ne connut plus de bornes lorsque le vieux drôle s'affubla d'une barbe postiche et parut sous cet accoutrement dans les chambres intimes. Nulle dame n'osait le trahir : sa générosité fermait la bouche aux plus bavardes.

Pourtant, l'étrange nouvelle, colportée à la ville, remonta jusqu'aux oreilles du roi.

Artaxarès fut surveillé. On apprit que, de connivence avec un satrape mécontent et quelques officiers subalternes, il fomentait une conspiration. Mais un eunuque ceindre le diadème! Aussi bien était-il accouru chez un empirique grec et simulait-il, en attendant un miracle, le désir de se marier.

— Ses rêves matrimoniaux furent réalisés.

— Oui, on l'unit à une vierge de bronze rougie à blanc. L'invention de cette torture honore notre jeune reine. Je fus témoin du supplice. Il me semble entendre le grésillement des chairs au contact de la terrible épousée! Des cauchemars sanglants poursuivent mon sommeil et, le jour venu, je ne me sens pas le courage de railler les grimaces de notre infortuné camarade.

— A prétendre guérir tous les maux, les Grecs nous auront bientôt guéris de notre incurable confiance.

— Bah, Parysatis les protège, et, sauf les mages jaloux et inquiets, on ne jure que par eux à la cour.

— Je ne sais vraiment pourquoi le roi et son auguste mère encombrent leurs antichambres de ces audacieux. Sculpteurs affamés, musiciens indigents, philosophes pouilleux, rhéteurs déguenillés, viennent ici vendre des philtres d'amour, servir d'entremetteurs entre nos femmes et leurs amants, trahir la Grèce à Suse et Suse avec la Grèce, duper la Hellade et voler la Perse; valets qui nous infestent de leurs vices, tarentules qui épuisent notre or et sucent notre sang.

— N'ont-ils pas l'impudente prétention de bouleverser nos mœurs, de détruire nos coutumes, de substituer Zeus à Ormazd?

— Ils nous traitent de barbares et s'estiment fils de héros!

— Formons une ligue contre ces sauterelles dévorantes, sans religion, sans moralité et sans scrupules?

— N'êtes-vous pas trop sévères? On a besoin dans une cour de baladins à gâges. Il faut aussi des hommes capables de tailler une statue, de marteler l'or, de surveiller la construction d'un palais. A ces métiers les Grecs sont passés maîtres. Croyez-vous que les salles hypostyles dédiées à la majesté de nos rois atteindraient à cette pureté de lignes, à cette élégance de forme si, dès le règne de Cyrus le Grand, les Achéménides n'avaient attiré ou amené de force à la cour des artisans ioniens ? Comparez les murs épais, les voûtes massives et les formes alourdies de nos palais du Fars avec les colonnes sveltes, les architraves légères et les terrasses somptueuses du tabernacle royal.

— Le nouvel apadâna est la digne demeure du maître de l'univers, d'accord : mais les ouvriers appelés de Memphis et de Babylone participèrent aussi bien que les Grecs à son embellissement. Et pourtant ni les uns ni les autres ne peuvent se targuer d'avoir conçu le merveilleux édifice qui se profile à l'horizon : le mérite de l'invention revient à la Perse. »

Tous les regards se portèrent vers l'apadâna. Sur le fond magique d'un ciel d'été, au milieu d'innombrables étoiles, fleurs de feu suspendues au dôme céleste, au-dessus des enceintes qui s'agenouillaient devant lui comme des esclaves, s'élançait le temple de la royauté taché de lumières brutales et d'ombres estompées. Les rayons de lune qui se jouaient sur les stillicides, les lumières qui s'accrochaient aux cannelures des fûts, aux colosses des chapiteaux, aux joailleries des bases, profilaient en traits d'argent les contours de l'édifice. De-ci de-là, les blancheurs s'irisaient, prenaient les teintes adoucies des halos, laissaient deviner les faïences bleues des litres, les revêtements métalliques, les ors répandus parmi les marbres, les corniches et les panicles. Sous les pudiques baisers de Mâha le palais paraissait encore plus grandiose que sous les aveuglantes caresses du Soleil.

Les causeries interrompues par la soudaine évocation du paysage qui se déployait autour de la terrasse se ranimèrent bientôt : les intérêts professionnels l'emportaient sur les charmes de la contemplation.

« Qui donc héritera la charge de grand eunuque du roi ? Avenir doré, situation sans rivale ! Ne dit-on pas que notre confrère, malgré ses ultimes folies, laisse maisons aux champs et à la ville, rivières souterraines, villages, étalons niséens, juments du Hédjaz, bijoux et vaisselle plate en telle quantité que les marmites de ses cuisines sont en argent fin ?

— La charge serait plus productive si le souverain — que les Dieux justes lui conservent la tiare — changeait parfois de favorite.

— Je conviens pourtant que notre destinée est enviable entre toutes, reprit un vieil eunuque

que les rides de son visage, la richesse de ses vêtements et une excessive obésité désignaient au respect des convives. Quant à moi, je ne troquerais pas mon sort contre celui des princes qui ceignent le diadème bleu. Fiers seigneurs ou dames hautaines se consument également à tous les brasiers du ciel et de la terre; leur vie est une route raboteuse où les étapes se nomment ambition, rancune, jalousie. Celui-ci se réduit à la mendicité pour des femmes qui le bernent; celle-là achète notre silence au prix de sa fortune, tandis que son amant la trompe avec quelque maritorne. Excepté nous, est-il mortel capable d'apprécier en toute liberté d'esprit le vin blanc d'Ecbatane ou les crus rouges de Pasargade? Est-il personne qui puisse sucer une demi-pastèque sans qu'un tourment imprévu la lui fasse trouver amère? Nous seuls, riches, heureux, sans souci, demeurons impassibles au milieu des flots tumultueux que nous déchaînons, flattons et apaisons suivant notre bon plaisir ou notre intérêt.

Tout est fiel pour les hommes, tout est venin de serpent pour les femmes, les Dieux inventèrent le miel et l'eau de rose à l'intention des eunuques. Pas d'épouse à soupçonner, pas de marmot à moucher, pas d'enfant à bercer, pas de fille à nous faire voler, pas de fils qui nous vole, enfin..., ô suprême béatitude!... pas d'eunuque, mes amis!

— Cocorico !

— Chante, chante, beau Mithradate, reprit Mézabate en s'adressant au jeune homme assis près de Sparmixe. Tu es un coq et tu t'en vantes bruyamment. Appelle tes poules, abandonne-leur les meilleurs vers, fait le beau, le brave, le grand vainqueur ; dresse fièrement ta crête rouge, laisse croître tes argots pour défendre tes conquêtes, éloigne d'elles, au péril de ton sang et de ta chair, les oiseaux de proie et les chacals dévorants, maigris, pâtis, sèche sur pieds, perds tes plumes et tes ongles au service de l'amour, et plus tard tu verras tes belles inconstantes gonfler leur robe brillante, tourner leur col soyeux, dresser droit le panache de leur queue et caqueter sans remords avec un nouveau venu plus jeune et moins usé que toi.

Cherche plutôt dans la Perse entière un satrape en possession tranquille d'une campagne plus belle et d'une écurie mieux montée que celles de mon ami Sparmixe ? Cite-moi un prince du sang qui régale ses convives d'une chère plus délicate ! »

Et le digne Mézabate, ému jusqu'aux larmes, tendit ses bras replets vers son amphitryon et lui donna une tendre accolade.

« Mes amis, suivez mes conseils et mon exemple, profitez des faiblesses des autres et, tels que moi gras, roses, majestueux, vous bénirez les Dieux qui vous firent cette heureuse existence.

— Illustre maître, nous poserons nos pieds sur la trace de vos sandales.

— Et pourtant... je ne goûte pas une félicité sans mélange. Là-bas, à l'horizon, se lèvent de légères buées qui se jettent impertinemment à la traverse de mon ciel bleu. La roseraie où s'écoule ma vie pousse encore quelques épines et je devine parfois leur contact.

— Comme un vulgaire séducteur, alors?

— J'ai dit buée et non pas nuage, cher Mithradate; j'ai parlé du contact des épines et non de leurs blessures.

— Ne répondez pas à de jalouses interruptions, seigneur Mézabate! s'écrièrent les convives. Parlez, les conseils tombent de vos lèvres comme des perles de grand prix naissent au sein du vaste océan.

— Je déplore la platitude des hommes, je rougis de la sottise des femmes et me sens humilié d'être pétri de la même pâte que les tristes sires dont je subis le commerce journalier.

— Vénéré maître, vous fûtes composé d'une substance si pure que je comprends vos dégoûts; il n'empêche que la femme, née artificieuse et rusée, jette parfois vos humbles disciples dans de cruelles inquiétudes, quand elle ne les condamne pas à de véritables prouesses. » Ainsi parla Bagadatès, eunuque favori du prince

Athrina qui tenait pour le roi la citadelle de Madaktou.

« La favorite, reprit-il, m'annonça le mois dernier une triste nouvelle. Sa mère, gravement malade, réclamait ses soins. J'ordonnai de préparer une litière. Nous partîmes. Chaque soir nous rentrions au palais, chaque matin nous gagnions la villa où se mourait notre chère malade. La princesse s'absorbait dans ces soins filiaux avec une touchante sollicitude; elle pâlissait, devenait fiévreuse, irritable, des flammes sombres éclairaient ses prunelles. Son désespoir me fendit l'âme. Je me procurai au poids de l'or une essence d'héliotrope et la portai à ma désolée maîtresse.

— « Ange de vertu, modèle de piété, les fleurs délicates de votre teint s'étiolent auprès d'une malade; mon seigneur magnanime, le prince Athrina, dépérit de langueur; votre mère elle-même s'attriste de la longue réclusion qu'elle vous impose. Acceptez ce baume composé par un habile droguiste de la Sogdiane. Il suffit d'une large onction doucement promenée de la plante des pieds à la pointe des cheveux pour décupler les forces vitales.

— « Merci, digne Bagadatès, serviteur fidèle et zélé; ma mère répondra par un beau présent au soin que tu prends de sa santé. »

Nous partîmes. J'avais engagé des amis fidèles :

— « Placez-vous à toutes les issues, leur dis-je, arrêtez la personne qui fleurera l'héliotrope. Si c'est une femme, ne la dévoilez point et me la conduisez. »

Je surveillai moi-même une petite porte qui donnait sur les champs. Elle s'ouvrit et bientôt apparut une dame soigneusement voilée.

La nuit était sombre, je m'approchai sans être aperçu :

— « Prince Martiya, votre esclave vous salue humblement, » dis-je en m'inclinant.

La surprise de mon jeune seigneur fut si vive qu'elle paralysa ses mouvements :

— « Bagadatès, tu es un grand sorcier, répondit une voix mâle, et ton habileté te vaudra une récompense... Comment m'as-tu reconnu?

— « N'ai-je point remis à la princesse une huile divine? Je savais ma maîtresse fille prudente et ne doutais pas qu'elle n'expérimentât la vertu du baume sur son amant. Une indiscrète bouffée d'air m'a révélé votre bonheur. »

Martiya lança dans mes mains une lourde bourse, jeta ses voiles et nous revînmes ensemble à la ville en égrenant de gais propos. Le lendemain la princesse m'avertit que sa mère ressentait un mieux réel et que le seigneur Athrina, dont le cœur débordait de reconnaissance, m'offrait, pour l'amour de sa belle-mère, une plantation de palmiers qui rapporte bon an mal an une petite fortune.

Le prince Martiya joignit à la bourse une jument du Hédjaz avec ses harnais ornés de pierres précieuses ; il n'est pas jusqu'à la malade, jalouse d'acquitter la facture de mon ami le droguiste, qui ne me fît présent de mille dariques.

— Travail de province ! De l'invention, mais pas de fini, pas de délicatesse. Que fût-il advenu si Martiya, au lieu d'une bourse, t'eût présenté une dague effilée? Nous opérons mieux dans la capitale.

Mon maître est vieux, avare, acariâtre, vindicatif ; nos dames, jeunes, amoureuses, jolies comme des fleurs de pêcher. La nuit et l'aurore, le fruit sec et le bouton, la lueur empestée d'une lampe qui s'éteint et la claire flamme d'une huile vierge, un hibou déplumé, aux serres crochues, aux yeux chassieux, et l'oiseau de paradis à son premier vol.

Je plaçai également des sentinelles aux portes, je passai les nuits dans les chambres du harem, j'obligeai mes justiciables à déplacer devant moi les coffres et les couvertures, je me rendis odieux — ce qui est peu, — ridicule — ce qui est pis. — La vertu chassée de ce monde aurait-elle élu domicile chez nous? Oui-da. On ne conte pas des sornettes à un vieil eunuque de ma trempe.

Il me vint alors l'ingénieuse pensée de changer de visage. De tyrannique je me fis débonnaire, de soupçonneux je devins naïf, d'avare je me muai en prodigue. La confiance du harem fut la récompense de mon habileté. Peu de jours après la fête du printemps je me présentai chez les dames et leur annonçai que pour célébrer l'apparition des tubéreuses je leur offrirais une fête champêtre. Je laisse à penser si la proposition fut accueillie avec reconnaissance. Mes petites amies se réunirent dans un jardin délicieux. Elles jouaient aux dés, se provoquaient aux larges rasades, s'excitaient en devisant d'amour et de plaisir; soudain, je me présente la figure farouche, l'œil irrité, la main armée d'un poignard :

— « Où est-elle, m'écriai-je, la traîtresse qui insulte à l'honneur de mon maître? Je la vois! Dans ses tresses elle conserve encore les plumes échappées de l'oreiller de son amant! »

Épouvantées par cette brusque apostrophe, toutes les femmes portèrent leurs doigts à leur chevelure pour en arracher le duvet accusateur.

J'avais cru saisir une coupable et je ne trouvais pas une innocente, je soupçonnais quelque amoureux de s'introduire dans le harem, il y entrait un régiment.

— A quoi bon humilier les collègues de province? Tes mérites, ce me semble, n'ont rien d'extravagant. Quel accueil ton hibou fit-il à cette mirifique découverte?

— Accuser nos dames! Pas si niais! C'eût été me condamner moi-même. Je préférai fermer les yeux et ouvrir la main. Depuis ce jour béni je m'endors sur un nuage argenté, je me sens porté sans cahot ni secousse, je me nourris de rosée à la glace, je m'abreuve de parfums éthérés et d'angéliques harmonies.

— D'honneur! vous divaguez, mes petits moutons.

— Mithradate, ne nous régale pas du second couplet de ta chanson. Ouvre plutôt les yeux à la lumière; la confrérie te tend les bras. Ne te laisseras-tu jamais séduire?

— La rosée à la glace et les angéliques harmonies me paraissent un régal divin, mais une mesquine compensation. Quant aux richesses, j'aurais tort de vous les envier. Le métier des armes ne le cède pas à celui de geôlier de femmes, et il procure en outre amour, gloire et honneur. Excusez-moi, je parle couleur devant des aveugles de naissance.

— Aveugles! Est-ce bien certain? intervint Sparmixe. Penses-tu que je ne sache pas distinguer entre la gloire militaire, l'héroïsme des cœurs bien trempés et la chance heureuse des écumeurs de champs de bataille?

— Eunuque, veille sur ta langue!

— Cette robe brodée, reprit l'amphitryon, sans prendre garde à la colère du jeune homme, le poignard superbe qui pend à ta ceinture. ce collier, ces bijoux, ces titres, cette fortune dont tu tires vanité, témoignent d'une manière indiscutable de ta faveur auprès du Roi des Rois. De quels prodiges de valeur, de quelles actions d'éclat sont-ils la récompense? Ramasser le caparaçon d'un coursier dont le maître, fût-il prince royal, gît sur le sol, ne passa jamais pour un brillant fait de guerre.

C'est un aveugle qui te parle, que doivent penser les voyants? »

L'apostrophe, lancée d'abord d'un ton nonchalant, puis d'une voix haute, aiguë, agressive, s'abattit sur les convives ainsi qu'une pluie glacée. Les rires s'éteignirent en même temps que mourut l'ivresse.

Mithradate, affolé par la colère, surexcité par les vins, releva le défi :

« Tu blanchis, Sparmixe. Remercie les Dieux de la couronne de neige qu'ils placèrent sur ton front. Plus jeune, tu serais déjà sur le chemin du dakhma. Crois-tu que je me vanterais d'une action à peine digne d'un pauvre eunuque! De quel maître serions-nous les esclaves aujourd'hui si je n'avais été plus vaillant qu'Artaxerxès?

L'armée perse fuyait en désordre. Le roi, blessé, découragé, ne songeait plus à combattre. Je rencontre Cyrus et marche droit sur lui, l'âme fière, le cœur assuré. Prompte comme l'éclair, ma javeline s'envole, fend les airs et frappe le traître d'un coup si raide qu'il tombe de cheval et rend l'âme.

Des titres sonores, des bijoux, une robe médique paieront-ils jamais pareil service? Me dédommageront-ils surtout de la gloire que le roi me ravit quand il s'attribue l'honneur d'avoir tué son frère? J'aimerais mieux que chaînes et colliers d'or ne fussent jamais sortis du trésor royal!

— Ah! j'ignorais, nous ignorions tous cet épisode du combat! dit Sparmixe, en promenant sur les convives un regard circulaire. Reçois mes humbles excuses. Au surplus, buvons et laissons au Maître le soin de nos vrais intérêts ; nous demandons ce qui nous plaît, il donne ce qui convient.

— Bien parlé, » conclut Mézabate.

Et les convives repus, entonnèrent des refrains orgiaques. Puis ils s'étendirent sur les matelas disposés à l'extrémité de la terrasse et s'endormirent fraternellement les uns auprès des autres.

Si Mithradate n'eût abdiqué la prudence dont il ne s'était jamais départi depuis son retour de la guerre, il eût vu Sparmixe se lever doucement, rajuster sa mitre et sa ceinture, considérer avec dédain les visages grotesques de ses amis, hausser les épaules au bruit des sonores ronflements échappés de leur bouche ouverte, enfourcher un cheval sellé d'avance et s'élancer vers Suse. Si Mithradate eût suivi des yeux son amphitryon, il eût caché sous un manteau d'esclave, robe brodée, bijoux et bracelets, gagné la campagne et pris la route d'Assyrie ; Mithradate dormait du sommeil de l'homme orgueilleux.

Cependant l'horizon s'éclairait d'une lueur laiteuse, les étoiles s'enfonçaient dans la voûte opale, le chanteur des nuits s'endormait sous la ramure des platanes, très haut l'alouette annonçait le lever du jour. Les convives de Sparmixe s'éveillèrent, s'étirèrent, descendirent au jardin où leurs chevaux et leurs serviteurs les attendaient et regagnèrent leurs maisons souterraines sans s'occuper de l'absence du grand eunuque, rappelé sans doute au palais par les devoirs de sa charge.

Mithradate eut un réveil moins tranquille. Une appréhension mal définie le secouait. Il se demandait si pendant cette longue nuit d'ivresse il ne lui était échappé aucune parole imprudente. Interroger ses compagnons eût été un aveu ; mieux valait se taire. « D'ailleurs, il fallait que Parysatis eût pardonné aux meurtriers faux ou vrais de Cyrus, puisque Sparmixe, son âme damnée, ne craignait pas de convier l'un d'eux à une réunion d'amis. Depuis six mois la reine avait abdiqué le pouvoir entre les mains de son fils. »

Comme il atteignait la ville, des soldats l'avertirent qu'on le mandait au palais.

« A la maison du roi? demanda-t-il, espérant une faveur nouvelle.

— Non, chez la reine Parysatis. »

Mithradate frémit et suivit ses gardiens. La porte de bronze de l'Acropole s'ouvrit et se referma. Dix eunuques noirs, accroupis de chaque côté de la baie, entourèrent le nouveau venu.

« Que voulez-vous?

— Prendre tes armes et te conduire chez l'Astre de l'État.

— Je suis aux ordres de la reine. Puis-je savoir dans quel but on m'appelle au harem? »

Un silence funèbre accueillit cette question.

Mithradate ne se fit pas illusion sur le sort qui l'attendait. Sa mémoire, subitement réveillée d'une léthargie trop profonde, lui répéta la dangereuse conversation de la nuit précédente. La vie seule pouvait payer son imprudence.

« C'est grand'pitié, dit-il, qu'on livre au bourreau l'aigle courageux quand les milans et les buzards cherchent leur proie en liberté. »

Il acceptait la mort, mais il demandait qu'elle fût prompte et qu'on lui évitât les angoisses d'une longue agonie. En vain l'infortuné courtisan essaya-t-il de voir le roi, de se réclamer de sa justice et d'obtenir grâce de la torture. Parysatis en avait décidé autrement. Instruite des confidences que Sparmixe avait provoquées sur son ordre, elle avait attendu dans une impatience fébrile le lever du jour pour courir chez Artaxerxès.

« Serez-vous longtemps la risée du peuple! Vos eunuques, vos serviteurs se gaudiront-ils toujours de votre faiblesse? lui dit-elle avec une feinte indignation. Pas un enfant de Suse qui ne répète que sans l'aide de Mithradate, Artaxerxès serait aujourd'hui l'humble vassal de son frère. Tenez-vous si peu à votre renom et à votre gloire que l'on puisse impunément vous accuser de mensonge et de lâcheté! Laissez-moi le soin de faire un exemple qui calmera le zèle de vos ennemis.

— Qui voulez-vous punir?

— Le premier auteur de la calomnie : Mithradate lui-même.

— Mithradate!... Vous m'étonnez, ma mère. Cet homme, témoin de mon duel, atteste les Dieux qu'il me vit tuer Cyrus.

— Faut-il appeler Sparmixe, Spasinès, Mézabate et vingt autres eunuques devant lesquels il vous accusa cette nuit de lui voler l'honneur?

— Il suffit; je remets le sort du criminel entre vos mains. »

Le condamné était jeune, plein de vigueur, il pouvait souffrir longtemps et beaucoup :

« Le tortionnaire cesse d'être un bourreau pour devenir un artiste quand il prolonge la vie de ses clients tout en exaspérant la douleur jusqu'au paroxysme, » avait dit Parysatis.

On apporta deux auges ; l'une formait le couvercle de l'autre. A leur vue l'infortuné Mithradate, les yeux envahissant sa figure blême, les cheveux dressés sur la tête, la sueur au front, défend vaillamment sa vie ; mais que peut un homme sans armes contre des limiers féroces. Il tombe, on le saisit. Les bijoux, témoignages d'une faveur éphémère, jonchent le sol, les eunuques se disputent la robe d'honneur, tandis que les bourreaux allongent leur victime dans l'étroite prison de bois.

« Bon appétit, seigneur Mithradate ! » s'écrient-ils d'une voix triomphale, en liant le couvercle qui laisse à découvert la tête et l'extrémité des membres.

Et le tourment du gavage commence aussitôt.

Lorsque le malheureux tente de rejeter les aliments dont on le gorge, on lui fouaille les yeux avec des alènes. Puis on arrose de lait ou de miel les plaies effroyables du visage, des pieds et des mains et on laisse quelque repos à l'estomac pour livrer le patient aux rayons du grand soleil, aux piqûres des mouches dévorantes.

Dix-sept matins, Sparmixe salua Parysatis de cette bonne nouvelle : « Le meurtrier de Cyrus vit encore. »

Dix-sept jours, la reine se délecta de sa vengeance. Le dix-huitième, le crime était expié : Mithradate avait souffert!...

Les eunuques détachèrent les auges réunies par une boue purulente et portèrent à la Tour du Silence les restes d'un corps naguère vigoureux et superbe. Si l'on eût suivi des yeux les vautours chauves qui se précipitaient sur ce funèbre régal, on les eût vus choisir, de préférence à une chair nauséabonde, les longs vers qu'elle avait engendrés pour se survivre dans la mort.

CHAPITRE XII

MIRAGE

« Où courez-vous, cher seigneur ? »

Darius hésita : continuerait-il sa route, feindrait-il de ne pas entendre la voix fraîche et pure qui l'interrogeait ? Maussade, il se tourna vers une fille d'honneur qui se tenait toute rougissante sous la baie grande ouverte de l'ardaçtana :

« Je vais saluer mon aïeule.

— La conversation de notre vénérable souveraine a bien des charmes que depuis six mois elle vous fasse délaisser votre Sisygambis !

— J'aime ma grand'mère et il n'est point de tête-à-tête que je préfère à nos entretiens intimes. »

La jeune fille refoula les grosses larmes qui montaient à ses yeux.

« Au retour, me ferez-vous l'aumône d'un sourire ?

— Ne compte pas sur moi. Les gerfauts à jeun depuis hier réclament le combat : je ne saurais tromper leur belliqueuse ardeur. Dans une heure je pars pour la chasse.

— Accordez-moi cette heure de liberté : la reine est au temple d'Anahita. Venez, nous chanterons ensemble des mélopées ioniennes. »

Et, doucement, elle tendait ses mains tremblantes.

« Retourne vers tes compagnes, Sisygambis, je n'ai plus cœur à chanter. »

Un douloureux gémissement répondit à ce refus ; mais le prince héréditaire était déjà trop loin pour entendre la plainte exhalée de lèvres subitement blêmies.

Darius avait pleuré ses premières larmes sur le cercueil de sa mère. Recueilli par son aïeule et confondu pendant toute sa jeunesse avec le gracieux essaim qui bourdonnait autour d'elle, il s'était épanoui dans une chaude atmosphère d'adulation. Comme les enfants confiés aux mains des femmes et qui participent souvent de l'exaltation passionnelle de leurs éducatrices, il sentit de bonne heure son cœur déborder. A qui eût-il offert ses caresses ? Sa mère était morte, sa marâtre le haïssait et, désireuse d'obtenir le trône pour Hystaspe, l'éloignait d'Artaxerxès ; les enfants de Statira, élevés près de leur mère, lui étaient à peu près étrangers. Sisygambis, fille du satrape de Médie, devint bientôt l'objet de ses prédilections. Tous deux grandirent et s'unirent d'une tendresse fraternelle, antithèse de l'amour.

La venue d'Aspasie fit éclore chez Darius des sentiments nouveaux. Plus précoce que les jeunes gens de son âge, il se livra tout entier à sa passion, tandis qu'il conservait à Sisygambis une amitié pure de tout désir. La fillette ne sut pas faire le départ de ces sentiments complexes, et quand, au lendemain du sacre, elle vit son ami soucieux et mélancolique, elle redoubla de soins et l'environna de tendresse.

Le prince gardait comme une relique le souvenir d'Aspasie, mais la déesse vivait si loin de Suse que l'on pouvait, sans trahir son culte, se laisser chérir d'une mortelle. Aux tendres sollicitudes de Sisygambis que ne rebutaient ni les bouderies, ni les tristesses incomprises, ni les pleurs sans objet, il avait un jour répondu : « Sisygambis, je t'aime; aime-moi. » Et l'enfant, ouvrant ses bras : « Cueille la fleur de mon amour née de ton souffle, de ton regard, de ton sourire. »

La mort de Cyrus ramena la triste Aspasie. Aspasie libre, Aspasie toujours désirable, d'autant plus désirée qu'elle était maîtresse de sa vie. En la retrouvant sur le champ de bataille de Cunaxa, l'héritier du trône se reprit pour elle d'une passion égoïste, exclusive, que limitaient, sans la tempérer, la froide attitude de l'étrangère et l'application de Parysatis à les éloigner.

Avec les années s'était éveillée l'intelligence de Sisygambis. L'émotion de Darius, les bouleversements d'une âme tourmentée devinrent une énigme troublante toujours proposée, jamais résolue. Que signifiaient cette hâte fiévreuse, cette froideur si blessante? Quelque parfum grossier lui ferait-il dédaigner les effluves délicats d'un premier amour?

Immobile, les bras raidis le long du corps, les yeux démesurément ouverts, la fille d'honneur regardait s'éloigner l'infidèle. Elle espérait encore. Darius se repentirait de son étrange dureté, Darius implorerait un pardon qu'elle se hâterait de lui accorder. Mais Darius disparut sous les voûtes des appartements de la reine; peu à peu s'assoupit le bruit de ses pas. Alors Sisygambis chancela comme l'oiseau blessé par une flèche et tomba sanglotante au milieu de ses compagnes.

« Mes pressentiments ne me trompaient pas.... pourquoi me rendre l'espoir..., pourquoi m'encourager à le retenir... Il ne m'aime plus, il me hait peut-être!...

— Ne te désole pas, ma Sisygambis, répondit une belle et douce fille, pastoure vigilante de ce joli troupeau; les hommes naissent volages, meurent oublieux; prétends-tu susciter au cœur des princes des vertus surnaturelles? Nous ne valons pas entre leurs mains les jouets de terre cuite que les enfants brisent au gré de leur caprice.

— Hélas! je me croyais si tendrement chérie! Je ne voyais pas de terme possible à notre amour! Nous souhaitions jadis d'être transformés en oiseaux volant toujours ensemble, étendant leurs ailes d'un mouvement égal et doux. La guerre éclate, Darius s'échappe et sa tendresse ne survit pas à notre séparation!...

— Pauvre Sisygambis! Dans le rossignol tu aimes son chant et ses trilles perlés? Te plaît-il moins parce qu'il gazouille chaque jour devant une nouvelle fleur?

— Dirais-tu vrai? Ne faudrait-il jamais enchaîner son cœur parce que la mort d'un souvenir est chose trop amère? Non... Darius n'a pas trahi la foi jurée; je ne puis croire qu'il m'ait condamnée au regret éternel...

— La fille de Tithrauste avait droit à une plus longue fidélité; on n'offense pas ainsi la famille d'un satrape.

— Tu ferais mieux d'apaiser Sisygambis. Se complaire à énumérer les torts de Darius, c'est aiguiser les chagrins de notre sœur.

— Ma peine n'est pas de celles qu'on envenime ou qu'on soulage. Maudite l'absence, cette implacable ennemie de l'amour, qui m'exila de sa pensée!...

— Maudis plutôt cette Aspasie dont l'infidèle semble boire l'âme. Quel philtre distille-t-elle pour affoler tous nos princes? Quels charmes jettent ses yeux larmoyants, ses cheveux jaunes et ses lèvres grises? Artaxerxès, Darius, Parysatis elle-même semblent fiers de s'atteler à son char triomphal.

— Aspasie? Artaxerxès? interrompit Sisygambis en relevant vivement la tête.

— Au jeu de la reine, le roi n'a de regards que pour elle. Au lieu de te lamenter sur ton abandon, sois attentive, observe ta rivale. Les yeux et les oreilles ne sont pas de vains ornements bons à nous faire voir ou écouter; ils nous doivent de loyaux services. Darius a semé le chagrin, il récoltera l'humiliation. Le dépit ramènera mieux ton volage que les larmes et les doux reproches. »

Sisygambis entrevit à la fois l'abîme et le salut. En sa double qualité de Perse et de femme jalouse, elle partageait le mépris injurieux de ses compagnes pour les Grecs et dotait sa rivale de tous les vices. Elle l'observerait et dévoilerait ses trames, elle agirait avec dissimulation et romprait d'une main délicate des liens encore fragiles.

Que lui importait le passé! Elle aimait jusqu'au delà de l'infidélité, jusqu'au delà du pardon, jusqu'aux imprudences irréfléchies. Quand Darius serait reconquis, quand il aurait repris son ancienne chaîne et courbé son front sous un joug d'amour, elle panserait ses plaies et guérirait ses blessures.

Le prince héréditaire avait gagné l'ardaçtana de Parysatis et gravissait le long escalier des terrasses. Un remords le poursuivait :

« Tu as été maussade avec Sisygambis, petit Darius. Es-tu certain de ne pas sacrifier une amie d'enfance, la compagne de tes jeux, à un rêve décevant ? — Pourquoi Sisygambis m'a-t-elle arrêté, répondait le coupable à sa conscience ; j'avais vraiment le temps de consoler cette fillette lorsque s'envolait l'heure précieuse de rencontrer l'adorable Aspasie. Depuis son retour je n'ai d'autre interprète que mes yeux et aujourd'hui qu'elle est seule je me priverais de lui parler, de la voir sans témoin !... Je lui rappellerai le passé, je lui dirai que l'amour né jadis au cœur de l'enfant, emplit celui de l'homme de ses tourments, de ses craintes et de ses espérances. »

Il escalada les dernières marches et atteignit les chambres hautes qui commandaient la porte orientale de l'enceinte. C'était l'appartement favori de la reine mère. De cet observatoire on dominait le palais, les remparts, les fossés, on dépassait la ville, on fouillait au loin la campagne ; des allants et des venants, pas un n'échappait au regard.

Darius souleva la draperie accrochée devant

l'une des baies et passa doucement la tête entre l'étoffe et la muraille, comme un enfant indiscret qui veut voir sans être vu. Un jour éclatant envahissait la salle avec la dureté des lumières prises près du ciel, les lourds dosserets d'une immense fenêtre formaient un cadre sombre autour du panorama de la ville immense étendue aux pieds de l'Acropole et de la vaste plaine fondue dans les lointains délicats d'un horizon mauve. Ni la sérénité de la lumière ni la splendeur du paysage n'éblouirent le prince, mais une jeune femme accotée à l'embrasure, dans une pose alanguie. De la cachette où l'enchaînait l'admiration, il suivait d'un regard enamouré la ligne lumineuse qui accusait les formes pures du corps noyé dans le contre-jour et flottait autour de l'or pâle des cheveux soulevés par la brise.

« La reine peut-elle me recevoir? »

Au son de cette voix, Aspasie se retourna brusquement. Elle répondit que Parysatis était allée prier la déesse qui féconde la terre, la mer et les espaces infinis. Darius le savait bien : la veille encore n'avait-il pas entendu le grand eunuque transmettre les ordres aux porteurs de litières?

Soudain, il s'avança et s'assit aux pieds de son idole. Il la regardait de bas en haut, dans une extase muette, comme les anges éblouis de la splendeur divine contemplent le Créateur, comme l'homme interroge les mondes étincelants qui suivent à travers l'immensité du ciel leur course invariable.

Le désastre de Cunaxa était vieux d'une année. Les émotions violentes qu'avait ressenties Aspasie cédaient devant un chagrin résigné, devant une soumission passive aux ordres du destin. Avec le calme, la vie, la santé étaient revenues, et à part un sillon d'ombre creusé sous ses grands yeux, la fille d'Hermotyle avait reconquis, sans le savoir, sans le souhaiter, les charmes célébrés jadis de Samos à Milet.

Pour plaire à Parysatis, dont l'affection lui était précieuse, elle avait abandonné le costume des femmes grecques. Seule, sa chevelure blonde protestait contre le voile et s'échappait de la tiare rouge en masses opulentes, se vaporisait en boucles légères, ravissante parure, enviable diadème.

Que n'eussent pas donné Statira et surtout la jalouse Sisygambis pour moissonner avec un fer destructeur cette soyeuse gerbe d'or !

Darius ne se lassait pas d'admirer son amie, ses traits s'épanouissaient de bonheur en la voyant doucement renaître et dédaigner la mort libératrice qu'elle implorait naguère. Il l'apercevait chaque matin quand il venait saluer sa grand'mère ; chaque jour il sentait mieux son cœur s'angoisser d'amour.

« Que caressent dans le lointain les rayons veloutés de vos beaux yeux? Les coupoles dorées des temples pyramidaux émergeant comme autant de soleils au-dessus des jardins? Les ramures ondoyantes des palmiers qui, de leurs vagues, semblables à celles de la mer, battent les flancs de l'Acropole? La montagne rose, couronnée de glaces virginales, dont les masses se dressent vers le ciel pour nous garantir des froides bises? »

Elle secoua la tête.

« Suivez-vous la manœuvre des cavaliers contre un ennemi imaginaire ou la marche lente des longs convois de chameaux chargés des tributs de la Médie?

— Les hautes montagnes de l'Habardip n'attirent pas mes regards, car elles en limitent la portée et interrompent mes rêves. Mes yeux se reposent sur les grandes plaines de la Susiane, sur cet horizon immense, infini. Je considère ces vapeurs suspendues autour des roches isolées, suprême effort des Titans qui soulevèrent les chaînes du septentrion.

Voyez : le tableau se transforme. Il semble réaliser les évocations délirantes d'une Pythie... Des colonnes d'argent irisé s'étirent, s'élèvent, se multiplient; ne dirait-on pas les cordes d'une lyre magique? Elles s'offrent aux doigts des anges qui parcourent le ciel allongés sur de légers nuages. Je n'entends point la divine harmonie, mais je suis les évolutions des musiciens... Le concert s'achève. Chaque corde s'élargit, s'écrase..., ses débris engendrent des donjons, des tours, des enceintes fondées sur un promontoire de granit, couronnées de rubis et de topazes..., un jardin planté d'arbres cotonneux croît autour de la citadelle..., il s'estompe.... il disparaît. Que reste-t-il de cette vision radieuse? L'air pur et le ciel bleu.

— Le phénomène est encore plus décevant quand on se rapproche des rochers. Le voyageur aperçoit d'abord des oasis merveilleuses. il court se désaltérer aux pures fontaines, saisir les grappes de raisin pendantes aux treilles vertes, se perdre sous les orangers aux fruits d'or. La bouche sèche, l'œil plein de convoitise, la sueur au front, il atteint le paradis. Verdure, fruits et fleurs s'abîment dans le néant et l'infortuné se heurte à des rocs si désolés qu'une perdrix ne trouverait pas une herbe pour abriter sa tête.

— Connaissez-vous, seigneur, l'origine de ces mystérieuses métamorphoses?

— Les mages voient dans ce phénomène un enseignement salutaire donné aux hommes par les Dieux. La vie se passe à poursuivre de folles chimères, un rocher dur et stérile marque le terme de l'existence.

— Vos prêtres ont raison. Le bonheur. les ris enjoués. les rêves d'or saluèrent ma jeunesse; puis accoururent le deuil, le chagrin, l'isolement, l'exil. J'ai dépassé la limite humaine de la douleur.

— Vous êtes injuste : ma grand'mère, que l'on accuse de sévérité, dont mon père lui-même redoute la froideur, se montre pour vous une protectrice généreuse et dévouée.

— Je n'ai d'ami que mes soupirs, de confident que mes lamentations. Point d'asile où épancher librement mes sanglots; je me sens environnée d'embûches, assaillie de suspicions. Le jour et la nuit sont également sombres. La reine m'aime, dites-vous? Trop peut-être. De quel air accueillerait-elle ma demande si je réclamais la liberté, si je voulais revoir ma Samos chérie?

— Eh quoi ! Vous rêvez d'abandonner Suse ! s'écria Darius atterré. Vos souhaits? Vos tourments? Je les dois connaître. Si escarpé que soit le sommet où vous placez le bonheur, je saurai l'escalader ! Je bouleverserais et la cour, et la Perse, et le monde, pour mériter un de vos sourires ! Ma joie serait votre félicité ; mon unique loi, les volontés qu'il vous plairait d'exprimer. »

Elle essaya d'interrompre ces épanchements, mais il l'arrêta :

« Le ver sur le gazon peut rendre hommage à Dieu, et vous me défendriez de vous aimer ! C'est trop abuser de ma patience, c'est trop exiger même d'un esclave. Aujourd'hui mon âme se révolte et refuse l'obéissance.

— Que voulez-vous de moi, Darius? La paix a déserté mon cœur comme ces cygnes enchantés qu'on ne revoit jamais; l'hiver est venu, il a fui devant le printemps parfumé, l'été ramena l'hirondelle, la hulotte règne la nuit, et ma tête est toujours couronnée de pensées flétries et de violettes fanées.

— Ne pleurez pas sur la chute des fleurs; chaque année amène une éclosion nouvelle. Apercevez-vous là-bas ces pêchers chargés de fruits rouges? Lorsque les vents glacés les dépouillèrent de leur feuillage ils levèrent vers le ciel leurs bras dénudés. La bonté divine n'exigea pas une seconde prière. Ils reçurent de Haoma leur parure florale, le Soleil divin leur prêta sa pourpre.

Pourquoi m'empêchez-vous de chanter la divine harmonie qui voudrait s'élancer de mes lèvres jusqu'à votre oreille ourlée de roses? Je verrais une flèche se diriger vers mon œil que je ne pourrais cesser de vous regarder!

— Folie! Amour éphémère et dont les traces s'effaceront comme le sillage d'une trirème qui disparaît en pleine mer!

— Combien de fois le soleil couchant a-t-il rougi ces glaciers sans tache depuis le jour où vous m'apparûtes dans votre beauté rayonnante! Le sais-je seulement! Je vous vois encore, blanche et svelte, bercée par le mouvement de la litière. Un vêtement bleu pâle voilait des formes idéales, le grand chapeau de paille jetait son ombre discrète sur vos yeux aussi purs qu'une aurore printanière. Je sentis que le ciel et la terre se transfiguraient, que la vie circulait plus intense dans mon être; je ne doutai plus de l'Olympe puisqu'il envoyait vers moi une de ses divinités.

Depuis cet instant je connus les angoisses de l'amour, hélas! Pour les chérir et les maudire. Et sur votre chemin! Le ciel m'envoyait pour vous disputer aux gouffres profonds de la montagne uxienne, au désastre de Cunaxa. Éphémère, l'amour de Darius!... mieux vaudrait blasphémer.

— Non, je n'ai rien oublié, dit-elle en abandonnant la main qu'il avait passionnément saisie; mes yeux n'en sont pas moins rougis par les larmes, mes lèvres usées par les soupirs! Mon cœur fatigué aspire à l'anéantissement. »

Les souvenirs évoqués par Darius la torturaient. Violemment arrachée des bras sanglants de son père pour être jetée dans la couche de Cyrus, elle ne pouvait déchirer le voile funèbre qui se plissait autour du passé. Elle avait pardonné les violences des valets et s'était montrée l'esclave fidèle d'un amant épris et généreux, mais la reconnaissance, plus que l'entraînement, avait eu raison de sa froideur.

Avec quelle émotion elle se rappelait son entrevue avec Darius, le cher et doux enfant! Dès leur première rencontre leurs regards s'étaient liés, leurs âmes s'étaient unies par une chaîne indissoluble. Durant la vie de Cyrus elle n'avait pas essayé de se défendre : elle se sentait trop bien garantie; depuis sa mort elle vivait dans de perpétuelles alarmes.

Les effroyables injures, les accusations incestueuses lancées contre elle à Pasargade, les allusions directes faites par Parysatis elle-même aux ingrates qui profanaient la mémoire des morts, bourdonnaient toujours à ses oreilles. En s'abandonnant aux impressions qui la poussaient vers le prince royal, la pauvre enfant s'accusait d'un crime abominable. Dans son exquise pureté elle soutenait contre ses irrésistibles penchants, contre les sentiments de Darius qui lui étaient plus chers, une lutte héroïque où se consumaient ses dernières forces. Elle essayait de ressusciter ses affections défuntes, elle exaltait un amour qu'elle n'avait jamais éprouvé, elle se remparait d'une sévérité inaccessible pour repousser les attaques d'un ennemi trop aimé.

« L'anéantissement, la mort! reprit-elle enfin. Combien de fois dans ma courte existence n'ai-je pas convié ces fidèles amis des misérables!

— Ne croyez pas que je consente à vivre loin de vous. Si vous mourez, le même linceul nous enveloppera, les mêmes vautours marieront nos chairs. Mais je ne vous perdrai pas, car vous renaîtrez sous le souffle vivifiant des génies de l'univers. Dociles à la voix des Yazatas nos anges bienfaisants, les sources courent vers les rivières, les fleuves grossissent l'Océan et s'unissent avec lui, les montagnes tendent vers le ciel, les vagues s'étreignent l'une l'autre, les rayons de la lune bercent la nue ; depuis la plante sortie de son germe qui discerne les éléments idoines et se les assimile, jusqu'à l'haleine embaumée de la brise qui soulève les pollens fécondants et les distribue aux calices entr'ouverts, la nature protège les mystères d'Anahita.

La vie, l'amour flottent dans les airs, la loi de la perpétuité du monde est une loi d'amour. Pourquoi serions-nous à jamais séparés? Pourquoi échapperiez-vous à la destinée commune? »

Elle fit un geste de dénégation.

« Plaignez au moins celui qui vous aime ; vous devez lui rendre le calme que vous lui avez ravi.

— Quand un infortuné perd son or peut-il en accuser l'endroit où il l'a laissé tomber? »

Confuse, noyée de pleurs, elle détourna la tête.

« Ne défendez pas à votre cœur de palpiter à l'unisson du mien. Vos larmes épandues comme des tissus de perles disent votre trouble, ô mon Aspasie.

— Les soirs d'automne jaunis par les tourbillons de feuilles mortes, le ciel suave d'une matinée de printemps, je ne les distingue plus. Serais-je en état d'écouter les battements de votre cœur?

— Alors, pourquoi ces roses pourpres sur vos lèvres jadis d'ivoire? Un souvenir vous tuait lentement, que la pensée d'un avenir attiédi par la constante passion de Darius vous ramène à la vie. Cédez à mes prières instantes, écoutez-moi. Si vous dédaignez mon amour, si je ne puis vous aimer, car l'amour est réciproque, permettez-moi de vous adorer comme on adore la divinité, sans espoir de retour. »

Il se penchait vers elle, les lèvres tremblantes, un frisson agitant tout son être.

« Regardez-moi, ma bien-aimée, ne cachez pas vos beaux yeux, ils verront dans les miens se refléter leur splendeur. Oubliez le passé. Qu'il soit comme un tombeau qui ne rend pas ses morts. »

Aspasie se sentait faiblir, elle se débattait contre son émotion:

« Mon âme meurtrie ne peut nier que ses blessures ne se soient cicatrisées sous les consolantes caresses de votre affection. Parfois il me vient des remords, je crains de me montrer ingrate. Mais qu'y a-t-il de commun entre vous et moi? Ni l'âge, ni le rang, ni la naissance. Vous êtes jeune et je vieillirai bientôt; vous naquîtes sur les marches d'un trône, je vis le jour dans une pauvre maison; vous symbolisez la Perse, j'appartiens à la Hellade. Renoncez à moi pour jamais. Oubliez-moi; ne brisez pas votre avenir contre une fantaisie irréalisable.

— L'amour égalise les rangs comme il efface les frontières, comme il aplanit les obstacles. Vous désirez quitter la cour? Je vous suivrai. L'autorité de mon père ne saurait me contraindre. Voulez-vous, à l'exemple de ces grands nomades qui parcourent le monde, des plaines de la Mésopotamie jusqu'aux pays des neiges qu'éclairent les jours sans nuit, suivre de pâturage en pâturage d'innombrables troupeaux? Vous vivrez un jour de ma chasse, le lendemain de ma pêche; pour vous je poursuivrai l'onagre et la gazelle, mon faucon favori déposera l'outarde à vos pieds; pour vous je me jetterai, la dague à la bouche, la lance au poing, contre les ennemis jaloux qui tenteraient de voler mon trésor; et tous deux nous chanterons d'une voix plus vibrante et d'un cœur plus joyeux des hymnes d'action de grâce. »

Un pâle sourire erra sur les lèvres d'Aspasie. Cyrus l'avait aimée avec fureur, mais il lui avait préféré la vaine gloire des champs de bataille; il n'avait pas craint de s'engager contre toute sagesse dans le chemin ambitieux où il devait trouver la mort. Pour obtenir la permission de l'adorer, Darius sacrifierait cette couronne que son oncle voulait conquérir au péril de sa vie. Qui chercha dans le suicide l'oubli d'une douleur qu'elle ne pouvait alors soulager? Qui la sauva du déshonneur? Qui lui témoigna cette tendresse exclusive, faite de respect et d'adoration, sinon l'enfant rebuté dont l'amour avait vaincu trois années d'absence?

Tous deux s'oubliaient, les yeux dans les yeux, la main dans la main. Elle se sentait enlacée, conquise ; lui, radieux, dévorait du regard ce trésor si longtemps convoité. Soudain ils frémirent, rappelés au sentiment de la vie réelle, ramenés du ciel d'azur où ils planaient sur la terre où l'on souffre et où l'on gémit. Des sons mélodieux, les modulations des harpes, les gazouillements des doubles flûtes éveillaient les échos de la plaine. D'abord ce fut un murmure léger comme le bruissement du vent dans les aulnes, puis les harmonies vibrèrent et les strophes, glissant le long des remparts, parvinrent très distinctes aux oreilles des deux amants.

« Honorons Ardviçoura Anahita, sainte, vivifiante et pure, qui trône sur la montagne Houkairya, belle comme la jeune vierge dans l'épanouissement de son printemps, céleste, majestueuse, à la taille élancée, aussi blanche que la nevée divine, aussi éclatante que le soleil à son aurore.

Elle porte un diadème. Ardviçoura Anahita noblement parée, un diadème d'or piqué de cent étoiles retenues par des rayons de feu. A ses oreilles se balancent des pendants à quatre faces, autour de son cou s'enroule un collier orné d'une émeraude. »

Parysatis, entourée de mages, de musiciens et de courtisans, rentrait au palais. Le cortège défilait lentement le long des murailles crénelées. Darius le vit et laissa échapper un cri de rage. Aspasie, devenue maîtresse de sa raison, repoussait épouvantée l'étreinte qui paralysait ses mouvements.

« Fuyez !

— Pourquoi fuir ! Votre âme ne m'appartient-elle pas ? Que disaient ces yeux, ces mains, ce doux sourire incapable de mensonge ? Je n'attendais que votre assentiment pour ouvrir mon cœur à ma grand'mère et faire d'elle le complice de notre amour. Elle sera mon interprète auprès du roi.

— Jamais ! » reprit-elle avec brusquerie.

Il se rejeta en arrière, surpris, inquiet. Parysatis cherchait à les éloigner l'un de l'autre ! Dans quel but ? Sa politique était-elle en jeu ? Redoutait-elle une mésalliance ? La naissance obscure de la jeune femme n'avait pas créé d'obstacle au mariage projeté de Cyrus ! Quel mystère se cachait sous les réticences d'Aspasie et l'attitude de l'aïeule ? Quel projet Parysatis avait-elle dévoilé à sa protégée ? Il voulait interroger, connaître le motif de ces appréhensions étranges : mais la douce mélodie allait toujours grandissant d'intensité.

« Elle serre sa taille dans une haute ceinture de joaillerie, Ardviçoura Anâhita.

Elle pose les seins sur un mamillaire brodé de perles, les seins, pour leur donner une forme gracieuse et séduisante.

De ses épaules nues glisse en plis onduleux un manteau fait des pelages de trois cents castors, plus beaux que le plus beau et le mieux coloré des castors qui vivent sous l'eau, un manteau chamarré d'or et d'argent.

Honorons Ardviçoura Anâhita qui attelle à son char quatre juments blanches, de la même pureté, de la même taille, de la même encolure. »

Le cortège avait contourné le donjon et pénétrait dans le harem.

« Fuyez! fuyez! au nom des Dieux!

— Non sans que vous m'ayez promis de m'aimer. Demain, plus tard, quand vous voudrez, pourvu que je puisse vivre de cet espoir.

— Pourquoi m'interroger!... Je ne puis.... je ne saurais, » dit Aspasie en rougissant comme ces anémones qui entr'ouvrent leurs pétales aux caresses du soleil.

Puis elle eut pitié, et brisant le masque de glace dont elle s'acharnait à couvrir ses traits et son âme :

« Qui peut répondre de l'avenir? Le cœur et l'esprit ne sont-ils pas enclins à la folie? »

Il s'empara des mains de la belle Grecque et cacha son visage dans cette coupe nacrée.

Les portes grinçaient sur leurs gonds, on entendait claquer sur le dallage les hautes sandales de la reine.

« Grâce! murmura Aspasie : je suis déjà folle. N'ajoutez foi ni aux actes ni aux paroles d'une insensée. Ne doutez jamais de moi! Je n'aime personne!... »

Pendant qu'elle le repoussait de ses bras défaillants, les lèvres, moins dociles à sa volonté, lui adressaient dans leur léger frémissement un adieu passionné.

Il bondit et se sauva sur les terrasses tandis que Parysatis entrant par la baie grande ouverte rencontrait sur sa route tout un vol de baisers.

CHAPITRE XIII

LE JEU DE LA REINE

Artaxerxès et Parysatis, assis devant une table basse, jetaient fiévreusement les dés allongés qui servaient à consulter le destin et à tenter la fortune. Autour d'eux se groupaient Aspasie, Darius, les filles d'honneur, les femmes du harem, attentifs à célébrer sur un mode lyrique les exploits de leur maître. Celles-ci applaudissaient aux arrêts du hasard comme à des prouesses inimitables, celles-là proclamaient une victoire, d'autres encourageaient le vaincu.

Depuis plusieurs jours il n'était bruit que des défaites successives de la reine mère. Parysatis dépitée, insultait l'adverse fortune, et pourtant elle stimulait son adversaire déjà grisé par d'aussi rares triomphes.

« Je ne quitterai pas la place sans m'être vengée! dit-elle en jetant la dernière des huit bourses que sa trésorière avait apportées.

— Ordonnez qu'on serve des sorbets, ou nous serons morts d'ici là.

— Je ne réclame pas un long délai pour vous réduire à merci. Un... deux... cinq !

— Trois... quatre... un !

— Points égaux ! Le vent tourne ! Recommençons.

— Six... quatre... cinq !

— Trois... trois... deux !

— Vous êtes encore battue ! s'écria le monarque en frappant des mains comme un enfant joyeux et en attirant la bourse si rapidement gagnée. Tout me sourit aujourd'hui : les dés, les armes me sont également propices. »

Parysatis se renversa sur les coussins amoncelés derrière elle :

« Les armes ?

— Ne vous a-t-on point communiqué la grande nouvelle apportée ce matin par les courriers : le nouveau triomphe de Tissapherne ?

— Non. Depuis votre heureux avènement l'on sait que je me désintéresse de la direction du royaume, laissant à votre sagesse les soins du gouvernement. De quel triomphe votre lieutenant se glorifie-t-il ?

— Vous vous rappelez sans doute le sens général de mes ordres : poursuivre l'armée grecque sans jamais accepter le combat, la harceler, l'émietter. Abandonné par Ariée dont j'ai reçu naguère la soumission, trompé par Ménon qui sollicitait sa grâce, las d'escarmouches avec un ennemi insaisissable, Cléarque fit demander une conférence. Presque tous les généraux, vingt capitaines et deux cents hommes se rendirent au camp de Tissapherne avec l'espoir de mettre un terme aux hostilités. Les chefs furent reçus dans la tente du satrape, les soldats, sans défiance, fraternisèrent avec les nôtres ou se mirent en quête de vivres. Soudain, on arbore un rouge étendard. C'est le signal. Officiers et soldats tombent sous les coups de nos vaillants, tandis que les stratèges, chargés de fers, sont réduits à l'impuissance.

Tissapherne, justement fier de ce succès, achemine vers Suse les illustres captifs. Ils atteindront demain les rives du Choaspe, demain ils expieront leur crime, demain je montrerai l'immensité de la grandeur royale à mes peuples d'Iran. L'anéantissement de nos ennemis n'est désormais qu'une affaire de jours. Honorons Mithra vainqueur des méchants, honorons Verethragna qui donne la victoire aux armées pieuses, aux serviteurs d'Ormazd.

— Gloire éternelle au Roi des Rois, au maître puissant de la Perse et du monde, à celui dont la droite vengeresse s'est appesantie sur l'envahisseur! » dit Parysatis d'une voix sifflante.

Un douloureux gémissement répondit à cette emphatique exclamation. Aspasie s'affaissait.

Darius, pâle d'émoi, courut vers son amie.

La jeune Grecque se redressa frémissante, épouvantée, et d'un geste brusque repoussa les bras qui se tendaient vers elle. Allait-elle encore déchaîner les médisances enfiellées de ses compagnes, réveiller le courroux de Parysatis? Seraient-ils vains, ses efforts pour décourager la calomnie?

En sa double qualité de parfait amoureux et de prince royal, Darius ne pénétra pas cette sage réserve. L'apparente froideur qu'on lui témoignait, les procédés hautains, l'affront public qu'il venait de subir, troublèrent son âme. « Une femme sans reproche et sans remords ne repousserait pas l'héritier de la couronne de Perse! » Son cœur gémit sous l'étreinte du premier soupçon :

« N'oublierez-vous donc jamais la Grèce et les Grecs? Vivrez-vous toujours en étrangère à la cour des Achéménides! Vos yeux verseront-ils des pleurs quand nos bouches sourient? »

Elle jeta vers lui un regard suppliant :

« Seigneur, prenez pitié de mon infortune, ne m'accablez pas de reproches injustes.

— Paix, Darius! interrompit Artaxerxès, ton humeur fantasque me lasse. Respecte notre quiétude; porte ailleurs des récriminations sans objet. La reine commande seule dans le harem, à elle seule appartient le droit de censurer la conduite de ses femmes. Aspasie, ne tremble pas, c'est un bonheur pour les grands de la terre de s'agenouiller devant ta beauté.

Ma mère! à vous de jouer. »

Parysatis, aussi surprise qu'irritée du prétendu triomphe de Tissapherne, avait applaudi par pure forme au succès d'une politique qu'elle désavouait. Les faits semblaient lui infliger un démenti, pourtant elle persistait dans ses sentiments pacifiques. Mieux valait ouvrir aux Grecs la route de l'Hellespont que de les inciter à d'héroïques folies. Maussade, malgré son désir de paraître indifférente, elle ramassa les dés :

« Le roi est encore et toujours victorieux! » murmura-t-elle d'une voix monotone : l'esprit ne commandait plus aux lèvres.

Un eunuque apportait des sorbets au verjus. Parysatis trempa ses lèvres teintées de carmin dans le verre léger et poussa un cri de colère :

« Confiez à vingt serviteurs le soin de préparer les boissons du roi, les brutes trouveront encore le moyen d'empoisonner leur maître! »

Elle jeta sa coupe au visage de l'esclave tremblant et confus.

« Ma mère, reprit le roi qui avait à cœur de se montrer magnanime devant Aspasie, je demande la grâce de vos échansons; ces misérables n'ont pas ensorcelé les dés, ne faites pas retomber sur eux le poids d'une injuste colère. Voulez-vous une revanche? Je mets comme enjeu les huit bourses que je gagnai ce soir.

— En moins d'une semaine j'ai perdu plus de mille dariques contre vous. Les revenus des villes que votre père affecta jadis à l'entretien de mes voiles et de mes ceintures sont épuisés. Il me déplairait de détacher les perles de mes colliers ou les turquoises de mon diadème, et cependant je ne puis abandonner le combat sur une aussi cruelle défaite. L'honneur me le défend et l'espoir de vous battre si je montre bon visage m'en fait un devoir. Voulez-vous que nous mettions un eunuque au jeu ? Une fois dans leur vie ces gnomes serviront à nous divertir.

— Volontiers.

La partie recommença. Parysatis, qui endormait depuis longtemps la défiance de son partenaire, concentra toute son attention sur le jeu, tandis que le roi s'absorbait dans la contemplation d'Aspasie. Le soleil ne s'était pas encore couché qu'elle avait remporté victoire sur victoire, reconquis les huit bourses perdues et choisi Mézabate parmi les eunuques.

« Vous me prenez Mézabate, le successeur d'Artaxarès ! Qui remplacera ce serviteur dévoué, incorruptible, vieilli à mon service ?

Vous le voulez ? Soit... Je l'abandonne de grand cœur. Le bonheur, aujourd'hui, m'était trop fidèle. Quand le sage s'assied à un banquet fastueux, il réserve la part des divinités malfaisantes. »

La nuit venait ; les deux adversaires se quittèrent après s'être promis une prompte revanche, et le roi prit le chemin des terrasses où il devait passer la nuit.

Ses yeux reflétaient l'orage de ses pensées coupables. Dés, eunuques ou bourses d'or le laissaient indifférent ; la revanche, ce n'était pas au jeu qu'il comptait la prendre.

Pris entre l'image obsédante d'Aspasie et la vision des fureurs jalouses de Statira, partagé entre les mauvais desseins fils de l'oisiveté et l'appréhension d'un rebut, il avait senti jusqu'ici se glacer sur ses lèvres brûlantes l'aveu de son désir. Malgré ses efforts pour accorder sa passion avec la réalité, il ne s'illusionnait guère sur les sentiments qu'il inspirait. Se rappelait-elle en voyant son beau-frère l'odieuse mutilation du cadavre de Cyrus? Éprouvait-elle une sensation pénible sous les regards indiscrets qui fouillaient ses voiles? La jeune femme le fuyait. L'ordre formel de Parysatis pouvait seul la retenir dans le harem quand le roi y venait et la contraindre à subir des louanges empreintes d'une agressive galanterie. Le capricieux despote n'en était que plus épris.

Il s'endormit, rêva d'une radieuse émanation de la beauté féminine étendue sous les ombrages si épais qu'on n'apercevait point le ciel à travers les ramures, entourée de fleurs veloutées qui chargeaient l'air de parfums inconnus, bercée par les chants plaintifs des rossignols enamourés. Belle, elle était belle entre les belles, les paupières appesanties, les seins soulevés par de pudiques appréhensions. Une clarté lumineuse se dégageait de son être et projetait des ondes diaphanes pareilles aux molles irisations qui s'enroulent autour du disque lunaire.

Ému, énervé, poursuivi au delà du sommeil par la vision qui avait enfiévré ses songes, Artaxerxès résolut au réveil de conquérir sans nouveau délai l'adorable créature qui faisait battre son cœur jusque-là si calme et si exclusif. La violence de ses sentiments l'emportait sur sa timidité et renversait les barrières qui, la veille encore, embarrassaient ses désirs.

Aspasie pouvait se donner à lui sans crainte ni remords. Trouverait-elle un amant plus digne d'elle que le roi de Perse, que le maître de l'univers? Il ne songeait même pas qu'il dût lutter avec des souvenirs, moins encore avec un autre amour. Grâce à la protection d'Ormazd, Cyrus n'encombrait plus le monde de sa personnalité trop haute, l'ombre du révolté ne viendrait pas réclamer ses droits. Statira!... Depuis les fêtes du couronnement, Statira berçait sa méfiance jalouse dans les plis du manteau royal.

« J'irai trouver ma mère et lui signifierai mes intentions. Aspasie quittera le palais s'il le faut; les environs de Suse sont peuplés de châteaux-forts où je saurai la cacher et assurer sa sécurité. »

A peine échappé des mains des eunuques, il se dirigea sans prévenir ses serviteurs vers le harem de Parysatis. D'humeur joyeuse, surexcité par l'espoir de satisfaire un caprice tyrannique, il se reportait à plusieurs années en arrière, aspirait encore la douce haleine échappée d'une bouche frémissante, saisissait une tête délicate et contemplait des lèvres devenues aussi pâles que les lis engendrés sur les berges humides du Choaspe. Son empressement rompait avec toutes les règles d'une étiquette intransigeante. L'heureux souverain, distrait au point d'oublier la marche glissante et solennelle imposée par la tradition, s'avançait à l'allure impatiente d'un jouvenceau. Ses yeux cherchaient la demeure d'Aspasie — les anges eussent dû l'encadrer dans un buisson de roses — quand ils rencontrèrent un gibet dont les bras sinistres, disposés en double croix, étaient réunis par des membres écorchés. Un crâne, encore vêtu de ses muscles bleutés, témoignait que ces horribles débris appartenaient à un être humain. Sur une potence aussi haute que la hampe d'un étendard triomphal se drapaient, lamentables, les plis gluants d'une peau sanguinolente.

« Mézabate! dit en se prosternant le grand eunuque de Parysatis.

— Le nom de l'audacieux qui ordonna le supplice? »

L'esclave craintif ne répondit pas.

Mézabate avait coupé la tête et la main de Cyrus. Il venait de recevoir le payement de son obéissance.

Fou de rage, de douleur et de honte, le roi bondit dans l'appartement de sa mère.

« Le sang fade, la chair gémissante, les sanglots, les cris de désespoir sont-ils des aliments aussi nécessaires que le pain et le sel!... Votre âme ne se lassera-t-elle pas de ces régals d'agonies et de tortures!... Ne connaîtra-t-elle jamais le remords et la crainte, ces deux freins des hommes!... Les plaintes de la terre montent jusqu'aux cieux; tremblez que la malédiction divine ne vous écrase! Le meurtre suit et venge le meurtre, terrible est l'expiation pour les rois qui arrosent le sol d'un sang innocent; Ahriman accable de calamités égales au crime le palais de l'assassin. »

Parysatis demeurait impassible.

« Malheureux Mézabate!...

— Vraiment! il est généreux à vous de pleurnicher un méchant eunuque perdu au jeu, quand je vis sans sourciller passer mille dariques de ma bourse dans votre trésor!

— Pourquoi lui avoir infligé ce supplice

lent, horrible, que n'auraient pas inventé les Dives! »

Meurtri par l'insomnie, brutalement offensé à l'instant même où il n'écoutait que ses sens, Artaxerxès parcourait la salle comme ces fauves captifs dont la course folle semble plutôt accroître que calmer la colère. Ses yeux effarés s'arrêtèrent sur un splendide vase persépolitain aux flancs arrondis, au col élancé, enrichi d'émaux éclatants. Il le saisit et le lança contre les lambris de marbre. Le métal précieux se brisa en mille pièces, tandis que les pierreries, dégagées de leur sertissure par la violence du choc, s'échappaient et roulaient avec un bruit cristallin.

Parysatis se leva, repoussa du pied un morceau d'or perdu dans les franges de sa robe et, sans abandonner son attitude dédaigneuse, se dirigea vers la porte de la salle.

« Dispensez-vous désormais de franchir le seuil du harem avant d'avoir obtenu mon agrément, » dit-elle d'une voix brève.

Artaxerxès baissa la tête. La manifestation matérielle et bruyante de sa fureur avait détendu ses nerfs. Le départ de Parysatis, l'injonction de ne plus reparaître dans la maison des femmes lui rappelèrent le but de sa visite. Il n'apercevrait donc plus Aspasie, il serait sevré des entrevues quotidiennes qui lui permettaient de rencontrer la belle Grecque sans la désigner à la jalousie de Statira, il se flétrirait loin de cette source de toute vie... Pareil supplice dépassait les forces humaines.

« Ma violence est déplacée, j'en conviens. On aurait vingt eunuques avec le prix de ce beau vase irrémédiablement perdu. »

Et Mézabate fut oublié.

« Puisque vous écoutez les conseils de la raison, reprit Parysatis en revenant sur ses pas, laissez-moi vous entretenir de questions graves, plus dignes de votre intérêt que la disparition d'un vil esclave.

— Je vous écoute.

— Vous m'accusez de barbarie. A vous en croire, j'apaiserais ma soif avec les larmes de mes victimes, je me délecterais de souffrances. Zohak nourrissait de cervelles humaines les dragons poussés sur ses épaules, j'oublierais dans le sang mes deuils domestiques. C'est pourtant une grâce que je vais implorer.

— Une grâce !

— Celle des généraux et des mercenaires grecs.

— Y pensez-vous !

— Abusés par des conseils perfides, contraints de vous combattre afin d'éviter une soumission qui leur laissait le choix entre la mort et un dur esclavage, ils n'ont point failli de leur plein gré au respect qu'ils vous doivent. Je les crois irresponsables et je plaide votre cause en défendant leur vie. Écoutez mes conseils : graciez les chefs et octroyez aux soldats la faveur de regagner la Hellade.

— Eh quoi ! tant d'angoisses subies, tant d'obstacles surmontés, tant d'efforts accomplis pour aboutir après la victoire à ce pitoyable échec !

— Lacédémone louera la magnanimité du Grand Roi. Elle dira qu'Artaxerxès, monarque très clément, ayant à sa discrétion une armée ennemie, se contenta de remporter une brillante victoire sur un frère rebelle et rendit la liberté à des complices inconscients.

— Ma gloire, le prestige royal que vous-même célébriez naguère avec tant de fierté, m'interdisent la clémence. Je ne serais pas fils de Darius, fils d'Artaxerxès, fils de Xerxès, fils d'Hystaspe, descendant de l'illustre lignée achéménide, si je renonçais à terrifier nos ennemis séculaires, sachant d'ailleurs que l'univers tiendrait ma bonté pour faiblesse et que la Hellade répondrait à ma générosité en envahissant la Perse, comme on le vit jadis quand les Grecs brûlèrent Sardes et portèrent le fer et le feu dans les Provinces Maritimes.

— Mieux vaut feindre la bonté que d'étaler l'impuissance. Si les Grecs, malgré les difficultés que vous leur suscitez, malgré la distance qui les sépare de leur patrie, parviennent à traverser cet empire que, depuis les guerres d'Égypte nul ennemi n'avait foulé, ferez-vous tête aux adversaires du dedans et du dehors? Quelle ardeur un échec de vos armes ne mettrait-il pas au cœur de vassaux impatients du joug ou de tributaires mal domptés! Ne vous souvient-il pas de la fragilité des liens qui unissent au trône les satrapies lointaines, des révoltes qui signalent les changements de règne? Vous serez vainqueur; je l'accorde. Mais les Grecs retournés dans leur patrie diront que vous ne sûtes pas défendre la route de vos capitales et ils reviendront secouer de leurs mains sacrilèges les ossements des ancêtres confiés au silence du dakhma.

Parlons en rois. Que le diadème ne s'abaisse pas sur vos yeux au point de vous aveugler. Vous vous glorifiez du succès d'une embuscade où sont tombés quelques généraux! Hâtez-vous de célébrer votre triomphe, car il n'aura pas de lendemain. Comptez-vous prendre à des pièges grossiers dix mille soldats courageux, aguerris, décidés à se sacrifier au salut commun? Nos frontières sont découvertes, nos remparts ruinés, nos bataillons découragés. Dressez hautes les tours, armez vos sujets, soufflez dans leur cœur momifié l'amour du roi et du pays pour préserver l'Iran de l'envahisseur qui menace le septentrion et de l'épervier divin lancé par Ammon-Râ! »

Le roi paraissait hésitant, distrait :

« Pas un homme n'évitera les pièges de Tissapherne.

— Tissapherne ! Tissapherne n'est pas de la race des victorieux. Le décret qui le promut général oublia d'en faire un capitaine.

— Vous le voyez avec des yeux prévenus, votre malveillance s'exerce sans motif.

— Vous-même, suivi d'une armée innombrable, avez craint de livrer bataille, et vous voudriez que Tissapherne fût plus audacieux ! Là où le maître faiblit, comptez-vous que le serviteur triomphe ? Le pourrait-il, qu'il n'oserait : vaincu, vainqueur, le blâme ou la louange pèserait sur sa tête au point de l'écraser avec des pierres ou... des couronnes. »

Artaxerxès demeurait silencieux. L'éblouissante image qui lui avait fait oublier Mézabate se jetait au travers de ses préoccupations guerrières. Impatient, il se tournait vers une porte latérale, comme s'il eût évoqué une apparition trop lente à se montrer.

« Où est Aspasie ? dit-il enfin ; nul mieux que votre esclave ne saurait nous instruire de la valeur des généraux grecs et du nombre de leurs troupes.

— La pauvre enfant se trouvait auprès de moi lorsque vous m'apprîtes l'arrivée de ses compatriotes. Je n'ai pu lui cacher le sort cruel qui les attend. Cette terrible révélation a ravivé des blessures mal fermées. Elle voulait se jeter à vos pieds, mais je l'ai détournée de ce projet, continua Parysatis en voilant sous de longs cils l'éclat de ses yeux fauves.

— Seule, la veuve de Cyrus peut implorer la grâce des coupables et me faciliter par son intervention toute naturelle un retour vers des idées de clémence.

— Je craignais de vous déplaire.

— Vous eûtes tort. Je me rends à vos sages avis et suivrai les conseils dictés par la Reine des Reines. Envoyez-moi votre protégée dès que la brutale chaleur du jour lui permettra de sortir : les prisonniers recevront leur grâce de ses belles lèvres. »

Artaxerxès baisa la main que lui tendait sa mère et regagna ses appartements souterrains. Peu lui importaient les généraux grecs, pourvu que sa passion fût enfin assouvie.

Encore plus matinal que son illustre client, Ctésias avait devancé Artaxerxès chez la reine mère.

Le confident de Cyrus, séduit par les offres de Parysatis, capté par les présents d'Artaxerxès, s'était vendu dès le lendemain du sacre au maître incontesté de la Perse. Honneurs, gloire, richesses, payaient sa défection, et pourtant il ne jouissait pas d'un bonheur sans mélange. Quelques notes dépêchées en Ionie avant Cunaxa, quelques nouvelles utiles données à d'anciens amis le rendaient soucieux. Que fallait-il pour renverser l'édifice de sa fortune ? Les confessions in-extremis d'un supplicié sans courage, la méchante indiscrétion d'un général grec. Il ne pouvait clore la bouche de ses compatriotes qu'en leur apportant leur grâce et il s'était employé à l'obtenir de toute son habileté de dialecticien et de rhéteur.

Ctésias avait plaidé une cause déjà gagnée dans l'esprit de la souveraine, mais Parysatis ne semblait pas décidée à livrer bataille. La situation des mercenaires la préoccupait sans la passionner.

Après avoir allégué l'intérêt politique de l'Iran, il avait insinué que les prisonniers, à bout d'expédients, ne reculeraient devant aucun crime et achèteraient peut-être leur vie au prix de regrettables aveux : « Les alliés de Cyrus n'avaient-ils aucun soupçon, aucune preuve de la complicité de la reine de Perse dans l'initiative et la direction de la révolte? Ne se réclameraient-ils pas d'une aussi puissante protectrice? Mieux vaudrait les savoir au delà de l'Hellespont que sur les rives du Choaspe. »

Parysatis, inquiète, anxieuse, méditait les paroles de Ctésias quand son fils avait heurté les débris sanglants du grand eunuque.

Le marin audacieux qui aperçoit une rade tranquille à l'extrémité d'une passe dangereuse sacrifie au Dieu des tempêtes une partie de sa cargaison, allège son vaisseau et se dirige hardiment vers le but. Ainsi comptait manœuvrer Parysatis pour franchir les écueils sans éveiller la jalousie de Statira, sans paraître complice de l'infidélité d'Artaxerxès. Le ciel était chargé de nuages. la reine mère n'hésitait plus à immoler la victime propitiatoire et à jeter Aspasie dans les bras de son fils. Mais il fallait la décider à se rendre chez un homme dont la seule vue la paralysait? Qui lui inspirerait confiance en la loyauté et la discrétion d'Artaxerxès? Ctésias peut-être. Parysatis rappela son médecin :

« Louez Zeus, lui dit-elle, j'ai imploré le Roi des Rois, votre supplique a trouvé grâce devant le trône. Quelques précautions sont pourtant nécessaires. La cour, le peuple de Suse, la Perse entière réprouveraient mon ingérence dans une aussi grave affaire. Seule une Grecque peut, sans se compromettre, intercéder en faveur des généraux. »

Ctésias, convaincu de la sincérité de Parysatis, certain de l'intérêt très personnel qu'elle prenait au sort de ses compatriotes, courut vers Aspasie. Elle lui laissa entendre que le roi la voyait avec déplaisir, qu'elle lui rappelait des jours d'angoisse, la révolte d'un frère rebelle : « Comment dominerait-elle la mauvaise impression causée par sa seule présence lorsqu'elle-même craignait Artaxerxès et tremblait sous son regard? Jamais elle n'aurait le courage de lever les yeux vers lui et de lui adresser une prière! » Il comptait sur le succès d'une démarche si naturelle; grande fut sa surprise de rencontrer une opiniâtre résistance. L'âme si tendre de la jeune femme semblait bardée de fer. Quelle subite transformation s'était produite dans son caractère doux et serviable? Quel impérieux motif, quelle grave raison lui inspiraient cette égoïste froideur?

« Eh quoi! tu ne surmonteras pas de puériles terreurs? Faute de joindre tes mains suppliantes et de fléchir les genoux devant un roi, tu laisseras périr tes frères! Ne serais-tu qu'une femme tremblante, moins généreuse qu'une statue d'argile! Le séjour de l'Iran, le contact des grands ont-ils desséché ton cœur comme les vents du sud stérilisent les jardins odorants? »

Aspasie tourna vers Ctésias un visage où se peignait une si poignante désolation qu'il se sentit ému de pitié : « Pourquoi pareil désespoir? Bien que d'un caractère hautain, Artaxerxès traitait la veuve de son frère avec égard et considération. Quel danger courait-elle? De nouveaux liens n'allaient-ils pas l'unir à la famille royale? » Habitué à observer autant par instinct que par intérêt professionnel, Ctésias avait bien vite deviné l'amour de Darius et n'entrevoyait aucun obstacle à l'élévation de sa compatriote : « La fiancée était plus âgée que l'héritier du trône, mais sa beauté sans égale compenserait cette disproportion ; elle appartenait à une race et à une religion étrangères, mais elle avait gardé de son union avec un prince du sang une noblesse acquise qui effaçait en partie la tache originelle et elle s'habituerait aisément à prononcer Ormazd le nom de Zeus. Parysatis n'eût pas fait d'une Grecque sa compagne préférée si elle n'eût approuvé les projets de Darius. Elle retardait le mariage pour permettre au temps de cicatriser des plaies saignantes ou pour accoutumer sa favorite à se diriger selon ses avis dans les tortueux labyrinthes du harem ? »

Malgré son scepticisme, le médecin grec ne démêlait pas les combinaisons d'une politique impitoyable. Devenu plus pressant à mesure que la réflexion apaisait ses inquiétudes, il déroula devant les yeux d'Aspasie le lamentable tableau des prisonniers succombant dans les horreurs de la torture :

« La Grèce entière tourne vers toi ses bras désespérés. Des milliers d'hommes enfantés pour sa défense, des milliers d'hommes portant le casque et le bouclier mourront-ils sur cette terre étrangère ! Condamneras-tu leurs ombres à vagabonder, lamentables, sur les rives de l'Achéron ? Aucun danger ne te menace ; mais tes jours seraient-ils en péril, de quel droit mettrais-tu en balance une existence improductive avec la vie de dix mille guerriers utiles à la patrie ?

— J'obéirai, dit-elle d'une voix indistincte tant elle était faible, j'implorerai la grâce de nos frères. Veuillent les Dieux que vous ignoriez toujours l'immensité de mon sacrifice. »

Ctésias poussa un cri de triomphe :

« Le temps presse, les bourreaux du Grand Roi ne sont pas formalistes. Je cours demander une audience. »

Elle demeura seule, désolée, triste à mourir ; un frisson glacial l'agitait, tout son être frémissait ainsi que les cordes d'une lyre touchée par une main trop brutale : « A qui se fier ? A qui confierait-elle ses angoisses ? Parysatis craignait de se compromettre en prenant ouvertement la défense des rebelles et conseillait une démarche qu'elle n'osait tenter. Pouvait-elle se désintéresser d'une cause soutenue par sa bienfaitrice et que plaidait devant son cœur généreux un noble patriotisme ? » D'ailleurs Ctésias ne lui laissa pas le loisir de longues réflexions.

Toutes les portes s'ouvraient devant le premier médecin du roi. Il présenta humblement sa requête et surprit l'éclair qui traversa les yeux d'Artaxerxès... trop tard pour ressaisir les imprudentes paroles envolées de ses lèvres.

La suppliante serait reçue deux heures après le coucher du soleil.

Ctésias s'éloigna. L'agitation du roi, la minutie des commandements transmis aux eunuques expliquaient tardivement les répulsions d'Aspasie. « Darius lui pardonnerait-il sa démarche s'il venait à la découvrir? L'influence du prince était minime et mieux valait sauver sa fortune et sa vie, que ménager un avenir incertain. Lui appartenait-il d'accroître de justes défiances, de signaler un piège dangereux? S'aliéner par crainte ou naïf scrupule Parysatis et Artaxerxès déçus dans leur attente serait folie. Devait-il retarder l'entrevue? L'honneur d'une femme n'allait pas de pair avec l'existence des généraux, le sort d'une armée, le salut commun. » L'espoir de la riche récompense et de l'éclatante faveur qui paierait la complaisance de la trop heureuse victime, calmèrent ses dernières hésitations.

Frais, dispos, Ctésias retourna chez Aspasie, lui inspira confiance par son calme, lui donna froidement l'heure de l'audience royale et prit congé d'elle, envieux, assurait-il, du bonheur qu'elle ressentirait en portant aux généraux une grâce inespérée.

Le soir vint trop vite ce jour-là. Le soleil striait le lointain de sillons orangés et déroulait, calme et majestueux, la pompe de ses adieux à la terre. Aspasie, le visage décomposé et les yeux battus, interrogeait le grand ciel. Les virginales buées qui s'envolaient vers les sphères célestes ne cachaient-elles point le sourire radieux de l'adorable Aphrodite?

Hélas! l'étoile du berger, plus secourable au voyageur qu'au captif, s'élança victorieuse du jour, les heures s'écoulèrent et nul d'entre les Dieux ou les hommes ne ranima le courage défaillant de l'exilée. « Encore, si Darius paraissait, elle répudierait toute honte et lui avouerait ses angoisses; il la guiderait, veillerait sur elle, n'hésiterait pas à la défendre. Darius, c'était le salut; mais Darius lui-même ne savait pas lire dans son cœur et l'abandonnait. »

Des pas se firent entendre :

« Les eunuques du roi et les porte-fanaux! »

Ils venaient la chercher. Elle eut un geste de suprême désolation, cacha sous un voile noir les masses opulentes de ses cheveux d'or et se déclara prête à suivre ses guides. Lentement, par un énergique effort de volonté, elle marchait droite et s'avançait la tête haute quoique chargée du poids de ses sombres pensées. Le harem était déjà déserté en faveur des terrasses, des tentes discrètes s'abaissaient devant l'ardaçtana de Parysatis, de lourdes draperies fermaient les baies ouvertes autour de la cour; pas un être humain ne se montrait.

On entendait encore le bruissement confus de l'escorte que Darius, résolu de tenter une démarche décisive auprès d'Aspasie, pénétrait dans la grande cour du palais et longeait le portique réservé aux filles d'honneur.

On l'appelait, il s'arrêta.

« Vous allez chez votre aïeule, mon seigneur! hâtez-vous. Parysatis est seule. Son adorable protégée, la vertueuse Aspasie, distrait les ennuis du roi votre père. »

Le jeune homme chancela ; les battements du cœur, un instant suspendus, reprirent tumultueux et portèrent au cerveau des flots de sang. Il dégagea son poignard, fondit sur la tenture abaissée et l'arracha d'une secousse furieuse. Sisygambis apparut. Depuis de longs jours la fillette épiait l'entourage de la reine. Devinant que l'heure approchait de reconquérir Darius, elle avait surpris les allées et venues de Ctésias, aperçu les eunuques du roi, reconnu sa rivale, et, docile aux conseils de ses amies, s'était placée sur le chemin du prince afin de se saisir de l'ingrat et de lui dessiller brutalement les yeux.

« Tu mens, serpent venimeux! » s'écria-t-il.

Elle eut un éclat de rire strident.

« Vous vous plaindriez à tort. Aspasie ne suit-elle pas votre exemple? De même que vous sacrifiez nos tête-à-tête amoureux à vos entretiens intimes avec le reine mère, la belle âme préfère les caresses d'un roi à celles d'un jouvenceau. Pensez donc! La vigoureuse santé d'Artaxerxès ne vous promet pas le trône à brève échéance! »

Il jeta son poignard, saisit son ancienne amie par les deux bras, prêt à la briser contre le mur, ainsi que son père peu d'heures auparavant avait broyé le lekyte d'or, mais il eut honte de s'attaquer à une enfant, et ouvrant ses doigts, la laissa retomber si rudement que la tête rebondit sur le sol avec un bruit de vase fêlé.

Darius ne regarda même pas le jeune corps étendu sans mouvement. Dans son esprit se heurtaient de tumultueuses pensées :

« Où courir? chez Artaxerxès? Disputer une amante adorée à son propre père ! On l'en empêcherait. Et pendant qu'il massacrerait vingt eunuques, les murs, témoins muets de si sombres tragédies, étoufferaient les gémissements de sa bien-aimée. Aspasie était victime d'une odieuse machination, on l'avait enlevée de force!... Pourtant... Sa contrainte, son embarras quand il lui parlait, son accueil glacial, ses refus obstinés... Horribles soupçons, indices terribles!... Avec quel effroi elle avait, au jeu de Parysatis, repoussé des bras amis prêts à la soutenir! Craignait-elle d'exciter la défiance jalouse d'Artaxerxès?... Il doutait, mais il aimait. A tout prix il devait s'interposer. Parysatis n'interviendrait certes pas; qu'il y eût guet-apens ou accord, elle était complice. »

Suffoqué par les palpitations de son cœur, il déchirait les étoffes de sa robe comme si elles eussent vêtu le corps d'un ennemi. Il tressaillit : Statira seule pouvait pénétrer chez le roi sans éveiller l'attention des gardes. A tenter cette téméraire démarche avant d'avoir obtenu l'agrément d'Artaxerxès elle risquait la vie, mais sa jalousie facile à surexciter répondait de son audace et de sa diligence.

Aspasie, plus belle qu'Iphigénie conduite dans la prairie de Diane, suivait ses guides à travers les méandres du harem. Elle atteignit enfin une cour intérieure qu'égayaient des eaux vives argentées par les rayons de la lune, et aperçut la salle du trône.

C'était là que le souverain tenait ses petites audiences.

Le trône était vide, la salle déserte :

« Où me conduisez-vous ? demanda-t-elle anxieuse.

— Aux appartements du roi, lumière de mes yeux, répondit le plus âgé des serviteurs.

— L'audience sollicitée par Ctésias m'assure l'honneur d'une réception moins privée.

— Le Roi des Rois nous a donné des ordres précis. »

Aspasie pensa s'évanouir. Pourtant le sentiment du devoir, le respect de sa race, la vision de ses compatriotes expiant un crime imaginaire dans des souffrances sans nom, ranimèrent son courage. Elle ne devait montrer ni inquiétude indigne d'une fille de la Hellade, ni défiance outrageante à la majesté royale.

Une portière fut soulevée. Artaxerxès, étendu sur des coussins impatiemment foulés, jouait avec un jeune guépard.

A la vue d'Aspasie, il se leva d'un bond, courut vers l'étrangère, lui prit la main et porta passionnément à ses lèvres chacun des doigts tremblants dont il s'était saisi.

Les eunuques avaient abaissé la lourde draperie, un mur n'eût pas été plus sourd.

Seuls, debout l'un devant l'autre ! Elle sans voix, les larmes noyant le lapis de ses yeux; lui fier, heureux et triomphant.

L'amoureux monarque s'était parfumé comme pour une fête ; une légère lame d'or appliquait à son front les boucles régulières de ses cheveux ; la barbe longue, abondante, s'enroulait en frisures minuscules ; sur le corps ondoyait une fine robe de byssus précieusement brodée à l'aiguille ; autour des reins s'enlaçait une chaîne de pierreries qui ramenait les plis de l'étoffe et mettait en relief les nobles proportions du corps et la cambrure de la taille.

La manifestation de la puissance, le sentiment de la force, l'amour, l'espoir de satisfaire une passion trop longtemps contenue, jetaient sur le visage du roi de mobiles éclats.

Artaxerxès, désignant de la main les coussins qui gardaient encore l'empreinte de son corps, pria la suppliante de prendre place à ses côtés.

Aspasie n'abandonnait pas une attitude cérémonieuse.

« La très humble servante du maître du monde, du roi très miséricordieux, vient implorer la clémence souveraine.

— Tes désirs sont des ordres! Combien de vies d'homme estimes-tu un seul de tes sourires? Veux-tu la grâce de dix mille Grecs? C'est peu. Souhaites-tu un palais, un royaume, la moitié de l'Iran? Mon trésor de Suse t'appartient. Faut-il y joindre ceux de Babylone et de Persépolis? Elles m'ont paru assez longues, les années écoulées depuis le jour où je te vis pour la première fois! A quoi sert de gouverner l'univers si l'on ne peut se déclarer l'esclave de la femme qui fait tressaillir votre chair! Nul obstacle entre nous aujourd'hui. »

Il s'approchait, les yeux brillants, la bouche lascive, les bras éployés. Fascinée, blême de terreur, Aspasie se replia sur elle-même. Telle la colombe timide se pelotonne dans l'herbe au bruissement des ailes du vautour. Il la frôlait, il l'enserrait. Elle se dégagea, battit en retraite, le visage tourné vers l'ennemi, ses belles mains cherchant à repousser d'odieuses caresses. Plus d'espoir de salut! Les épaules heurtaient la muraille; c'était la fin d'une résistance impossible.

Dans cet instant suprême elle revit le temple où s'était écoulée sa paisible enfance :

elle posait sur l'autel des guirlandes de roses embaumées et Aphrodite accueillait souriante les fleurs et les prières de son adoratrice.

« Aphrodite ! Aphrodite ! gémit-elle en fuyant la bouche d'Artaxerxès.

— Tu implores la reine des amours, ma belle, tu lui demandes de retarder la consommation d'un sacrifice agréable à son cœur; l'Olympe n'exauce pas les vœux impies. Anahita, l'Iranienne, t'ordonne elle-même de céder à mes désirs, car aimer le roi c'est prier, aimer le roi c'est chérir une émanation des Dieux, c'est se confondre parmi les tourbillons des voluptés célestes, c'est gravir dans un char de baisers le chemin qui mène à la demeure des Amechaspands. »

Aphrodite ne répondit pas à l'invocation d'Aspasie, mais une Érinnye terrible, menaçante. Les masses sombres de ses cheveux indisciplinés accentuaient la flamme tragique du regard comme le nuage ardoisé avive l'éclat du fulgurant éclair. Un manteau rouge, passé à la hâte, flottant aux reins, béant sur la poitrine, encadrait de ses plis de sang les mates blancheurs de seins à peine éclos, les velours et les nacres d'un corps de jeune vierge, découvrait les triples anneaux d'or rivés, à la mode tyrénienne, au-dessus du genou gauche.

« Statira ! murmura le souverain en lâchant sa proie.

— J'arrive trop tôt ou trop tard! Que ne m'avez-vous conviée à la fête! J'eusse été exacte au rendez-vous! »

Puis secouant avec mépris le pan de la robe auquel Aspasie s'accrochait ainsi qu'un naufragé se cramponne à l'épave bienvenue, quelle que soit la main qui la lance :

« Loin de moi, vile couleuvre, impure, fille d'impure! Venir chez mon roi! M'insulter jusque dans ses bras!

— Insulter la reine! Jamais cette pensée n'effleura mon esprit.

— Tu feins un éternel chagrin, une tristesse mortelle et, derrière tes voiles de deuil, tu conduis l'assaut du trône! »

Sous l'injure Aspasie sentit renaître son courage et trouva la force de se défendre :

« Je venais, comme une suppliante dont le front est ceint de bandelettes et la main chargée de rameaux, implorer la grâce de mes compatriotes. L'audience que Ctésias avait sollicitée pour moi me faisait espérer un accueil respectueux. Si ma présence dans la maison de la royauté est une offense, vous ne devez pas me l'imputer à crime, l'offense est plus qu'involontaire.

— Mensonge infâme! prétexte odieux! On connaît tes talents de comédienne! Je te hais! Entends-tu! Je te hais, toi et ta race abjecte, née pour le malheur de la mienne!

— La reine dispose de ma vie; qu'elle la prenne, et elle sera encore bénie, car la fureur de la souveraine arrache Aspasie à la honte.

— Sors de la chambre du roi ! Toute l'eau du Choaspe n'effacera pas les souillures que tes pas y ont laissées ! »

Aspasie s'éloignait; Statira, semblable à une tigresse, fondit sur Artaxerxès :

« Bel Mérodach ! Pourquoi permets-tu aux mortels de reconnaître la fausseté de l'or quand tu négliges de marquer au front les hommes méchants ! Roi des Rois, détestable parjure, exécrable monarque, dans quel abîme de fange tes serments ont-ils sombré ! Englouties la fidélité et la pudeur ! Entraînées dans un chaos insondable les protestations d'amour ! Et pourtant, mère ou épouse je me rends le témoignage d'avoir enchéri sur mes devoirs. Amènerai-je pour te confondre mes fils vigoureux, la gloire et l'espérance de la Perse, mes filles si belles ! Depuis douze ans je te prodigue mon âme, mon sang, mon être ; depuis douze ans je ne t'ai dérobé ni une de mes pensées, ni un souffle de ma poitrine, ni une seconde de ma vie !

Si le roi avait choisi une concubine de mon harem, je l'aurais embellie de mes mains, j'aurais fait taire ma douleur ; mais t'humilier jusqu'à l'amour qu'on prodigue à tout venant, mais t'abaisser jusqu'à cette Grecque qui te hait et te méprise ! »

Artaxerxès, réveillé de son apparente torpeur, fit un geste de dénégation.

« Quoi? tu doutes de l'aversion d'Aspasie, de l'horreur que tu lui inspires? Ton aveuglement est encore moins odieux que ridicule. Dieu merci, j'ai vu et j'ai compris. L'épouvante de cette femme, sa précipitation à s'emparer des plis de ma robe sont des témoins irrécusables de ton crime. Courage! tu as quelques degrés à franchir dans la voie du vice. Donne à l'étrangère le commandement du harem, signifie aux femmes nobles d'obéir à une vierge de Paphos ou de Corinthe, outrage nos lois tutélaires comme tu as brisé mon cœur ! »

Artaxerxès paraissait atterré. Pourtant il essaya de se défendre et le prit de très haut.

« Une simple fantaisie vaut-elle un pareil déploiement de fureur! La longue histoire de mes aïeux montre-t-elle un autre monarque enchaîné comme moi à l'épouse de sa jeunesse! Ma mère, Parysatis, donna treize enfants à son époux; exigea-t-elle jamais de Darius la fidélité conjugale! Et pourtant le sang royal qui gonfle ses veines lui donnait des droits supérieurs aux tiens.

— Oui, je suis fille d'Idarnès le Babylonien, petite-fille de Mansour le nomade. Inutile de me jeter à la face cette origine modeste: le martyre de tous les miens froidement ordonné par Parysatis; ma mère, mes sœurs, mes frères enterrés vivants; l'infortunée Roxane déchiquetée par le fer du bourreau, me rappelleraient, vivrais-je mille vies, que je ne suis pas un rameau pourri du tronc achéménide. Ichtar soit louée !

D'ailleurs je vous dénie le droit de me comparer avec Parysatis. Séparez, s'il vous plaît, mes vertus de ses crimes. Elle maçonna l'édifice de sa grandeur avec un mortier fait de chair et de sang; le mensonge, la perfidie, l'assassinat, la trahison furent ses complices préférés. Avez-vous oublié Cunaxa, Pasargade, Babylone ? Vous avez pardonné, c'était le droit d'un sot et vous en avez usé. Il ne s'agissait après tout que de votre vie et de votre trône. Mais serez-vous toujours clément à l'adultère qui souilla la couche du roi votre père ?

C'était la nuit, Darius agonisait. Je me rendais auprès du mourant et traversais la cour du harem. Une femme, de haute stature, me précédait. Elle entra chez Parysatis. La reine négociait l'achat du sceau royal, votre déchéance, l'avènement de Cyrus et sa régence. Je n'en fus pas surprise, mais je sentis le dégoût me monter aux lèvres lorsque je reconnus dans la messagère si soigneusement voilée le triomphant, le beau, l'irrésistible Orontès. Votre mère était la maîtresse de cet homme; ses transports de panthère amoureuse, son audace, ses caresses ne laissaient pas de doute.

Orontès a payé de sa vie les faveurs d'une reine, je suis seule aujourd'hui à posséder le terrible secret. »

A mesure que Statira s'exaspérait de sa propre colère, le roi, confus d'avoir été surpris, humilié de sa défaite, sentait s'évanouir ses velléités de résistance. Jamais elle ne lui était apparue plus belle. Le manteau royal, le diadème et les pierreries lui seyaient moins que la jalousie farouche et la passion déchaînée. La maternité qu'elle évoquait avec un juste orgueil n'avait point altéré les lignes pures de son corps, ni jeté une ride sur son visage. Il oubliait les charmes délicats et frêles d'Aspasie devant l'éblouissante furie qui l'insultait et le bafouait. Il courut vers Statira et l'embrassa dans une étreinte passionnée.

Indignée, elle le repoussa :

« Je ne suis pas fille de roi et pourtant je ne me contenterai jamais d'un lambeau de votre cœur, je ne vous laisserai jamais poser la main sur un pli de ma robe. Ni le rang, ni la gloire, ni la richesse ne sauraient payer les concessions indignes que l'on exige de moi. Répudiez la reine en faveur d'une favorite ramassée dans un carrefour, reprenez le diadème, placez-le sur la tête d'une femme complaisante. Il ne m'inspire que du mépris et de l'horreur puisque vous me jugez assez vile pour me contenter de ce hochet !

— Statira, Statira! Oublie une faiblesse passagère. Je suis coupable, je me repens. Depuis que je t'ai vue, pas une femme n'a senti peser sur elle le regard attentif d'Artaxerxès. Les Dieux, dit-on, aveuglent ceux qu'ils veulent perdre. J'ai cédé à un entraînement maladif, à une folie fugitive. Si les Dives occupent ce palais, s'ils me poussent dans la voie pernicieuse, hâte-toi de me défendre, supplée mon ange gardien, mets en déroute ces êtres obsédants, tourmenteurs de mes jours, tyrans de mes nuits.

— Que prétendez-vous? reprit Statira surprise.

— Je t'aime d'un amour insensé, infini, exclusif. Chaque seconde qui s'ajoute aux secondes déjà écoulées augmente l'ardeur et la ténacité de ma passion. Il ne s'agit pas de vaines promesses. Je veux mon pardon, je te l'arracherai parce que nul sacrifice ne coûte à l'amant follement épris. Ordonne, devant Mithra qui m'écoute, j'engage ma parole que tu seras obéie.

— Je veux le sang, je veux la chair, je veux la mort de tous ces Grecs qui souillent la pure terre d'Iran!

— Faut-il les tuer tous?

— Tous... et toutes... Vous hésitez! Adieu!»

Elle courut vers la porte, souleva la tenture et disparut.

Artaxerxès se laissa tomber sur les coussins, les bras ballants, la tête en feu, les yeux hagards. Soudain, il se rejeta dans un angle de la salle, promenant son front et ses mains brûlants sur les lambris d'albâtre, cherchant au contact de la pierre un soulagement à ses douleurs.

« Du sang, toujours du sang ! N'achèterai-je la paix qu'au prix du sang ! Son odeur monte jusqu'à moi et me grise ainsi que le vin dont il possède la magique couleur... Rouge le sang, symbole de la vie ! Rouge la liqueur céleste qui dégage le bonheur d'oublier et la force de lutter contre l'existence ! Rouge le feu divin ! Tout est feu, tout est sang, tout est rouge ! L'Olympe m'apparaît rouge comme le Soleil Dieu, comme la flamme sacrée, comme la robe pure et sainte de Statira ! Statira m'a défendu de toucher sa robe rouge ! Statira !...

Artaxerxès, hors de lui-même, prit en courant le chemin que venait de suivre sa femme.

Le lendemain les têtes rouges des généraux grecs paraient les créneaux de l'Acropole. Ménon échappa seul au supplice : au moment de leur capture il trahissait ses compatriotes et offrait de livrer l'armée grecque à Tissapherne contre dix talents que l'économe satrape aima mieux épargner.

CHAPITRE XIV

LES PRÉSENTS DE PARYSATIS

A la suite d'une scène violente provoquée par la mort des généraux grecs, Artaxerxès, écho de Statira, n'avait pas craint de reprocher à sa mère d'adultères amours.

L'accusée, hautaine et dédaigneuse, laissa s'écouler les flots de boue qui passaient autour d'elle sans la salir. Elle eut l'héroïsme du silence, mais ressentit une colère d'autant plus aiguë qu'elle en devait réprimer l'éclat, qu'elle osait à peine en atteindre l'objet. Il était grave de s'attaquer à Statira d'autant plus puissante que le roi se montrait soucieux d'effacer le souvenir de son infidélité. Il était périlleux de porter la main sur une reine aimée des grands, soutenue par un clergé hostile aux influences grecques dont la mère du roi s'était déclarée le champion.

Et pourtant que de rancunes accumulées.

que de griefs contre cette femme néfaste, désormais maîtresse de l'âme et des sens d'Artaxerxès!

Parysatis savait que les mages idolâtraient sa bru, Férouer terrestre envoyé par les Dieux auprès du souverain, tandis qu'on la comparait à la Droudj des cadavres, à la ténébreuse Naçou toujours prête à s'élancer d'une victime sur une nouvelle victime. Elle n'ignorait pas que Tissapherne et les satrapes complotaient sa ruine afin de mettre la royauté en tutelle et de se partager l'héritage de ses pères. Elle comprenait que sa chute, souhaitée, réclamée même, était irrémissible et prochaine si elle ne terrorisait ses ennemis. L'imminence du péril, la gravité de la dernière offense la décidèrent à ne plus différer l'attaque. Le jour était venu d'exiger le paiement des déboires, des insultes, des forfaits; rien ne devait être oublié dans ce compte terrible, ni l'accusation d'adultère devant Darius moribond, ni les conseils avant Cunaxa, ni les récompenses accordées à Tissapherne, ni l'exécution des généraux grecs, ni l'audacieuse révélation de ses faiblesses pour Orontès.

Il ne s'agissait pas de lutter à visage découvert — la franchise eût compromis le succès, — mais d'approcher de la place en galerie souterraine et de recueillir le fruit de sa dissimulation. « Voulez-vous frapper un ennemi défiant, disait parfois Parysatis à ses agents fidèles, montrez douce mine, langue dorée, tendez une main caressante. Et, de lui-même, il viendra mettre son cou dans le lacet. »

Cette confiance est-elle une preuve de la vanité incommensurable qui emplit tous les cœurs ou bien un hommage aux sentiments généreux que la nature a cachés au fond de nos âmes et que ne peut détruire l'expérience de la vie? Parysatis ne se préoccupait guère d'analyses psychologiques, mais elle avait une philosophie trop pratique pour douter du succès final d'une entreprise où la vanité de l'adversaire marchait d'accord avec son adresse.

Avant de prendre la dangereuse voie des représailles devait-elle encore reconnaître le terrain, démasquer les ennemis, éventer les pièges. L'intervention de Statira dans le rendez-vous si habilement ménagé entre Artaxerxès et Aspasie semblait inexplicable. Qui avait soupçonné le véritable but de l'audience royale, espionné la suppliante, averti la Babylonienne déjà couchée sur les terrasses? Le traître était placé bien haut ou très bas. N'importe son rang, Parysatis voulait le connaître, le punir, du moins le rendre impuissant.

La fidèle Gigis fut mise en campagne. Elle n'avait pas tendu ses premiers lacs que la grande maîtresse des filles d'honneur apportait une triste nouvelle : Sisygambis agonisait.

Au nom de Darius son délire mêlait ceux d'Aspasie et de Statira. Parysatis courut vers l'enfant et lui arracha sans peine son secret.

Le traître, le coupable était Darius, Darius jaloux, Darius furieux. Ce fol amoureux, convaincu de l'infidélité de la jeune Grecque par la tout aussi folle Sisygambis, avait prévenu Statira et mis dans ses intérêts un dangereux auxiliaire. Seul il pouvait corriger l'effet d'une démarche inconsidérée et rendre à l'épouse soupçonneuse la quiétude indispensable au succès d'une offensive délicate.

Parysatis regagna l'ardaçtana, Darius l'y attendait.

« Aspasie sans patrie, sans parents, esclave sur une terre étrangère, ne traîne pas une vie assez attristée, sa condition n'est pas assez précaire que tu déchaînes contre elle les fureurs jalouses de ses pires ennemis?

Faudra-t-il la livrer au bourreau si Statira l'exige, si Artaxerxès l'autorise? Cherche et trouve le moyen de sauver l'infortunée que tue sottement ton égoïste passion. »

Darius demeurait interdit. Dans sa fureur aveugle, il n'avait pas songé qu'en préservant son amante des violences du roi il lançait un faucon cruel sur une victime désarmée. Les reproches de Parysatis dessillèrent ses yeux.

« Crois-tu, reprit la reine, qu'une femme pure

et confiante pardonne jamais d'avoir douté de sa vertu?

Une suppliante sollicite contre son gré la clémence royale. Elle se dévoue, surmonte une invincible terreur et se rend chez ton père pour obtenir la grâce de ses compatriotes. Et toi, d'un mot, d'un geste, sous l'impression de paroles tombées d'une bouche enfantine, tu n'hésites pas à brouiller Aspasie avec Statira, tu désunis notre famille, tu attires sur ma tête et sur celle de ton idole d'inévitables vengeances.

— Statira n'était pas de trop dans la chambre du roi, reprit Darius qui se défendait de ses remords en simulant un reste de colère.

— Mon fils te prit-il pour confident?... Il ferait beau voir que la jeunesse imprévoyante et folle nous imposât ses préventions !

— Aspasie vous a-t-elle parlé? A-t-elle des soupçons, m'accuse-t-elle?

— J'ai eu garde de lui révéler une action déloyale que la fièvre de Sisygambis a seule trahie.

— Sisygambis ! ce démon qui emprisonna l'enfer dans mon cœur.

— Elle est vraiment puissante sur l'esprit du roi, la belle Aspasie ! Preuve inquiétante d'une passion irrésistible que les têtes des généraux grecs accrochées depuis hier aux tympans de la porte royale, que la grâce de quelques malheureux refusée à la veuve de Cyrus et leur martyre accordé sur l'heure à Statira ! Pareille condescendance est bien pour te porter ombrage ! »

Darius ne demandait qu'à se laisser convaincre : « Aspasie fuyait donc le roi ; le monarque l'épouvantait. » Et il avait comme garante de la pureté de son amie la plus clairvoyante des aïeules.

Attendri jusqu'aux larmes, le prince se fût jeté dans les bras de sa grand'mère, s'il n'eût craint des rebuts mérités. Pourtant il fut assailli par un dernier scrupule :

« Expliquez-moi du moins sa froideur. Et vous-même, pourquoi, depuis Cunaxa, vous jetez-vous à la traverse de mes désirs et placez-vous des barrières infranchissables entre votre favorite et mon amour?

— Placer des barrières ! reprit Parysatis subitement radoucie. Ton imagination m'attribue un singulier rôle ! Aspasie, si tu l'interrogeais, aurait le droit de t'adresser le même reproche. Une étroite affection l'unissait à Cyrus : elle agit noblement en refusant de comprendre ou de partager un amour prématuré. Quelle âme serait la sienne si elle avait oublié devant tes beaux yeux le parfait idéal de la noblesse, de la vaillance, de la beauté ! Lui eussé-je pardonné son inconstance?

Le temps s'écoule ; les morts n'enchaînent

pas pour l'éternité ceux qu'ils abandonnent sur cette terre périssable. Aussi bien suis-je capable, si tu m'en pries, de favoriser ton amour et d'encourager Aspasie à te chérir. Je me chargerai même de plaider ta cause devant le roi. Sous deux conditions pourtant : tu te concilieras les bonnes grâces de ta déité et tu apaiseras les tempêtes que ta folie a soulevées. Va trouver la reine, fais-lui part de tes projets, supplie-la de peser de toute son influence sur l'esprit d'Artaxerxès. Elle ne saurait avoir une meilleure preuve de la loyauté de mes intentions. Esclaves !... Aspasie.

— Quoi !

— Tu oublies nos conventions...

Viens, ma fille ; viens recevoir un jaloux à merci. Son excuse : son trop grand amour. Il est temps que je m'occupe de votre bonheur, car, à vous deux, vous ne sauriez mettre d'accord les poissons avec la rivière. Mais je veux d'abord m'assurer que l'impatience de Darius ne me fourvoie pas. »

Aspasie, surprise d'un aussi brusque changement dans l'attitude énigmatique de Parysatis, pâlissait et rougissait tour à tour.

« Quelle faute mon seigneur doit-il se faire pardonner, sinon de porter trop bas ses hommages ?

— Les étoiles, moins belles que toi, habitent auprès d'Ormazd la voûte céleste et, pour les contempler, le roi des hommes ne baisse pas les yeux?... Je fus brutal au jeu de la reine. Pourquoi fuyais-tu l'appui de mes bras? Pourquoi tes mains tremblantes me repoussaient-elles? J'ai compris tes remords et tes craintes, je ne t'aime que mieux de les avoir éprouvés. Aujourd'hui parle sans frayeur : la reine protège notre union, ses désirs sont des ordres. Laisse-moi entrevoir un coin de ciel bleu qui présage l'effacement des nuages, car la tourmente s'est enfuie, la voix des passereaux a sonné le retour du beau temps, les vents du midi se sont apaisés, la brise souffle des monts Habardip. »

Aspasie avait traversé des épreuves si cruelles qu'elle n'osait s'abandonner. La crainte de faillir à des devoirs sacrés, des scrupules pudiques, l'amour se livraient un terrible combat. Très grave et presque triste, elle répondit :

« J'avais dit à mon cœur : « Engourdis-toi dans une léthargie avant-courrière de la mort, rejette au loin toute illusion mensongère. Saturé de douleur, où trouveras-tu écho qui te réponde? » Le sommeil est le port des désespérés. J'eusse désiré le terme de l'existence, si le désir eût encore hanté mon sein.

La nuit était sombre et sous un voile de deuil se préparait le retour de l'aurore. Un jour, vous l'avez deviné, les nuages s'évaporèrent, l'aube se leva. Bientôt ses pâles rayons s'empourprèrent aux caresses d'un nouveau soleil.

Comme elle est changée, votre amie! Comme elle diffère d'elle-même! Ses yeux refusent de la reconnaître, ses yeux jadis perdus dans le brouillard des larmes. Un amour divin, domptant sa volonté, la rend oublieuse, infidèle aux souvenirs du passé. Elle renaît, s'éveille, ressuscite et ne souhaite pas de terme à sa vie pour vous appartenir et vous aimer toujours.

— Telle la rose entre ses feuilles printanières, telle s'épanouit l'élue de mon cœur; telle la bonté divine au-dessus des abîmes, telle brille l'amie de mon âme. Je vais donc les réaliser, ces projets depuis si longtemps chéris; je vais donc les satisfaire, ces désirs qui éveillèrent l'enfant et torturèrent l'adolescent. Je me reposerai sous l'ombre de ton amour; que le fruit en est doux à la bouche altérée! La terre entière pourra-t-elle contenir ma joie et mon orgueil! »

Aspasie vint se placer d'elle-même auprès de son amant et lui abandonna ses deux mains.

« Si les palais de Suse sont trop étroits pour contenir votre folie et mon dévouement, vos aïeux firent bien vaste la terre d'Iran. Ne m'aviez-vous pas parlé de vivre loin du bruit de la cour et du tumulte des fêtes!

— Seul avec toi, m'enivrer de ta beauté et de ton doux sourire, n'avoir d'autre joie que de contempler dans tes grands yeux la splendeur du ciel ou la majesté de la terre! Le sol de notre tente sera couvert d'anémones, la toile habillée de renoncules; ta couche sera faite de lis, ton vêtement, semé de tubéreuses. Laisse à mon amour exclusif, à ma passion le soin de te cacher, pour se mieux assimiler tout ton être.

— Vous querellerez-vous longtemps? demanda Parysatis qui avait hâte d'envoyer Darius chez Statira.

— Grand'mère, soyez notre ange tutélaire. Les Dives désarmés ne pourront entreprendre contre notre bonheur puisque nous le plaçons sous votre égide. »

Parysatis promit et promit dans toute la sincérité de son cœur : l'ascendant d'Aspasie sur le roi ne résistait pas à la seule apparition de Statira, tandis que la divulgation d'un prochain mariage entre le prince et sa belle tante servirait ses projets, inviterait l'ennemi à la confiance.

Le lendemain, on fêtait le jour de naissance de Parysatis. Selon la coutume, la famille royale vint rendre hommage à l'aïeule. Artaxerxès se présenta sur le soir et trouva sa mère très abattue.

« Je venais vous apporter mes respects, mais je crains qu'ils ne soient les mal venus: vous recevez d'un visage bien morose les souhaits qu'on forme pour vous. Confiez-moi vos chagrins.

— Je n'éprouve ni tourment ni chagrin ; la résignation est courageuse.

— Expliquez-vous, de grâce.

— Volontiers. Le respect filial que vous me témoignâtes toujours m'encourage à vous communiquer une grave détermination.

Ma vie appartient au passé... Je me sens inutile au milieu de ces serviteurs qui gravitèrent autour de moi pendant un demi-siècle, et suis résolue à me retirer dans une forteresse de la haute Médie. Là, pieusement vouée à la prière et aux pratiques expiatoires, je préparerai ma demeure céleste et me rendrai digne par les bonnes pensées, les bonnes paroles et les bonnes actions, de la lumière éternelle où trône le Créateur.

— Ma mère, je ne vous connus jamais fervente mazdéenne et me réjouis de votre zèle pieux ; mais comment supporterez-vous une pareille solitude, un si sombre isolement?

— Je ne redoute point les sauvages hauteurs. Des montagnes inaccessibles où je vivrai, je verrai encore l'Iran à mes pieds.

— Après avoir dominé le monde il vous sera pénible de n'entendre que les croassements des corbeaux et les cris des vautours.

— J'habituerai mon corps à écouter sans frémir les harmonies funèbres du dakhma. J'espère d'ailleurs que vous n'oublierez pas l'exilée qui s'intéressera toujours aux affaires de l'État et à l'agrandissement d'un empire longtemps docile à sa voix. »

Artaxerxès ne savait qu'augurer de cette soudaine décision. Il la tint pour si favorable à la tranquillité du harem qu'il la crut définitive et y applaudit sans réserve ni mesure.

« La Perse entière baise la trace de vos pas et respire l'air que rejette votre poitrine. Elle s'insurgera quand elle connaîtra des projets de retraite funestes à sa grandeur. Moins égoïste que le peuple, votre fils saura sacrifier son bonheur au repos d'une mère ! Oui, vous avez assez fait pour la gloire de l'Iran, pour l'affermissement de la dynastie. Le temps est venu de ménager votre précieuse santé. Prolongez mille ans une existence qui nous est chère, en vivant dans le calme, loin des orages politiques et des soucis attachés à l'administration de l'univers. »

Parysatis comprimait le frémissement qui secouait son être. Des pointes de feu pénétrant ses chairs l'eussent moins endolorie que le paisible acquiescement de son fils.

« Merci ! Je n'osais tant espérer de votre condescendance ; je m'éloignerai bientôt : aucun scrupule ne me retient plus. Les ennemis agenouillés imploreront désormais votre miséricorde, le harem dont j'avais la haute direction s'inclinera devant une princesse aussi sage et aussi prudente que Statira. Je fus quelquefois injuste envers votre femme. Vieillesse et jeunesse ne marchent pas toujours du même pas. Il me serait doux, avant de partir, de racheter mes torts et d'emporter des regrets. Je désire également profiter de vos excellentes dispositions pour assurer l'avenir des serviteurs qui me sont chers. Votre bon vouloir sera mon aide...

— Comme vos souhaits seront des ordres. »

Elle courut plutôt qu'elle ne marcha vers un coffre cerclé de bronze. A son appel, Gigis s'avança suivie de plusieurs esclaves et, sous les yeux ardents de sa maîtresse, étala d'inestimables trésors : étoffes brodées à Babylone, pourpre de Tyr, fibules athéniennes, pectoraux, pendants d'oreilles et bracelets ciselés à Cypre ou à Memphis, rubis, perles et turquoises montés sur des fils d'or et empilés comme des cailloux dans le lit d'un torrent.

Parysatis choisit un diadème d'or. Les lapis-lazulis, les émaux aux vives couleurs, dessinaient, mêlés à des lotus, deux éperviers affrontés. Au-dessus des fleurs, un uræus dressait sa tête altière formée d'une perle aussi volumineuse qu'un œuf de tourterelle, tandis que les anneaux de la queue — émeraudes et rubis alternés — s'enroulaient autour du tortil. Ce précieux bijou provenait du temple de Bouto et avait été pris sur le front d'une déesse après la défaite de Khabbich, roi d'Égypte; et la victoire éternellement glorieuse des armées iraniennes. Amestris, femme de Xerxès, le reçut de son époux comme un insigne tangible du rang suprême et le transmit aux reines par voie d'héritage.

L'emblème de la souveraineté fut placé dans une cassette de Théodore fils de Télècle, offerte au Pharaon Amasis par Polycrate tyran de Samos, et remis aux mains de Gigis :

« Va, nourrice, va et dis à Statira : «Parysatis te salue et demande à Ormazd la réalisation de tes désirs, la conservation de ta santé. Lasse de la vie, minée par le chagrin, inutile au bonheur de la famille royale et de l'empire puisque tu occupes dignement le trône auprès de son fils adoré, elle a résolu de quitter le monde et t'abandonne avec joie la couronne des reines. Tu ne pouvais encore prétendre à ce bijou ; porte-le désormais comme si Parysatis avait rejoint ses aïeux. »

Les femmes sortaient de l'ardaçtana.

« Ceins le diadème de Bouto, Babylonienne abhorrée ! Puisse-t-il s'imprimer comme un fer rouge sur ton crâne maudit ! Non... Ne devance pas ma justice, ne me vole pas ma vengeance. »

Artaxerxès, soucieux de publier les résolutions imprévues de sa mère, suivit de près les esclaves. Sans un mot de regret, sans une phrase pour combattre une douloureuse décision, le fils ingrat s'éloignait. Quand il eut disparu, Parysatis sentit un vide immense et, frémissante, se demanda pourquoi la vie lui était si amère.

« Voilà donc l'œuvre de Statira! A quel degré d'indifférence a-t-elle conduit le roi! Quelques jours encore et je réaliserai mes rêves. La trame est sur le métier; où trouverai-je les tisserands. Les Perses n'oseraient tenter pareille aventure... Ctésias comprend à demi-mot et sait la valeur de ma bienveillance. Terreurs et promesses feront de lui un instrument docile. »

Le médecin, prévenu par un eunuque, s'avançait aux ordres de sa maîtresse.

« Approche et sois attentif. Je vais abandonner la cour et vivre désormais dans la retraite qui convient à la dignité de mon caractère. Avant de gagner la forteresse solitaire où s'achèvera mon existence, je veux me prémunir contre les fantaisies de la fortune, plus fatales aux souverains qu'aux simples mortels. Qu'une guerre éclate, que la Perse soit envahie et l'on oubliera de protéger une vieille reine. A moi de défier les outrages, peut-être les supplices. Suse et Babylone frissonnent encore au souvenir des tortures infligées par Sennachérib et Assourbanipal aux rois assez audacieux pour défendre la patrie contre l'étranger. Je veux porter sur moi le remède contre la vie, je veux posséder le secret de la mort foudroyante. »

Le visage de Ctésias se teintait de couleurs

terreuses, sous les yeux se creusaient de longs sillons indices d'une immense perplexité : on n'abordait pas sans trembler la terrible Parysatis, on ne l'entendait pas sans frémir exiger du poison.

« Les mages possèdent des formules d'incantation souveraines et pas un ne refusera d'offrir à l'Astre de l'État un verset homicide. Je suis un guérisseur et prétends n'avoir conclu aucun pacte avec la mort. Vous parlez d'abandonner Suse ; l'hiver approche hâtif et rigoureux, si j'en juge aux prémices. Les chemins d'Ecbatane, si difficiles l'été, seront impraticables avant un mois. Le poison libérateur ? vous le trouverez dans un précipice, au milieu des neiges. »

Il semblait que la nature se rangeât du parti de Ctésias. Le ciel gris, affaissé jusque sur la terre, laissait pendre au ras du sol de gros nuages noirs ; le vent les chassait, d'autres venaient plus lourds encore et crevaient avec un bruit d'avalanche. Les terrasses, les chemins de ronde immenses s'emplissaient d'eau qui dévalait en étages de cascades, depuis les hautes crêtes de la muraille jusque dans le fossé. Le tonnerre déroulait ses grondements avec des ports de voix formidables ; les éclairs violacés, aveuglantes lumières, embrasaient le palais.

Parysatis assistait impassible à ce déchaînement des forces de la nature : toute son attention se concentrait sur le visage de son médecin.

« L'étoile Tistrya est victorieuse du démon de la sécheresse. Grâce à son heureuse influence le laboureur, ami des Dieux, promènera bientôt la charrue fécondatrice dans les champs désaltérés. Le combat fut acharné, quel vacarme! Puisque tu rivalises de piété avec les mages, pourquoi ne me proposes-tu pas d'accroître l'énergie de l'astre divin et de précipiter la déroute des esprits malfaisants en célébrant le sacrifice du Haoma? Je chanterais les hymnes, tu me servirais d'assistant. A nous deux nous ferions un joli couple de prêtres!

— Astre de l'État, je sais que votre âme s'est affranchie dès longtemps de ces folles superstitions.

— Pourquoi vanter si haut la puissance des formules magiques! Est-ce une aimable saillie ou te joues-tu de ma naïveté? Suis-moi, plutôt. »

Elle écarta un pan de tapisserie, démasqua une porte plaquée de bronze et s'engagea dans une étroite galerie qu'éclairaient des lampes suspendues aux parois.

Ctésias angoissé haletait derrière sa conductrice.

La reine atteignit enfin une porte de bronze, semblable à celle de l'appartement royal. Le grand eunuque, sentinelle vigilante, veillait auprès de la baie.

« Les ordres sont-ils donnés, Sparmixe?

— Sur mes yeux.

— Entrons, » dit Parysatis en ramassant les longs plis de sa tunique amarante, comme si elle eût craint de se souiller au contact du sol.

Les lueurs brutales d'un brasier incandescent dansaient sur les parois aveugles d'une salle voûtée. Au feu rougissaient des instruments de fer, à portée de la main s'étageaient des couteaux brillants et des pinces variées. Ctésias blêmit, recula d'horreur et courut vers la porte close.

« Grâce! gémit-il... Pitié! »

Parysatis, railleuse, haussa les épaules.

« Les Perses considèrent les apprêts de la mort avec une âme plus tranquille que ces Grecs réputés si courageux!...

— La torture!... La torture!

— Paix! ton jour n'est pas venu. »

Le médecin se tut. Ses traits étirés se coloraient d'une pourpre sanglante; sa longue figure se détachait en vive lumière sur le fond du mur gris; ses yeux saillant hors de l'orbite semblaient rivés à ceux de la souveraine.

Sur un signe, les eunuques s'avancèrent et soulevèrent une étoffe brune qui cachait un être humain immobilisé par des cordes, rendu muet par le bâillon. On n'eût pu dire si ce corps était mort ou vivant. Le bourreau retira du brasier une alène rougie à blanc et, s'approchant, enfonça le fer dans l'œil du supplicié.

Un léger grésillement, quelques flocons de fumée graisseuse!

Des plaintes sourdes et les ais du lit sollicités par des efforts musculaires au paroxysme traduisirent seuls les souffrances du patient.

« Le Carien! murmura Ctésias, le Carien qui frappa Cyrus! »

Et il tomba aux pieds de la reine.

Le tortionnaire s'avançait de nouveau.

« Sparmixe, je me retire. Que l'on procède avec calme et méthode. Nulle douleur humaine n'expiera le crime de cet homme, le dernier des trois assassins de Cyrus. Mézabate et Mithradate ont payé leur dette en sujets loyaux : je ne veux pas de jaloux autour de moi.

Tu es pâle, mon pauvre Esculape! les femmes te feront respirer du vinaigre. »

Ctésias reprit son sang-froid dans l'ardaçtana du harem.

« Quel affreux cauchemar! suis-je revenu de l'enfer?

— Tu renais à la vie, j'en suis fort aise. Ouvre ces sacoches. »

Elle désignait de la main quelques outres rangées le long de la muraille.

« Des dariques!

— Ouvre-les toutes.

— Des lingots!

— Les revenus de mes villes me furent remis hier. Écoute-moi :

Lorsque Cyrus le libérateur voulut se venger d'Astyage et soulever les Perses contre les Mèdes, il convoqua les puissants de sa nation et leur commanda d'apporter chacun une faux. Il vint des Pasargades mes ancêtres, des Maraphiens, des Maspiens tous de noble extraction, des Panthialéens, des Dérusiens, des Germaniens laboureurs; puis les chefs des nomades, Mardiens, Dropiques et Sagartes, tribus de grand parcours.

Quand ils furent réunis, Cyrus leur commanda de faucher une forêt de chardons. Ils achevèrent péniblement cette tâche et reçurent l'ordre de se réunir le lendemain après s'être baignés.

Cependant le fils de Cambyse avait amené tous les troupeaux de son père. Chèvres, brebis et moutons furent immolés et rôtis pour festoyer les tribus. Le prince s'était également pourvu de pain et de vin cuit.

Les Perses s'étendirent sur l'herbe rase d'un pré où le repas était servi et festoyèrent tant que le soleil leur en donna licence.

Vers le soir l'amphitryon interrogea ses convives :

— « Amis, des deux journées laquelle vous semble préférable? »

Ils s'écrièrent à l'envi que la différence

était aussi grande qu'entre la peine et le plaisir.

— « O Perses, reprit Cyrus, vous êtes les maîtres de votre sort. Si vous me secondez vous jouirez de tous les biens de la terre et vous abandonnerez aux esclaves les labeurs serviles et dégradants ; si vous refusez de m'obéir vous serez accablés sans relâche de travaux semblables à ceux d'hier et vous mourrez dans l'abjection. »

— Grande reine, vous m'avez conté un beau trait de l'histoire iranienne ; je serais ingrat si je ne répondais à cet apologue en vous offrant dès demain un témoignage de la science grecque. Le faible aidé des grands prospère, le grand a besoin des petits pour s'élever encore. »

Dans la nuit, Parysatis ordonnait de porter à Ctésias l'impôt du Voile et de la Ceinture payé par la ville de Thapsaque.

CHAPITRE XV

LA CHASSE ROYALE

« Les lions chantent haut et clair ce soir.

— Attendent-ils un régal de chair humaine?

— Non; leurs cris présagent une chasse prochaine. Il s'agit de les mettre en cage et de les conduire dans une plaine déserte où le roi doit les combattre... L'occasion serait propice... Qu'en pense Gigis?

— La hache est moins prompte et plus pitoyable que les poisons de Ctésias. Tu as été témoin de leur action foudroyante : se sont-elles plaintes, les victimes dont la mort, sans agonie, m'a permis de te convaincre?

— Je joue ma vie...

— Marche droit au but, point de défaillance, point d'hésitation. Le succès choisit ses maîtresses parmi les audacieuses. »

Des rugissements semblables aux grondements du tonnerre interrompirent les confidences de Parysatis et de sa fidèle nourrice.

Nul plaisir, nulle distraction plus goûtés des Perses que ces chasses dangereuses où les Achéménides déployaient le fastueux appareil hérité des derniers rois babyloniens. Artaxerxès considérait comme un passe-temps digne des femmes la poursuite de l'onagre ou de la gazelle, un lancer au lévrier ou le vol du faucon. Il se sentait vraiment puissant devant un monstre irrité, l'œil en feu, la gueule écumante, la queue vigoureusement dressée sur les reins, les griffes ouvertes, peu façonné aux manières des cours. Quel orgueil, quel plaisir pour le roi des hommes de terrasser le roi des fauves !

Précédée de musiciens, de piqueurs soufflant dans les cornes de buffle ou battant du tambourin, la chasse, ainsi que l'avait prévu Parysatis, sortit du palais deux heures avant le coucher du soleil. Le char royal, doré, étincelant, aux roues de bronze plaquées d'argent, était un chef-d'œuvre d'élégance et de légèreté. A l'intérieur du mantelet, une poche circulaire soutenait les carquois garnis de leurs flèches empennées; au-dessus du monarque s'élevait le parasol brodé et rebrodé à miracle; un pan d'étoffe mobile, raidi lui aussi par de massifs ornements, se détachait du pavillon et préservait le chasseur des rayons obliques du soleil. Artaxerxès portait une mitre de feutre durci et une simple robe violette; les plis relevés dans la ceinture découvraient les jambes jusqu'aux genoux; un court manteau, jeté sur les épaules, laissait aux bras leurs libres mouvements.

Autant ce costume de chasse paraissait sobre, autant les harnais des juments attelées au char étaient somptueux. Sur le front des coursiers se dressaient de hauts panaches, s'enroulaient des torsades de perles; un collier, qu'eût envié la reine, entourait le cou; devant le poitrail puissant s'étageaient des glands entremêlés dans une passementerie d'or; la housse brodée, plus riche encore que les robes médiques, protégeait les fiers animaux contre les griffes des fauves.

Le roi était suivi de ses fils aînés, les princes Darius et Hystaspe, de sa maison militaire, de quelques pelotons de Gardes Jaunes et des nombreux rabatteurs attachés à la cour. Tentes, cuisines, approvisionnements avaient précédé le souverain au rendez-vous de chasse fixé dès l'avant-veille sur les plateaux arides qui dominent la rive droite du Choaspe.

Quand rentrerait-on? Nul ne le savait, pas même Artaxerxès. C'eût été amoindrir une jouissance que d'en fixer le terme. Les Achéménides n'ont rien de commun avec ces affamés de plaisir si impatients de moissonner les fleurs odorantes qu'ils ne se donnent pas le temps d'en aspirer le parfum, quitte à déplorer plus tard leur folle précipitation. Ils savent — sagesse suprême — savourer longuement les heures agréables de l'existence et trouvent ainsi moins de loisir pour pleurer sur les tristesses communes aux esclaves et aux rois. Ni hâte, ni fièvre, maladies des faibles de corps et des pauvres d'esprit; la science de la vie avait en eux de fervents adeptes.

La nuit était close lorsqu'on aperçut le camp à la claire lueur des feux de bivouac. Le pavillon royal dominait une haute falaise que battaient les eaux tumultueuses du Choaspe. Au loin, la plaine, débarrassée des obstacles capables d'arrêter la chasse, apparaissait déserte, sans un buisson, sans une touffe d'herbe sèche. Ici, des molosses terribles déchiraient l'air de leurs sonores aboiements et faisaient taire les chacals épouvantés de ce bruit insolite; là, des rabatteurs et des soldats buvaient, chantaient la vie nomade, les combats de fauves, les prouesses des rois. On devait amener les lions dès l'aurore afin que le transport excitât leurs nerfs et développât leur irritabilité sans diminuer leur vigueur.

L'aube trouva les cavaliers en selle, courant joyeusement au son des cornes de chasse qui ronflaient sous le souffle puissant des piqueurs et aux roulement des tambourins sollicités par les doigts nerveux des esclaves scythes.

Les rabatteurs, massés près d'une cage, accueillirent le roi avec d'enthousiastes acclamations. Ils allaient risquer leur vie et saluaient sans rancune l'homme qui les dévouait aux lions, car ils se sentaient solidaires dans cette lutte où les déshérités verraient combattre le maître du monde et jugeraient de son courage.

Tous s'ébranlèrent et enveloppèrent le fauve encagé, Artaxerxès et quelques cavaliers d'élite d'une palissade de chair humaine. La multitude était munie de javelines moins utiles à sa défense que propres à ramener l'animal sous les flèches royales; sauf les javelines, pas une arme apparente. Le monarque se réservait la gloire de vaincre; les sujets conservaient le droit et l'honneur de s'interposer entre le chasseur et les griffes déchirantes de son terrible adversaire.

Déjà vers les hauteurs du ciel l'embrasement de l'air annonce le soleil, voyant tout, visible à tous. Semblables aux voleurs, les étoiles fuient ses regards lumineux. Alors les Yazatas célestes accourent par centaines, par milliers. Ils supportent cette lumière, ils répandent cette lumière sur la terre pour la purification du monde, pour la prospérité des êtres créés par Ormazd.

A mesure que l'astre grandit, ses rayons divins illuminent les broderies et les bijoux, irisent les tiares emperlées, dorent les splendides harnais des attelages impatients, caressent les naseaux rouges imprégnés de l'odeur des fauves.

Un signal strident traverse l'air.

A cet avertissement bien connu, les chevaux et les conducteurs des cages sont ramenés en arrière ; cris et querelles, ordres et conseils s'éteignent et meurent ; la nature elle-même fait silence, le drame cynégétique va commencer.

Un homme, agenouillé sur le solide plafond de madriers qui le sépare du fauve, regarde le roi, le voit à bonne distance, l'arc en main, prêt à combattre ; il se baisse et soulève péniblement la trappe.

Le lion était libre et ne témoignait nulle envie de quitter l'étroite prison où il s'allongeait paresseusement. Une formidable clameur s'éleva : « Lâche, couard, eunuque, fille, où sont ta quenouille et tes fuseaux, le fard et le henné ! Faut-il t'offrir la main ou t'approcher un escabeau ? » La bête dressa la tête, promena sur la foule et le soleil un regard également dédaigneux, étira ses énormes mâchoires dans un long bâillement d'ennui, passa sa langue rouge sur son mufle noir et, tranquille, se mit à lécher ses griffes blanches. Les cris redoublent, Artaxerxès témoigne d'une impatience fébrile. Alors l'esclave chargé d'ouvrir la porte, saisit une flèche, l'introduit entre deux madriers et, d'un coup vif, pique les reins du flegmatique animal. Le blessé se retourne, lève la tête, ne voit pas son ennemi, pousse un rugissement de colère et, les crocs au vent, la moustache hérissée, les pattes ouvertes, vient tomber en quelques bonds gigantesques sur un groupe de rabatteurs dont les javelines étincellent au soleil.

Sa masse troua la muraille humaine. Puis les rangs se resserrèrent plus denses et plus épais, tandis que le fauve regardait d'un œil farouche ses griffes teintes de sang et les corps étendus pantelants dans la poussière.

Le char s'avançait. Au bruit des roues la bête tourna la tête, abandonna ses premiers ennemis, fit volte-face et s'élança vers les chevaux, adversaires moins redoutables que l'homme.

Conduire le roi était un périlleux honneur. De la présence d'esprit du cocher, de son habileté, de son tact dépendait le salut. Il s'agissait de précipiter les coursiers vers le lion et de leur faire décrire une conversion rapide à l'instant précis où ils allaient être atteints.

D'habitude, le cocher attendait l'ordre de son maître pour exécuter cette manœuvre. « Gare tes chevaux! » cria le roi. En même temps que le char virait sur lui-même, l'arc se détendait avec une vibration harmonieuse et un trait rapide arrêtait le fauve dans sa course. Atteint au défaut de l'épaule, le blessé vomit un jet de sang, tomba sur le sol en agitant comme des mains d'homme ses énormes pattes, se tordit dans une convulsion dernière et rendit son âme royale.

Les cris de joie, les félicitations des courtisans, l'enthousiasme de la foule saluèrent l'exploit d'Artaxerxès. Ravi de son triomphe, le monarque voulut mener le char près du vaincu. Mais les chevaux, tremblants, couverts d'écume, opposèrent au cocher une invincible résistance. Ils se souvenaient de deux yeux enflammés de colère, d'une gueule rugissante, des griffes chargées de lambeaux de chair, et reculaient devant le monstre encore effroyable dans le repos de la mort.

Un jujubier immense abritait la seconde cage. Ce géant d'un autre âge, égaré sur des plateaux voués à l'éternelle stérilité, jouissait d'une célébrité fastueuse : Xerxès, le roi poète, s'était épris pour lui d'une folle passion et l'avait chargé de pendants et de colliers d'or. A l'ombre de ses lourdes branches, rugueuses et fortes comme des troncs d'arbre, entre les racines qui émergeaient du sol, des nomades avaient bâti leurs cabanes de gynérium ; là-haut, parmi le feuillage, où vivait tout un peuple d'oiseaux, se cachaient des mystères d'amour, naissaient des haines, grandissaient des jalousie, éclataient des révoltes.

La cage amenée sous le temple de verdure contenait une lionne capturée récemment et si dangereuse que les belluaires, épouvantés de ses allures féroces, avaient à l'unanimité décrété sa mort. Depuis le départ de Suse elle n'avait cessé de rugir, de déchirer des griffes et des dents les madriers de sa prison. Loin de la lasser, sa rage et ses efforts impuissants semblaient exalter ses forces. Artaxerxès se faisait une fête de la combattre. Pour l'arrêter, si elle faisait brèche dans la muraille humaine, on comptait sur les chiens presque aussi sauvages et aussi vigoureux que des fauves.

Les corvées dirigèrent la cage vers une aire favorable aux évolutions, tandis que les piqueurs contenaient à grand'peine les molosses.

Chacun était à son poste.

La lionne debout, attentive, le mufle contracté, la gueule ouverte, les flancs agités par un battement de colère, regardait fixement le char royal, étincelant et superbe.

Le sifflet vibra entre les lèvres d'Artaxerxès ; la trappe s'ouvrit. Elle n'était pas encore soulevée que la prisonnière aplatissait ses larges reins, rampait sur son ventre palpitant et se précipitait au dehors.

Les lances brillantes des rabatteurs n'attirent pas son attention, les clameurs de la multitude ne peuvent ni l'émouvoir, ni la distraire d'une attaque préméditée. Pelotonnée sur elle-même, la bête se détend comme un ressort trop longtemps comprimé et, aussi rapide que la pierre d'une fronde, s'abat sur l'une des juments attelées au char. De ses griffes aiguës elle lui déchire l'épaule, enfonce ses dents terribles dans le cou, l'écrase sous sa masse, lui casse les reins et la renverse morte au milieu des débris de l'équipage.

Après avoir réduit ses ennemis à l'impuissance, la lionne les dédaigna. Elle souleva sa large tête, chercha du regard un adversaire digne de son courage, aperçut le roi et se dressa pour le combattre corps à corps, pour l'enserrer dans une étreinte suprême.

Artaxerxès n'avait pu bander son arc tant l'attaque avait été foudroyante. On vit l'arme tomber de sa main. Un cri d'angoisse s'échappa de mille bouches.

Comme le monarque paraît chétif auprès de l'animal furieux! Comme ses bras semblent grêles, comparés aux membres énormes de son redoutable antagoniste! L'homme et la bête se touchent, leurs haleines se mêlent, leur regards se pénètrent! Ils chancellent... Une vague de sang les inonde tous deux... Lequel, du fort ou du faible, va tomber pour jamais?... Dans la large poitrine de la lionne brille une garde enrichie de gemmes étincelantes. Artaxerxès a poignardé le monstre et renouvelé l'exploit d'Isdoubar, le grand chasseur devant l'Éternel, si souvent reproduit par les artistes chaldéens.

Les vêtements déchirés, couvert de sang et

de bave, très pâle mais très calme, le souverain domine le champ de carnage où gisent pêle-mêle le cadavre de la lionne, le cocher encore embarrassé dans les rênes, les juments renversées, le char brisé, le timon rompu. Autour de lui s'empressent les princes, les seigneurs obséquieux, les pages, les esclaves. Ils l'interrogent anxieusement, portent aux nues son audace, sa force et son sang-froid, gémissent sur l'indigence d'une langue qui ne leur permet point de trouver une formule laudative digne du vainqueur.

Le fervent serviteur des dieux, l'élève mystique des mages embrassa tendrement son fils Hystaspe qui, malgré son jeune âge, était accouru le premier ; puis, se retournant :

« Rendez grâce aux Immortels incréés, remerciez l'ange gardien du roi ! Comme il détourna jadis le bras de Cyrus, mon Férouer paralysa des étreintes mortelles. C'est lui qui guida mon poignard jusqu'au cœur du monstre. Amenez un autre char et regagnons le camp. Je ne solliciterai plus aujourd'hui la protection des divinités tutélaires : impie qui s'expose à lasser leur bienveillance. »

Les soldats chargèrent les lions sur leurs épaules et, accompagnés par les encouragements des rabatteurs, les modulations harmonieuses des harpes et les résonnances bruyantes des tambourins, regagnèrent les tentes abandonnées à la garde des eunuques.

Pas un nuage n'obscurcit l'éclat de ce jour de triomphe. Les blessés atteints dans le premier combat reçurent dix dariques et publièrent la générosité du roi; le cocher gratifié d'une pelisse se déclara prêt à remonter sur son char; les morts se gardèrent de troubler l'allégresse générale. Des acclamations enthousiastes, des cris de réjouissance, des chants guerriers retentirent fort avant dans la nuit.

Comme la veille le soleil s'élança de l'horizon superbe et triomphant; une radieuse matinée d'automne, claire et parfumée. Massés devant la tente royale, les courtisans attendaient le bon plaisir du monarque. Un eunuque interrogé répondit que le maître, harcelé toute la nuit par des cauchemars, ne s'éveillerait pas de longtemps. Alors, les serviteurs étendirent des tapis; satrapes et rabatteurs y prirent place pêle-mêle afin d'espérer sans fatigue le signal du départ. Ils considéraient les corps des lions émaciés, agrandis par la rigidité cadavérique, et regardaient avec un respect instinctif ces monstres qui les avaient fait blêmir. A voix basse, ils narrèrent leurs exploits et les incidents des nombreuses chasses auxquelles ils avaient assisté, puis ils discutèrent les mérites respectifs des divers carnassiers. Artaxerxès devait combattre ce jour-là un fils d'Éthiopie, énorme, à la crinière superbe.

C'était, disait-on, une grosse bête pusillanime, un chacal sous une peau d'emprunt. Seuls, les lions de Perse et d'Assyrie montraient de l'audace et une incomparable ardeur au combat.

Vers la quatrième heure la tente royale s'ouvrit ; un va-et-vient de serviteurs s'établit du dedans au dehors. Artaxerxès s'était éveillé et avait demandé son char. Les tambourins résonnèrent, les cornes de chasse appelèrent bruyamment les rabatteurs, chacun courut à son poste. Mais soudain les instruments se taisent, une singulière nouvelle court de bouche en bouche : le souverain vient d'interroger les mages et, mécontent de l'explication de ses rêves, renonce à chasser.

Négliger les avis des dieux dénoterait faiblesse d'esprit. Sans s'étonner, les courtisans se dispersèrent.

Chaque heure dura des années au superstitieux monarque. Avait-il attaché trop d'importance à des avertissements ambigus ? Avait-il eu tort et de s'imposer une contrainte inutile et de traîner cette longue après-midi sans se mesurer avec l'éthiopien ?

Mollement étendu sur des tapis superposés, nerveux, maussade, il égrenait entre ses doigts les perles d'un long chapelet et, tout en se livrant à cette occupation machinale, suivait du regard les cirrus apportés du golfe Persique par les vents chauds du midi, ou comptait d'une bouche distraite les vols de perdrix sauvages semblables à une gaze brune froissée et dépliée dans les airs.

« Où vont ces légers escadrons plus mobiles que les fumées du campement? Quel climat lointain les attire? En vertu de quelle loi traversent-ils de génération en génération les plaines immenses? Emportent-ils un écho de la gloire des Achéménides? Servent-ils de pâture aux habitants des climats déshérités? Fuient-ils à tire d'aile les soucis dévorants? Bien fous sont-ils, car les chagrins, plus rapides, les précéderont en tous lieux. Mais les voilà déjà perdus... »

Artaxerxès laissa tristement tomber la tête et sa physionomie s'assombrit encore. Tout à coup, il se dressa sur son séant et tendit la main dans la direction de Suse:

« Que vois-je à l'horizon?

— Un nuage de poussière...

— Un tourbillon de sable qui promène parmi l'air chaud ses blanches spirales.

— Un troupeau de buffles lancé au trot par ses gardiens...

— Des cavaliers accourent à bride abattue! s'écria un chamelier qui passait juché sur sa bête.

— Quelque nouvelle d'Athènes ou de Lacédémone! Pas un jour de liberté, pas une heure de repos! On ignore combien le sceptre rapporte d'ennuis et vaut de fatigues... Arrêtez les importuns; qu'on me débarrasse de leur présence odieuse ! Je ne suis pas un esclave ramant sur la trirème de la royauté. »

Et Artaxerxès, rentrant sous la tente, fit abaisser les portières.

Les cavaliers talonnaient leurs montures comme s'ils avaient hâte de décharger leur esprit et leur âme d'un pesant fardeau. Ils atteignirent le camp, jetèrent aux eunuques chargés de leur barrer la voie un mot assez terrible pour pétrifier ceux qui tentaient de les arrêter et franchirent d'un dernier élan arraché aux chevaux fourbus la distance qui les séparait du pavillon royal.

Au bruit de leurs pas, le despote furieux bondit de son lit, saisit un poignard et courut vers la porte de la tente, prêt à punir les audacieux qui osaient violer ses ordres. L'arme lui tomba des mains.

Un vieillard s'avançait, pâle, tremblant de l'effort qu'il s'était imposé. Sa robe blanche, tachée de boue, souillée d'écume et de sueur, pendait en plis lamentables. Chacun s'inclinait avec respect devant l'ancien précepteur du roi, le plus puissant et le plus juste des mages. Depuis de longues années il ne quittait guère l'enceinte du collège où il chantait les louanges d'Ormazd, prêchait la vertu, donnait l'exemple d'une rigoureuse austérité. Il était le suprême recours des coupables repentants ; son intervention avait modéré parfois la colère de son ancien élève prête à s'appesantir sur des satrapes rebelles ou concussionnaires.

« Les astres dieux, le Soleil ou la Lune, sont-ils descendus sur la terre et vous ont-ils chargé de m'annoncer cette heureuse nouvelle, digne maître ?

— O seigneur, lumière céleste, émanation directe de Qarenô qui régnez au nom des Immortels saints, conjurez l'Esprit très Mauvais aujourd'hui souverain de votre empire. Si vous aviez détourné ses fureurs en exaltant la force de Mithra par des sacrifices propitiatoires, je ne tremblerais pas devant vous, je n'exécrerais pas les paroles que je dois vous faire entendre.

— Que dis-tu ? Sennachérib, ressuscité de ses cendres, est-il déjà maître de la citadelle ?... Lacédémone... Lysandre... Athènes... Parle !... Ta bouche est trop lente à dire les motifs de ton arrivée !... »

Le prêtre se taisait.

« Faut-il t'arracher les mots avec une tenaille de fer ?

— Seigneur miséricordieux, pourquoi n'avez-vous pas entouré d'un rempart la demeure de mon maître ! Un vent de malédiction porté sur les ailes de Vâtadéva s'est élevé du côté du désert et a soufflé sur les palais ; les fondements ont été ébranlés !

La reine...

— Ma mère !... morte ?...

— Non... Mais la femme bien aimée qui réjouissait votre cœur...

— Que dit l'insensé ?

— Hélas !

— Trêve de folie ! Qu'on emmène cet homme ! Statira !... Hier encore, joyeuse et pleine de vie, elle se réjouissait de porter pour la première fois le diadème de Bouto à la fête que lui offrait ma mère avant de gagner la Médie !

— Le bonheur ressemble au frêle esquif. Vienne une lame de fond par une mer tranquille et il s'engloutit dans les sombres abîmes. Mithra seul dispense la félicité, car tout bien et toute vie se résolvent en ses rayons.

— Prêtre, tu as raison de chanter les louanges d'un Dieu qui te sauve de mon courroux.

— Plût au ciel que mes fautes innombrables eussent détourné sur ma tête le feu divin et que l'éclair vengeur m'eût aveuglé pour jamais ! »

Le roi regarda fixement le mobed et tressaillit. Il pensait avoir rêvé un drame horrible, il s'apercevait qu'il était bien éveillé :

« Ce vieillard rendu de fatigue, ce maître dévoué, ce confident de ma jeunesse ne se jouerait pas de mon cœur; mais alors !... Statira !... ma femme !... mon idole !... morte ?... Et pourtant, comment douter d'un pareil témoignage !... Assassinée peut-être !... A-t-elle péri par le fer..., le poison ?... Qui osa... » Il voulait interroger le prêtre et restait muet, tant il redoutait d'apprendre la cruelle vérité; il frémissait de douleur et s'obstinait dans sa paralysie mentale.

Le doute est la pire des tortures : Artaxerxès fit signe au mobed de parler.

« Vous veniez de quitter l'Acropole. On apercevait encore le nuage de poussière soulevé par le passage du cortège, que Statira, suivie de ses femmes, se rendait chez Parysatis.

Vieilles haines, anciennes querelles semblaient oubliées depuis que la reine se préparait à quitter la cour; aux dissensions de famille, jadis si aiguës, succédaient des relations courtoises, presque tendres; nul n'eût prévu dans le harem une détente aussi heureuse et aussi rapide. La journée se passa gaiement et l'on convint de se réunir le surlendemain pour décerner aux esclaves des prix de chant et de danse.

La belle Aspasie se leva la première et déclama quelques scènes des tragiques grecs : les malheurs du fils de Laïos, la mort de Jocaste et l'infortune imméritée du vieillard aveugle poursuivi par un destin inexorable.

Arriva l'heure du repas, les reines goûtèrent aux mêmes mets, burent dans la même coupe. On offrait déjà les bassins d'ablution, une femme allait dire les grâces, quand Gigis se présenta. En courant, la nourrice apportait des cuisines une brochette d'ortolans délicats, gras, dorés, encore imprégnés de flamme. Statira ne se laissait pas tenter. Parysatis insista :

— « Partageons au moins le plus petit de ces oiseaux. »

La reine mère saisit un couteau que présentait Gigis, divisa vivement l'ortolan, goûta l'un des morceaux et tendit l'autre à sa bru. Alors, spectacle horrible, Statira pousse un cri déchirant ; les yeux se dilatent, le visage se décompose, les dents claquent, des convulsions sinistres agitent les membres, une écume sanguinolente monte aux lèvres flétries, les pieds et les jambes sont déjà glacés.

Je m'empresse afin de recevoir la dernière confession. A ma vue l'infortunée exhale un long gémissement, mais, impuissante à retrouver l'usage de la parole, désigne votre mère de ses yeux déjà éteints.

Au roi de décider si l'agonie est assez lucide pour qu'on accorde crédit aux accusations d'une mourante ; à nous de pleurer éternellement, de nous serrer autour du trône et d'appeler les bénédictions du divin Consolateur sur une tête trop durement frappée par le plus Dive des Dives ! »

Artaxerxès avait écouté le récit du mobed avec l'héroïque courage qu'il puisait dans le respect de la dignité royale.

« Partons, » dit-il d'une voix rauque.

Mais les jambes se dérobèrent, et retombant agenouillé, il saisit sa tête à deux mains et se prit à pleurer. Les larmes coulaient limpides et chaudes entre ses doigts crispés, des sanglots étouffants secouaient ses larges épaules, — tel l'autan agite les géants des forêts.

Courtisans, satrapes, serviteurs s'étaient discrètement éloignés, surpris de voir pleurer un homme dont l'univers enviait la rayonnante fortune. Nul ne pouvait donc échapper à la douleur? Ni le sceptre ni la couronne n'affranchissaient de cette loi maudite, lourd fardeau plus pesant que la mort même !

Le mobed, demeuré seul à côté de son élève, laissait s'épancher ce cœur qui débordait de fiel et de désespoir. Quand la première effervescence fut calmée, le vieillard prit la main du roi et, paternellement, essaya d'étendre un baume consolateur sur l'horrible blessure qu'il venait de faire.

« Armez votre âme de force et de courage, marchez sans faiblesse dans la voie douloureuse ouverte devant vous.

— Que ne puis-je m'endormir du sommeil dont on ne s'éveille plus !... Statira !... Mon doux Férouer !... Soleil de ma vie !... Morte !... Disparue !... Tu fus trop confiante et trop bonne ! Tu avais donc oublié les années d'épreuves et la haine implacable de ton ennemie !... Chère victime de nos discordes intestines, tu fus marquée comme l'holocauste voué au sacrifice le jour même où tu t'assis à mon foyer. On échappe plus aisément au destin qu'au ressentiment de ma mère. Prêtre, tu l'as nommé, le monstrueux génie de ma famille! Oui, c'est Parysatis qui entretient dans le palais cette atmosphère rouge. Le flot de sang qui jaillit en sifflant d'une blessure lui est plus doux que la rosée divine au calice des plantes en travail.

Ah, ma reine! ce que j'éprouve d'amour pour toi, comment te le dirai-je désormais? Pauvre reine, déjà couverte du linceul, demain livrée aux vautours! Dieu puissant, ravis-moi dans ton sein!

— Seigneur, n'adressez pas au ciel des prières impies; la terre sans soleil serait moins solitaire que la Perse privée de son roi. Considérez que la résignation trouve toujours sa récompense terrestre. Les morts ont déroulé la trame qui leur était mesurée, les vivants en appellent à l'espérance et à l'avenir.

— Quelle espérance, quel avenir pour le fils de la mère qui m'a enfanté!... Tu trembles, mobed, à la seule pensée des dangers que te fait courir ta présence auprès de moi! La fureur de Parysatis ne respecte ni les liens du sang, ni le prêtre du Seigneur; elle atteindrait Ormazd lui-même si elle pouvait s'élever jusqu'à lui. Malheur! malheur sur l'homme né d'une telle femme! Il heurte ses pieds à des cadavres, aux cadavres de ceux qu'il chérissait! Tu me parlais des joies terrestres, de l'espérance?

Je les niais à tort, car il est une volupté que nul ne me ravira : venger sur les coupables la mort de la reine. La terre et les cieux réclament des victimes, je ne faillirai pas à mon rôle de justicier : les assassins périront tous en exécration aux Perses et à l'univers.

— Pleurez, Artaxerxès, versez des larmes de sang, mais ne les arrachez que de votre cœur déchiré. Ne lisons-nous pas :

« L'homicide destructeur fut la première création d'Ahriman ; le fils qui tue sa mère est le pire des homicides. »

— Eh quoi ! Il me serait permis de traîner sur un champ de bataille vingt peuples innocents et je ne pourrais frapper une Jahie enragée, fléau de mes jours ! Veux-tu que chaque jour je baise des mains encore tachées du poison qui m'a ravi Statira !

— Si l'interprète des volontés célestes interdit le parricide, il n'est point de loi religieuse ou coutumière qui vous défende d'exiler Parysatis loin de votre regard. Le souffle de Dieu accomplira son œuvre, l'esprit de sa colère vous vengera mieux qu'un supplice. Le méchant qui laboure l'iniquité et sème le mal moissonne la douleur. »

Hystaspe parut. Ses cheveux blond cendré, ses yeux bleus, son teint clair hérité des ancêtres du Fars, l'expression de bonté répandue sur ses traits lui donnaient une apparence timide que démentaient sa jeune ardeur et son précoce courage.

Inquiet de l'arrivée du mobed, surpris du mystère qui planait sur la tente royale, il s'était mis aux écoutes. Les exhortations du prêtre, les imprécations paternelles avaient grandi son anxiété; et, au mépris de toute étiquette, il avait franchi la porte inviolable.

A la vue de ce fils adoré, de l'enfant préféré de Statira, le roi sentit redoubler son émoi et, attirant le jeune prince, le couvrit de folles caresses :

« Nous sommes seuls, mon Hystaspe! L'esprit de ta mère s'est envolé vers un monde digne de lui. Chéris-moi, car tu reçus en partage l'âme et la beauté de Statira.

— Ma mère est morte... et vous ne m'avez pas appelé à vos côtés... et vous dévorez, sans me convier au partage, cette cuisante douleur..., et vous versez, sans m'appeler à les recueillir, les premières larmes qu'elle fit couler!... Oh! c'est cruel, père... C'est bien mal aimer votre Hystaspe!... Oui, je vous chérirai, je prierai l'esprit qui nous fut ravi de me révéler le secret de sa tendresse, vous trouverez la main un peu rude, mais le cœur qui la conduira s'inspirera toujours du souvenir de la morte et de ses exquises vertus. »

Leur courage s'amollit, et, pris d'une frénésie de sanglots, ils confondirent des pleurs dont le mélange corrigeait l'amertume.

La nuit s'appesantissait sur la terre. Artaxerxès s'oubliait près d'Hystaspe et de Darius, accouru, lui aussi, dans les bras de son père.

Le mobed intervint de nouveau pour rappeler à la famille royale que de pénibles devoirs la réclamaient à Suse.

Docile aux exhortations de son vieux précepteur, le monarque, triste à tirer des larmes aux pierres du désert, mais plus résigné depuis son entretien avec Hystaspe, reprit le chemin du palais.

Quel contraste entre les joyeuses acclamations du départ et les lamentations funèbres qui accueillirent le retour! Une multitude de femmes groupées devant l'Acropole attendaient le roi.

On les oubliait, ces temps maudits où les eunuques parcouraient la ville en quête de filles jeunes et belles, arrachaient les vierges des bras de leurs parents désespérés, et les jetaient une nuit dans la couche royale, quitte à les condamner ensuite à une claustration sépulcrale, à une désolante stérilité! « O Statira, allons-nous retomber au rang de ces esclaves tellement abaissées qu'elles ne sentent plus leur avilissement ! »

Artaxerxès s'avançait. Les matrones se dirigèrent vers lui. Il était si sombre, si pâle, ses yeux brillaient d'une flamme si ardente, qu'elles reculèrent effrayées. Levant les mains comme des suppliantes, et sans prononcer le nom chéri qui vibrait au fond de tous les cœurs :

« Nous souhaitons déposer des fleurs de myrte et des couronnes de cyprès à ses pieds. »

Il fit signe de les laisser entrer dans le palais et, descendant de cheval, gravit les rampes du harem.

« Où est-elle ? Je veux la voir ! dit-il au mobed.

— Gardez plutôt le souvenir de sa beauté.

— Elle doit être radieuse, même après la mort ! »

S'échappant des bras qui s'efforçaient de le retenir, le malheureux prince s'élança vers un lit de repos caché sous un voile et, d'un mouvement brusque, écarta la funèbre draperie.

Il ne put réprimer un geste d'horreur, ses lèvres se contractèrent, sa poitrine lança un cri si déchirant que l'écho des voûtes frémit de salle en salle. De la main il abaissa ses paupières pour leur cacher un aussi lamentable spectacle; et ce colosse, qui semblait défier tous les chocs, tomba défaillant entre les prêtres et les eunuques.

Parysatis eut l'audace de demander une audience à son fils. Le grand eunuque lui répondit par l'ordre formel de quitter Suse sous douze heures et d'aller expier ses crimes à Babylone. La nuit même, les serviteurs de la reine mère étaient saisis et torturés. On n'obtint d'eux ni une plainte ni un aveu : ils redoutaient moins la douleur que les représailles de leur terrible maîtresse. Gigis, accusée d'avoir rayé et empoisonné un côté de la lame dont s'était servie Parysatis, demeurait introuvable.

Il fallait s'éloigner. Avant la levée de l'aurore l'exilée cachait sa nourrice sous les coussins de la litière et donnait le signal du départ; mais comme elle franchissait les portes de l'enceinte, des eunuques tremblants l'entourèrent et la prièrent de descendre. Elle voulut résister, profiter de la frayeur qu'elle inspirait encore ; vains efforts : Gigis, arrachée de ses bras, fut emportée malgré ses cris, ses supplications et ses menaces. La vieille femme subit le supplice de la lapidation, réservé aux empoisonneurs, et mourut en protestant, sinon de son innocence, au moins de celle de Parysatis.

Pendant qu'elle expirait, sa complice, accompagnée d'Aspasie, de quelques esclaves et d'une faible escorte de geôliers, prenait, folle de rage, le chemin de Babylone.

CHAPITRE XVI

HYSTASPE

Malgré la capture et le supplice des stratèges, malgré les efforts de Tissapherne, malgré les difficultés de la route, dix mille Grecs, engagés à Cunaxa, avaient regagné la Hellade. Ce succès, dû plutôt à la désorganisation de l'Iran qu'à l'habileté de Xénophon, ne tarda pas à porter ses fruits.

Agésilas, roi de Sparte, fut nommé général de l'armée d'Asie et, ressuscitant un glorieux épisode de la guerre de Troie, embarqua deux mille Néodamodes et six mille alliés au port d'Agamemnon. Tissapherne couvre la Carie. Agésilas le laisse s'y morfondre, se jette sur la Phrygie, la ravage, rencontre près de Sardes la cavalerie perse séparée de son infanterie, la met en déroute et s'empare d'un trésor de soixante-dix talents.

Parysatis avait eu l'exacte vision de la vérité.

Que décidait la cour de Perse pendant que l'ennemi insultait les frontières?

Le monarque provoquait par sa faiblesse les humiliations et les déboires dont on l'abreuvait. Il offrait, trop tard, son amitié au vainqueur enorgueilli : « Si le Grand Roi devient l'ami des Spartiates je serai certainement le sien, étant compris au nombre de tous, » répondit fièrement Agésilas.

Un émissaire, chargé d'excuser auprès des éphores la mort de Cléarque, rapportait à son maître une nouvelle insolence : « Soient remerciés les barbares qui violent leurs serments : ils attirent sur eux le courroux des Dieux et sur leurs adversaires la bienveillance céleste. »

Dans sa détresse Artaxerxès se surprit à tourner les yeux vers Babylone. Supprimez les colonnes, l'édifice s'écroule; la vigne, privée du tronc d'arbre qui la soutenait, aspire bientôt à un nouveau tuteur.

Darius lui-même, bien qu'il eût approuvé tout d'abord la disgrâce de Parysatis, sentait que le salut dépendait du retour plus ou moins prochain de la vieille reine et se montrait favorable aux tendances inavouées de son père. Un sentiment d'égoïste jalousie lui avait fait supporter sans amertume l'éloignement d'Aspasie : hormis le roi, qui oserait lever les yeux sur la fiancée du prince héréditaire? Mais, prolongée, la solitude devient pesante, l'absence cruelle. Un irrésistible désir de revoir sa fiancée le torturait et lui causait une angoisse si douloureuse qu'il méditait de s'enfuir et d'aller partager l'exil de Babylone. La crainte d'insulter à la vénération que le peuple professait pour l'infortunée Statira, une singulière évolution dans les mœurs du roi le retinrent à Suse.

Avant d'abandonner l'Acropole, Parysatis, toujours prévoyante, avait enjoint de rechercher des filles belles et jeunes, sans attache avec la cour, et de peupler le harem d'enchanteresses de tout pays, de toute race. « C'était, avait-elle ajouté, l'infaillible moyen de consoler le maître, de parvenir à la puissance, de s'avancer dans la faveur royale. »

Les mêmes sentiments qui avaient assujetti Artaxerxès au joug d'une femme accélérèrent sa chute. A ce prince faible, à cet homme sensuel et mobile il fallait un modérateur ferme et vigilant. Chaque hésitation devait être pressentie, chaque défaillance réprimée, chaque désir satisfait. Statira conquérait son empire par sa beauté sans égale, le conservait grâce à la souplesse de son esprit. La mort — suprême absence — brisa le charme. Artaxerxès se désola, pleura, oublia. Tel le torrent mugit pendant la tourmente et se dessèche après la résolution des nuages, sans garder une trace de l'eau qui le remplissait. Emporté par le tourbillon de passions si longtemps contenues que lui-même les avait à peine devinées, le fidèle mari de Statira revécut une seconde jeunesse aussi déréglée que la première avait été sage. L'heure de chaque concubine sonna, heure fugace aussitôt effacée par l'heure suivante. Alors vint le tour des intrigants; eunuques, coiffeurs, cuisiniers, belluaires se partagèrent les faveurs sans que personne trouvât jamais la route qui menait à la volonté du roi. Artaxerxès devenait insaisissable; ses colères, ses brusqueries, ses atermoiements usaient ses forces; son dégoût pour les affaires augmentait de jour en jour.

Cependant la situation politique s'aggravait. Agésilas occupait l'Ionie et les Perses effrayés ne songeaient même plus à défendre le territoire contre un ennemi audacieux; il y allait du sort de l'Iran, et le monarque, entouré de valets et de femmes, n'avait souci que de ses fantaisies sensuelles.

L'amour, autant que le péril, rendirent Darius persuasif. Il osa montrer à son père surpris l'abîme où courait s'engloutir la puissance de la Perse et lui conseilla de rappeler Parysatis. Elle seule pouvait dominer les satrapes devenus turbulents depuis qu'ils ne sentaient plus sa lourde main; elle seule se jouerait des dangers qui menaçaient la monarchie. La paresse et l'indolence d'Artaxerxès ne cherchaient qu'un prétexte; des émissaires respectueux se dirigèrent vers Babylone.

Parysatis n'acquiesça pas sans de feintes résistances aux prières de son fils et reprit à regret, dit-elle, le chemin de la Perse.

Le peuple attendait son sauveur sur la rive gauche du Choaspe, près de ces bois sacrés où se cachaient jadis les statues d'or des divinités susiennes. A peine apparut-il, que les courtisans s'élancèrent dans les eaux grossies par la fonte des neiges. C'était à qui rivaliserait de zèle, lutterait d'audace et se montrerait le premier à la souveraine.

Mille buffles avaient été sacrifiés. De leurs peaux gonflées d'air, on forma le radeau royal; sur le plancher on jeta d'épais tapis; aux mâts de cèdre on accrocha des draperies jacinthes frangées d'argent. La litière de Parysatis fut amenée sur l'embarcation; près d'elle se groupèrent les eunuques et les femmes. Tandis que l'escorte poussait de force dans le fleuve torrentueux chameaux et mulets de bât, trois cents Loris, barbus comme des fleuves grecs, remorquaient l'île flottante. Dès qu'elle toucha terre, les acclamations délirantes de la foule couvrirent les hennissements des chevaux, la voix discordante des dromadaires, les appels irrévérencieux des nageurs entraînés dans le fil de l'eau.

Darius, retenu par l'étiquette attachée à sa

robe, s'était arrêté à un parasange de la ville. Il lui semblait que l'éther était plus lumineux, que la jungle flétrie reverdissait, que les fleurs mourantes tressaillaient sous les rayons d'un nouveau soleil. Quand se montra la caravane attendue, il oublia la splendeur du ciel et de la terre ; ses yeux, troubles de larmes qui ne tombaient point, cherchèrent Aspasie. Tel le nomade interroge, à la chute du jour, ses guides stellaires.

Six années s'étaient enfuies depuis l'heure sacrée où, sur cette même route, elle, maîtresse adorée de Cyrus, lui, encore enfant, s'étaient rencontrés pour la première fois. Que d'événements avaient traversé leur vie, accablant la jeune femme de souffrances imméritées, préparant la réalisation de rêves décevants !

Darius tressaillit : une litière blanche effleurait la housse de son cheval. Il se contint pourtant et respecta le mystère qui cachait la bien-aimée. Le cortège approchait du palais : un encombrement l'arrêta sous la poterne. Alors l'amoureux, cédant à une irrésistible impatience, écarta de la main la draperie protectrice.

La créature jadis souple et vaporeuse, ainsi qu'un pâle lilas poussé à l'ombre des grands arbres, dépouillait son enveloppe printanière : une rose s'épanouissait en la plénitude de la sève. Les yeux légèrement cernés avaient répandu bien des larmes, mais ils rayonnaient comme le reflet de mille esprits. Et pourtant Aspasie succombait à une angoisse poignante; l'incertitude la dévorait semblable au serpent qui, repli par repli, eût exprimé la vie de sa vie, étouffé dans une dure étreinte son unique espoir. Coulerait-elle fraîche et pure, cette fontaine d'amour où elle brûlait de plonger ses lèvres sèches? Ne serait-elle ni tarie, ni souillée? Son Darius, son prince, son dieu, lui avait donné une seconde existence en l'arrachant corps et âme à l'anéantissement, en jetant un voile épais sur les douleurs du passé : la chérissait-il toujours, celui dont l'image sans cesse présente avait bercé ses longues heures d'exil?

Un regard, un silence plus éloquents que la parole, et les amants s'étaient dit les douleurs de la séparation, l'éternité de leurs serments, leur brûlant désir de vivre dans cet unisson mystique, privilège adorable des anges plutôt que des humains.

La première elle surmonta son émoi et répondit, à la muette question de Darius :

« Serais-je au pied de ces tours, si je n'avais oublié mon cœur à Suse? »

Il la regardait, radieux.

« Parysatis, au terme de son exil, ne m'eût pas refusé la permission de la quitter. Où serais-je allée? Je ne me souviens même plus du nom de ma patrie. »

Et d'un sourire attendri elle complétait sa pensée.

« Parle encore! Mille fois plus doux que la harpe, mille fois plus harmonieux que les mélodies des forêts, mille fois plus reposants que le sommeil sont les suaves accents de ta voix!

— Aimer, aimer encore et toujours mon Darius! Sentir ses baisers mouiller mes lèvres ardentes, sécher mes paupières habituées aux pleurs!

— Oh que je voudrais appuyer mon cœur tout contre le tien; ton étreinte comprimerait ses battements rapides et l'empêcherait de se briser! »

Darius n'était plus maître de lui, les veines de ses tempes se soulevaient à déchirer la peau fine qui les voilait. Il n'adresserait plus de douloureuses prières à une idole indifférente : il avait retrouvé la bien-aimée, les délices de son cœur! Les hommes pouvaient donc goûter au breuvage des Dieux, frôler le bonheur résultante infinie de joies infinies! Une seule hirondelle ne fait pas le printemps non plus qu'une seule journée de soleil, mais l'éclosion de la nature entière sollicitée par les efforts d'Anahita et de Mithra.

Les litières avaient atteint le harem. Parysatis, le port de tête assuré, dure et hautaine derrière ses voiles pourpres, se dirigea vers la Maison de la Royauté où l'attendait son fils. Sur un geste, les eunuques disparurent.

Parysatis se dévoilait lentement.

Les acclamations de la foule, l'humble attitude d'Artaxerxès, témoignages éclatants de son triomphe, lui montaient à la tête comme des parfums dont elle avait oublié l'ivresse. Elle daigna pourtant abaisser sur le roi ses regards audacieux :

« Si vous n'étiez le fils de votre mère, j'attesterais la bassesse de votre origine ! Une année vous suffit pour compromettre la couronne, pour livrer à l'ennemi les Provinces Maritimes. On vous insulte, on bafoue votre autorité suprême, l'Ionie vous échappe, Lacédémone se joue de vous. Je ne vous rappellerai pas mes conseils; l'arbre que vous avez planté a trop tôt mûri ses fruits amers. S'il se fût agi de l'ingrat que renient mes entrailles, je l'eusse livré au caprice de la tempête; mais dans la solitude de Babylone, j'ai entendu gémir les Férouers de mes ancêtres, et j'ai eu grand'pitié de ce beau royaume prêt à s'abîmer sous les flots venus d'occident.

— Vous espérez vaincre Agésilas et ses fiers Lacédémoniens ! Prenez garde de précipiter ma chute. Encore si vous aviez formé une armée, pris à la solde de mon père des instructeurs grecs, je pourrais aujourd'hui faire tête à l'orage. Hélas! je suis entouré d'eunuques et de courtisans saisis de frayeur au seul mot de guerre, n'aimant des combats que le pillage des camps qu'ils ne savent plus prendre. Conservez un empire immense, luttez contre des adversaires terribles lorsque vous amenez en leur présence — Dieu sait au prix de quel labeur — des lâches et des fuyards! Je ne suis pas responsable de la situation actuelle, elle s'impose à moi dès longtemps préparée.

— Qui vous parle de combat? Qui préconise la bataille? Est-ce moi par hasard qui inventai Tissapherne et ses ruses de guerre! Vous me reprochez de n'avoir pas créé une armée nationale? Croyez-vous qu'une race amollie se transforme en quelques années? Ignorez-vous les inconvénients des mercenaires? Savez-vous si des capitaines grecs ne vous eussent pas imposé leur volonté? Le sort des oligarques de Byzance vous paraît enviable? Vous rêvez d'un aventurier comme Cléarque pour lui confier votre personne? Le pouvoir royal doit subsister seul; nulle force étrangère ne grandira à son ombre, ou il périra. Les lianes étouffent bientôt les arbres qui les soutiennent et les ont aidées à s'élever vers le ciel pur. A quoi bon des capitaines grecs quand vous avez de l'or? Les dariques sont des armes plus fidèles que les épées ou les lances. De l'or!... Avec de l'or on change les limites des empires, on renverse les trônes, on pervertit les hommes et l'on achète les consciences comme des moutons aux bergers. De l'or !... Vous en avez assez pour combler la vallée qui sépare la citadelle de ce palais. Quelle malédiction pèse sur mon pays ! Les trésors de Suse, d'Ecbatane et de Persépolis débordent de richesses et vous laissez Agésilas maître de l'Ionie ! »

Artaxerxès écoutait, confus, ces reproches mérités. Pourtant le calme renaissait dans son esprit : loin de lui déplaire, cette énergie le rassurait. Il sentait auprès de lui un conseiller viril, au lieu des comparses toujours prêts à flatter le maître et à louer en termes hyperboliques ses projets et ses actions :

« Agissez, vos ordres seront mes lois : voici le sceau royal. »

Parysatis régnait enfin. Ses crimes l'avaient chassée des conseils de l'empire, son génie l'y ramenait en souveraine.

Elle se mit à l'œuvre sans retard, s'enquit de la correspondance officielle, prit connaissance des dépêches échangées depuis une année avec les ennemis ou les alliés et frémit du désordre et de l'incurie qui présidaient à la direction des affaires politiques. La reine s'émut, mais elle n'était pas femme à pâlir en face d'un pressant danger. Les difficultés semblaient plutôt accroître que paralyser ses talents. Il s'agissait d'abord d'atténuer les fautes commises. On ne pouvait compter sur les soldats perses habitués à la défaite, indifférents à ses conséquences humiliantes. Pour obliger Agésilas à évacuer l'Ionie dévastée, il fallait se concilier l'Attique, tâche laborieuse après avoir sacrifié Athènes à l'alliance de Lacédémone.

L'or, toujours l'or, suprême puissance, suprême malheur des hommes !

Les émissaires ne faisaient pas défaut. Une petite colonie, composée de Grecs moins riches de préjugés que d'expédients, s'était dès longtemps établie en Perse. Ces phalènes attirées par l'éclat de l'astre royal suivaient la cour, exploitant la crédulité des uns, les passions des autres, les goûts de luxe et d'élégance de tous. Depuis la retraite des Dix Mille leur influence s'était accrue, grâce à la protection de Parysatis. En prêtant son appui à des étrangers, agissait-elle en mémoire d'un fils chéri ou se ménageait-elle des agents dévoués, capables de la servir un jour? Quel que fût le mobile de ses actes, elle recueillit les fruits de sa prévoyance ou de sa magnanimité. Sculpteurs, poètes, philosophes, histrions s'enrôlèrent avec enthousiasme sous la bannière de la reine mère et partirent pour l'Attique, les mains pleines de présents.

Pendant que les dariques du Grand Roi prenaient la route de la Hellade, Tissapherne, remplacé par Tithrauste, était condamné à mort et décapité. Tissapherne avait eu le tort de violer la trêve d'Éphèse conclue par Agésilas, et le tort plus grand encore de ne point assister à la bataille du Pactole où l'armée perse s'était fait battre. Mais le satrape n'était pas seulement coupable d'avoir envenimé mal à propos la querelle de Sparte et de Suse : il expiait son zèle pour son maître, sa haine pour Parysatis, la découverte et la révélation du complot de Pasargade. Sa tête, accrochée près de celles des généraux grecs, vint sécher sous les yeux d'Artaxerxès ingrat et oublieux.

Les agents de Parysatis firent diligence. Le Rhodien Timocrate ameuta contre Lacédémone les principales cités de la Grèce et les réunit dans une ligue si puissante que les éphores furent contraints de rappeler leur général. Tithrauste ne s'était pas encore fait battre qu'Agésilas recevait l'ordre d'abandonner l'Asie et de venir défendre la patrie en danger.

Le roi de Sparte dut obéir. « Trente mille archers me chassent d'Ionie ! » répétait-il en pleurant. Il disait vrai : trente mille dariques, sur lesquelles se détachait en relief un archer couronné, avaient été distribuées aux orateurs d'Athènes, de Corinthe, de Thèbes, d'Argos : Androclidas, Isménias, Galaxidore, Timolaüs, Polyanthe et Cylon.

Quand Parysatis eut acquis la certitude du

départ des Spartiates, elle se rendit chez son fils. L'événement était de telle importance et le triomphe si complet qu'elle jugeait pressant d'en informer le roi; elle espérait se grandir ainsi à ses yeux. L'intéresser à ses projets, elle n'y songeait guère : depuis qu'il avait résigné le pouvoir, Artaxerxès oubliait de gaieté de cœur qu'il avait charge d'empire, que l'édifice de la royauté reposait sur des colonnes faites de soucis perpétuels, de périls constants, de difficultés sans cesse renaissantes, et s'abandonnait tout entier aux voluptés du harem. Les dangers que l'audace des Grecs faisait courir à la Perse, le souvenir glorieux de ses ancêtres, la dure contrainte où le tenait sa mère s'estompaient dans une brume née de fatigues énervantes, d'orgies et de fêtes qui, nuit et jour, se succédaient.

Parysatis trouva son fils aussi las et plus triste que de coutume :

« Je suis le messager de bonne nouvelle que l'on accueille avec un visage joyeux, dit-elle en l'abordant. La Perse est libre par mes soins. Agésilas et son armée ont évacué l'empire des Grands Rois.

— Ce succès arrive à point pour me distraire d'un vif chagrin. Avant-hier, Hystaspe, au retour de la chasse, ressentit un malaise passager. Quelques heures de repos suffirent à le remettre. Hier, le cher enfant fut de nouveau repris, sans que la maladie l'empêchât de me prodiguer les caresses dont il éclaire et embellit ma maussade existence; mais aujourd'hui le mal revêt un caractère alarmant. De terribles frissons secouent un pauvre corps que le feu du ciel ne suffirait pas à réchauffer.

— Vapeurs d'enfant trop adulé. Que vous importe d'ailleurs? Notre Darius est toujours vaillant et superbe, plein d'ardeur et de vie.

— Ne me parlez pas de Darius. Jaloux de mon sceptre, impatient de me voir mourir et de me succéder, il devient violent, ombrageux, et capte sans pudeur les hommages des grands: il conspire peut-être. Je l'exilerai par delà l'Hyrcanie et le dépouillerai de ses titres à la couronne. Nous verrons alors si les satrapes et les mages se courberont platement devant lui. Je règne par la grâce d'Ormazd et régnerai de longues années pour mon bonheur et son désespoir. Ah! quelle différence avec mon Hystaspe! Sait-il, le chérubin, qu'il existe un trône de Perse? Son cœur, fait de prévenances et d'affection, sa figure et son corps, résumé de toutes les beautés et de toutes les grâces, furent pétris d'une autre argile que nous.

— Mon fils, vos préférences n'éclatèrent jamais avec plus d'injustice. Darius, plein de respect pour le roi, se plaint de votre froideur et ne voit pas, sans en être affligé, la tendresse exclusive dont vous entourez son jeune frère.

Tandis que l'aîné se contente d'un état de maison à peine digne d'un petit satrape, le cadet rivalise de luxe avec le maître du monde; tandis que vous repoussez Darius, vous conservez Hystaspe à vos côtés. Cette inégalité endolorit un cœur sensible qu'il serait pourtant facile d'enchaîner à jamais.

— Assez, assez! je ne veux pas, entendez-vous, je ne veux pas que le nom de Darius blesse mes oreilles. J'aime qui m'aime! »

Parysatis n'insista pas : — il eût été imprudent de jouer son crédit sur une colère du roi. — et, avec une rare habileté, elle détourna l'entretien.

Le monarque ne l'écoutait plus. Distrait de ses sombres pensées par un éclat de colère, il était retombé dans une invincible mélancolie.

« Mon fils ? cria-t-il au grand eunuque qui se présentait effaré.

— Plus malade! Ctésias vous réclame auprès de la couche du prince. »

Hystaspe se débattait contre les suprêmes étreintes de la fièvre. Ses mâchoires, qui se heurtaient à se briser, apparaissaient sanglantes, lorsque, dans leurs claquements, elles broyaient les lèvres épaisses ou la langue desséchée. Le corps, rouge, rayonnait comme un foyer de chaleur; d'incessantes hémorragies emportaient les forces vitales. A ce premier stade succéda un délire lamentable, expression d'atroces douleurs. Le malheureux enfant se croyait aux mains d'ennemis inexorables acharnés sur ses chairs endolories, attentifs à scalper son crâne brûlant ou à déraciner l'un après l'autre chacun de ses cheveux. Une détente se produisit; la peau, embrasée, se couvrit d'une abondante sueur, puis le mal reprit sa marche fatale; six heures encore, et Hystaspe agonisait dans les bras d'un père désespéré.

Lorsqu'il fallut remettre le corps aux mages chargés des purifications religieuses, Artaxerxès exhala sa douleur en folles imprécations. Tantôt il invectivait Ormazd et Ahriman, tantôt il s'en prenait à Darius jaloux et l'accusait d'un monstrueux fratricide. Il réclamait la torture pour le prince et ses amis, il dévouait son fils à un horrible trépas.

Darius eût couru péril de mort si les prêtres, au nom des dieux, Ctésias, au nom de la science, n'eussent calmé cet accès de délire soupçonneux et prouvé que l'enfant succombait à une de ces fièvres incurables, souffle empesté des Droudjs maudites qui parcourent la plaine de Suse au début des premières chaleurs, dans cette saison dangereuse où les nuits sont de glace et les jours de feu.

Alors Artaxerxès se prit à pleurer et à gémir.

Femmes, courtisans, satrapes, serviteurs, se modelèrent sur le maître. On ne vit que robes de deuil, mines dolentes, barbes et cheveux défrisés tombant sur les épaules et la poitrine. Plus de chants, plus de danses, plus d'orgies, plus de fêtes; adieu les bruyants accents du tambourin, les longs accords des harpes et les doux soupirs des flûtes susiennes. Les lions bâillaient au fond des fosses où ils vivaient oubliés, les faucons s'endormaient sur leur perchoir, les fiers étalons du Fars et les rapides juments du Hédjaz piaffaient d'impatience.

Artaxerxès, réfugié dans une pièce sombre comme un fauve dans son antre, vivait insensible aux accidents de la vie, désintéressé de tout hormis de son chagrin. Il se livra bientôt à une religion étroite et presque maladive, qui se traduisit par des accès de rigueur suivis de longs accablements; il en vint à se reprocher les désordres de sa nouvelle vie et fut saisi de remords, sentiment dangereux quand il envahit le cœur d'un autocrate, car les innocents et les faibles acquittent en ce cas les dettes du coupable.

« Je commis de grands péchés; Ormazd détourna sa tête et me livra, gémissant, au terrible Ahriman. Mes souillures sont sur mes pieds et sur mes mains, elles pourrissent mes os, empestent ma chevelure. Est-il des vœux, est-il une pénitence, une expiation édictés dans la loi sainte, qui puissent jamais racheter mes fautes? Tous les flots du Choaspe, toutes les eaux pures d'Ardviçoura Anahita, la déité au large cours, qui guérit les maux et chasse les Dives, toutes les forêts de l'Hyrcanie brûlées sur les atech-gahs, tout mon corps lacéré avec l'aiguillon, meurtri par le séroch-carana, tous les fleuves couverts de ponts, tous les troupeaux de mon empire offerts aux Dieux, toutes les bêtes immondes massacrées, toute ma vie passée en prière, suffiraient-ils à me purifier? Aussi rapide que le char du soleil, j'errerais à travers le monde, que je ne lasserais pas mes crimes acharnés à me poursuivre.

O vous tous, voyageurs sur cette terre, qui longez, envieux, les murs superbes de l'Acropole, cherchez douleur comparable à celle du Roi des Rois. Oublieux de mes maux, la vie me paraîtrait plus douce. Le meilleur pour l'homme serait de ne pas naître, et, quand il a vu le jour, le meilleur serait de mourir vite! Que mon peuple s'agenouille, que les Perses couvrent leur tête de cendres et s'habillent de sacs! Pardonne, Ormazd, pardonne! Ton serviteur sera un justicier sévère. Pénitence! pénitence! »

Il ne suffisait pas d'apaiser les Dieux en leur immolant les serpents venimeux, la mouche hideuse, auxiliaire des Droudjs dans leur œuvre de contamination, et les êtres malfaisants qui rampent sur le sol ou parcourent les airs; il fallait atteindre plus haut et frapper les suppôts d'Ahriman, les démons incarnés.

Les Mazdéens avaient en horreur les sacrifices humains : le roi recula devant l'opposition des prêtres et des grands, ennemis déclarés des innovations religieuses ou sociales. Alors on rabattit, comme du gibier, tout ce que la Perse nourrissait de criminels; on établit des cours de justice et on recommanda aux juges de se montrer prodigues de condamnations. Une pluie de sang imbibait le sol : les têtes tombaient, les yeux jonchaient les places publiques, on ordonnait pour vétille les ablations d'oreilles, les amputations du pied ou de la main. Les gouverneurs, croyant témoigner de leur zèle, firent assaut de cruauté. Il s'ouvrit comme un concours de boucherie; le prix devait échoir à celui qui enverrait les plus longues listes d'exécutions. Dans cette lutte, les satrapes en vinrent à ne plus s'enquérir de la culpabilité : sévir, sévir encore, sévir toujours, puisqu'on devait apaiser le ciel par une épuration nationale. La terreur planait sur les villes; le peuple fuyait l'approche des gens de justice; chacun se cachait au fond de sa maison ou cherchait un asile sur la montagne. Et pourtant la rage sombre d'Artaxerxès empirait toujours. Des visions lamentables assiégeaient son chevet. De gémissant, il devint silencieux et fit fouetter le chef des eunuques qui avait introduit une concubine dans sa retraite.

La reine mère, toute à l'exécution d'un plan

longuement mûri, fermait les yeux sur les affaires intérieures du royaume, quitte à garder l'autorité souveraine indispensable au succès de sa politique étrangère.

La marine des Grands Rois, recrutée en Phénicie, valait mieux que les troupes de terre; Parysatis comptait sur elle pour achever l'écrasement des Grecs acharnés à se détruire. Elle connaissait déjà l'échec des Lacédémoniens battus par les armées combinées d'Athènes et de Thèbes sous les murs d'Haliate, la mort de Lysandre tué dans le combat; elle savait que Sparte, folle de rage, avait condamné à mort Pausanias, son roi vaincu; elle attendait d'un jour à l'autre la nouvelle d'une bataille, d'un triomphe peut-être, et savourait au fond de l'âme l'espoir d'un succès presque certain.

Le mobed lui ravit sa quiétude et lui montra qu'elle devait veiller avec autant de sollicitude à la direction intérieure de l'empire qu'à la défense des frontières : « Le trône glisse dans le sang, entraînant Artaxerxès et la dynastie. Craignez les émotions populaires plus fatales aux rois que la lance des envahisseurs. »

La reine, qui craignait de payer son intervention personnelle d'une disgrâce fatale à ses projets, regretta l'isolement moral si soigneusement ménagé autour de son fils. Quelle influence bienfaisante faire agir sur Artaxerxès arrivé au dernier degré de la surexcitation cérébrale?

Un matin, comme le prince héréditaire entrait au harem, sa grand'mère l'interrogea :

« J'ai tenté sans succès de circonvenir le roi. Ton nom seul a le triste privilège de provoquer sa colère. Malgré mon échec je n'ai pas renoncé à le convertir et c'est en toi que j'espère pour agir sur son esprit chagrin.

Aimes-tu toujours l'étrangère?

— Nos cœurs se sont unis comme ces plantes qui croissent entremêlant leurs lianes et se détachent l'une de l'autre lorsqu'elles sont étendues sans vie sur la terre desséchée. Parlez! Hâtez-vous!... Quelle preuve d'affection, quel témoignage de dévoûment dois-je donner à mon père pour me concilier ses bonnes grâces et attirer sur moi ses yeux rougis?

— As-tu mûrement réfléchi à ce mariage? Aspasie est plus âgée que toi, son éphémère beauté se fanera bientôt. les charmes de ton idole s'évaporeront ainsi que les perles de rosée au premier attouchement du soleil, et tu regretteras un choix que ne conseillent ni ma vieille sagesse, ni la religion, ni les mœurs de l'Iran. »

Le jeune homme voulut protester.

« D'ailleurs, qu'ai-je à faire de te parler en aïeule expérimentée! Tu l'adores, sois heureux ; dans dix ans comme aujourd'hui la Perse t'immolera la virginité de ses plus belles filles. Je puis donc sans remords tenir mes serments. »

Alors Parysatis, se rapprochant, entretint longuement son petit-fils. Aux exclamations impétueuses, elle répondait par un geste tendre ; elle faisait briller sous toutes ses faces le hardi projet qu'elle avait mûri.

Empourpré, balbutiant, il opposait une énergique résistance :

« Jamais, jamais.

— Aimes-tu mieux devenir, toi, ton Aspasie et ton peuple, la proie d'un furieux? reprit Parysatis, en saisissant impérieusement le bras du prince. La vie des hommes est légère dans la main des rois quand la révolte gronde, quand il faut affermir la couronne sur une tête nouvellement née à la puissance. J'ai renversé tous les obstacles qui se dressaient entre le trône et ton grand-père, j'ai abattu sans pitié les fronts trop hauts, et, loin de le regretter, je m'en glorifie. Mais aujourd'hui que les droits de notre race sont incontestés, que l'empire calme et pacifié grandit sous notre égide, que les Grecs osent à peine lever un regard respectueux vers la face royale, tolérerons-nous cette orgie sanguinaire? Serons-nous les complices muets de ces férocités sans nom et sans objet? As-tu compté les morts? As-tu considéré ces fleuves de sang épandus sur la Perse depuis la perte d'Hystaspe? Crois-tu que pareil carnage puisse durer toujours? Avant que les têtes ne manquent au bourreau les provinces révoltées auront balayé la dynastie. Ton père devient fou, essayons de le sauver; sinon, nous périrons de sa main ou serons engloutis dans une catastrophe prochaine. »

La volonté de Parysatis participait de l'autorité divine, car Darius, en s'éloignant, discutait un projet dont le seul énoncé l'avait fait frémir.

Les yeux fiévreux, cernés d'un cercle bistre, les lèvres décolorées, les bras ballants le long d'un corps amaigri et voûté, Artaxerxès se rendait à pas comptés des appartements du harem à la salle hermétiquement close, où il nourrissait son esprit de chagrin et de remords. Il allait, suivi d'eunuques attentifs à montrer leur zèle sans déceler leur présence. Soudain, le maître ouvrit les bras, un tressaillement l'agita, un cri de surprise s'échappa de sa bouche:

« Hystaspe! »

Ses beaux cheveux se déroulaient encore en soyeux anneaux, ses grands yeux de pervenche brillaient pleins de lumière, sa bouche souriait doucement. C'étaient bien la même taille frêle, élégante, les mêmes vêtements somptueux; c'étaient les mêmes joyaux sur sa poitrine, à sa ceinture les mêmes armes. Hystaspe vivait, Hystaspe marchait, Hystaspe s'avançait et, comme autrefois, s'inclinant devant son père, lui adressait le salut matinal. Artaxerxès porta la main à son front. Veillait-il? Était-il le jouet d'un rêve, d'une étrange et douloureuse hallucination? Avait-il traversé un cauchemar affreux?

L'apparition ne s'évanouissait pas comme ces vapeurs émanées d'un cerveau en délire. Artaxerxès saisit la jolie tête penchée devant lui, l'attira et ne put réprimer un nouveau cri :

« Aspasie! Hystaspe! lequel des deux?

— Pardonnez-moi de venir à vous parée des vêtements de votre fils chéri, répondit la jeune femme d'une voix tremblante, à peine perceptible. Pardonnez-moi, seigneur; en vous donnant encore une fois l'illusion de son visage aimé j'ai souhaité adoucir votre douleur. »

Artaxerxès s'attendrit au son de cette douce voix de femme.

« Oui, tu ressembles à Hystaspe, tu me rappelles ses traits et sa taille. Tu en as la piété filiale et la douceur; son âme t'inspire et te conduit vers moi. O mon Hystaspe, depuis que la mort jalouse te frappa de son aile, ton pauvre ami, ton pauvre roi ressemble à ces platanes entraînés par les torrents, ballottés par les remous, brisés à toutes les aspérités du lit et de la rive, émondés, misérables jusqu'au jour où ils atteignent les abîmes insondables de la mer et s'engloutissent dans l'éternel oubli. Tu renais, et avec toi la force de lutter, de chercher près du bord une anse propice où les eaux sont plus calmes, où le vieil arbre puisse encore pousser quelques racines, se fixer à la terre et revivre.

Reprends tes titres, ton rang, ta place à mes côtés, garde tes vêtements, tes armes, tes joyaux; j'ai retrouvé mon fils! »

L'influence consolatrice d'Aspasie se fit bientôt sentir. D'un regard suppliant, d'une prière tendre elle calmait les fureurs d'Artaxerxès et dissipait les sombres visions. Pour lui, de jour en jour plus apaisé, il entourait la jeune femme d'une paternelle affection; il oubliait Aspasie pour s'attacher au vivant souvenir de l'enfant, hélas! disparu; il se laissait aller au bonheur de revivre, s'enquérait de son harem, de ses lions, de ses coursiers dédaignés et réclamait les baladins que, dans son accès d'hypocondrie, il avait exilés à Babylone.

Parysatis se réjouissait du succès de son stratagème, la Perse respirait, l'Asie entière bénissait Aspasie.

Le cœur d'Artaxerxès sembla même s'ouvrir à des sentiments nouveaux : Darius rentrait en grâce; ses sœurs, surtout la gentille Atossa. conquéraient sur l'esprit de leur père un singulier empire.

Atossa comptait à peine treize ans. Grande,

svelte, d'une gracilité d'enfant, elle n'avait encore pour beauté qu'un manteau de cheveux noirs et des yeux envahissants qui résumaient son être. Ces yeux, mobiles et changeants, toujours en éveil, trahissaient les mouvements d'une âme dévouée à toutes les frénésies. Dès le retour de Parysatis, la fillette, oublieuse de la fin tragique de sa mère, s'était précipitée dans les bras de l'aïeule; depuis la mort d'Hystaspe, elle assiégeait son père. Repoussée, elle relevait ses ouvrages, et tendait de nouveaux pièges à mesure que l'hypocondre les ruinait; fidèle écho des fantaisies paternelles, elle accablait le nouvel Hystaspe de caresses et lui témoignait une affection qu'elle n'avait jamais éprouvée pour le pauvre mort.

Parysatis voyait sans regret grandir auprès de son fils une personnalité féminine pétrie de ses mains, modelée à son image. De bonne heure elle avait deviné une enfant prématurément pervertie au contact des princesses, et se l'était attachée en la louant sans mesure et en flattant ses innombrables caprices.

Bientôt, Atossa régenta la cour, son bon plaisir tint lieu de loi. Elle voulut un palais hors de Suse, sur les bords du Choaspe. Dix mille ouvriers s'employèrent à l'appropriation d'une vieille forteresse : le garde-meuble fut dépouillé; l'apadâna fournit les statues ; le trésor de guerre, des pièces d'orfèvrerie conservées pour être fondues et monnayées en cas de péril national. Lions, guépards, juments de la Médie et du Hédjaz, ambassades et tributs des provinces oublièrent la route de la capitale et prirent celle de Sendjar, où le roi semblait avoir fixé sa demeure.

Hystaspe et Aspasie étaient également oubliés. Darius crut l'heure propice. Il s'ouvrit à Parysatis et la consulta sur l'opportunité d'une démarche dont l'issue incertaine le plongeait dans des transes inexprimables.

« Ta demande sera portée jusqu'au trône du roi sur les ailes de la victoire. Félicite-moi, enfant : les flottes de la Perse, si longtemps vassales de la marine grecque, ont vengé dans les eaux de Cnide le désastre de Salamine. Cinquante trirèmes prises ou coulées, le navarque Pisandre tué, la suprématie de Sparte ruinée, l'hégémonie reconquise, tel est le résultat de la bataille.

La Grèce est à mes pieds, Antalcidas s'avance et vient humblement signer les préliminaires d'une paix qui me rend maîtresse de la mer !

Heureux de dissiper les nuages noirs et de jeter un voile d'oubli sur les persécutions récentes, Artaxerxès célébrera dans une fête solennelle le triomphe de son armée navale. Jamais occasion mieux choisie, jamais heure plus propice pour obtenir la déclaration officielle de tes droits au trône et demander à ton père la faveur d'épouser Aspasie, faveur que nos plus antiques lois lui interdisent de refuser. A Darius d'agir selon son cœur. »

Et comme il la remerciait avec effusion :

« Mets ta cause sous la protection d'Atossa. »

Il courut à Sendjar. Sa jeune sœur l'accueillit avec contrainte et reprit une physionomie souriante lorsqu'il lui eut confié son désir d'être proclamé prince héréditaire.

« Pourquoi tenir à cette déclaration ? dit-elle. N'as-tu pas des droits incontestés à la couronne ? Qui songerait à te la ravir ? Notre frère Ostane sait à peine diriger un cheval, et des années se passeront avant qu'il soit de taille à soulever l'arc paternel. »

Alors il lui parla d'Aspasie, l'entretint de son amour longtemps dédaigné, de ses peines, de ses inquiétudes, d'une union sans cesse remise, entravée par d'insurmontables obstacles.

« De l'amour !... mon pauvre ami... Toi, le futur maître de l'univers !... Te faire l'esclave d'aussi naïfs sentiments ! Je te croyais l'âme haut placée ! Le trône !... on le souhaite pour la volupté de l'occuper, pour s'égaler aux Dieux omniscients et se donner la jouissance de fustiger les esclaves qui rampent aux pieds des rois. Mais désirer le sceptre en vue d'unir deux fantaisies passagères ! Autant vaudrait soulever les monts Habardip et casser une amande sous leur masse puissante. »

Il l'interrompit d'un geste irrité.

« C'est bien, c'est bien. Tu trôneras bientôt près du dais royal. La bataille sera sans doute très difficile à gagner, car le roi, jaloux de son autorité, hait d'instinct son successeur.

— N'as-tu pas toute puissance sur l'esprit de notre père? »

Elle rougit, l'interrogea du regard et reprit assurance en considérant le visage franc et loyal tourné vers elle :

« Je suis ta complice, une amie dévouée. Compte sur mon zèle; mais souviens-toi que pour te plaire j'ai risqué de compromettre mon crédit. »

Il voulut sceller leur engagement réciproque par un baiser fraternel semblable à ceux qui terminaient leurs querelles d'enfant, mais elle le repoussa, détourna la tête et, s'échappant, le laissa confondu de cette froideur subite.

CHAPITRE XVII

PRÊTRESSE DE MAHA

Le peuple, convié à des festins ininterrompus, envahissait la ville ; les étrangers campaient sur les glacis ou la fausse-braie de l'enceinte ; les citadins et les agriculteurs s'abandonnaient à la douceur de vivre, au charme de l'oisiveté et attendaient sans impatience le déploiement des pompes militaires, les distributions de troupeaux et de bêtes de labour réservées pour le dernier jour de réjouissance.

Suse était en liesse, tout à la joie du succès, tout à l'orgueil d'un triomphe sans précédent. Les Lacédémoniens ne payaient pas seuls les frais de la guerre : après avoir découronné les vaincus, Parysatis s'était montrée généreuse aux dépens de ses alliés et avait dicté ses dures conditions à l'Attique comme au Péloponèse, égalisant ainsi, en les ravalant au même niveau, les deux grands ennemis de la monarchie.

Une année avait suffi pour rendre à la Perse déchue une autorité et un pouvoir incontestés. L'été naissait de l'hiver ; le jour, de la nuit sombre. La vieille reine avait bien mérité de la patrie, mais elle n'eût pu, sans irriter son fils impuissant et orgueilleux, sans soulever les jalouses protestations des grands, savourer en public son triomphe et assister à la proclamation solennelle du traité de paix. On allait fêter un événement mémorable et elle ne devait point figurer à la réception royale. Seules des acclamations lointaines lui parviendraient, apportées par la brise au-dessus des hautes murailles du harem. Que lui importait d'ailleurs ! On l'humiliait, mais elle mesurait son mépris de l'humanité à l'immensité de ses efforts et aux conséquences inespérées de la victoire : on la traitait comme une reine, mais elle avait agi en roi.

Les moyens employés ? Les résultats les justifiaient de reste. Le grand Darius lui-même, ressuscitant d'entre les morts, retrouverait plus que jamais glorieux cet empire qu'il avait laissé sous l'échec de Marathon, engagé dans ces étapes funestes qui devaient aboutir à la fuite honteuse de Xerxès.

Il n'est pas de présent sans avenir, et pour la monarchie puissante qu'elle avait reconstituée Parysatis rêvait de longs jours. Elle comprenait qu'elle détruirait un germe vivace de désorganisation si elle assurait la paisible transmission du pouvoir, si elle écartait les compétiteurs que l'esprit versatile d'Artaxerxès pouvait créer au gré de ses caprices. Le jour même où Antalcidas signait au nom des rois de Sparte la déchéance de la Grèce, elle eut un long entretien avec son fils et lui arracha la promesse de reconnaître solennellement les droits légitimes de Darius.

« Nommer dès aujourd'hui mon successeur! objecta-t-il d'abord. Me vîtes-vous malade ou valétudinaire? La douleur physique eut-elle jamais prise sur moi? »

Et il montrait avec orgueil son corps de colosse, ses cheveux et sa barbe d'un noir de jais.

« Vous m'avez bâti pour vivre cent ans, reprit-il avec conviction. Vous voulez que je désigne mon héritier? Mes petits-fils, mes arrière-petits-fils me verront-ils mourir?

— Je vous souhaite des jours éternels et vous parcourrez, certes, une longue carrière, si vous agissez avec prudence : mais un roi doit moins redouter les décrets du temps que les armes des conspirateurs. Les vents ont vite raison de la maison mal étayée; quand le palmier est abattu, le tronc disparaît bientôt sous les herbes épineuses si l'arbre ne laisse un rejeton vigoureux. Je me sens vieillir et ne veillerai pas toujours sur votre vie. Nulle sauvegarde meilleure qu'un décret irrévocable, étouffant dans l'œuf toute velléité de compétition.

— Depuis ma fille Atossa, jusqu'à ma mère, toutes les princesses sont liguées contre moi. Comment leur résister? »

Artaxerxès céda par indolence, puis encore par terreur des complots que son mentor évoquait.

Assis sur le trône d'ivoire, protégé par les saintes images brodées aux pentes du dais, l'autocrate triomphant siégeait sous l'apadâna dans tout l'éclat de la majesté souveraine. Autour de lui, Darius, Ostane et Aspasie sous l'apparence d'Hystaspe, les grands feudataires et les satrapes décrivaient un demi-cercle étincelant de pierreries, ruisselant d'or, plus radieux que le croissant de Mâha la blanche déité. Derrière le trône se groupaient Antalcidas, une escorte d'officiers et de légistes grecs, la maison du roi et celle de ses fils.

Artaxerxès impassible semblait seul dans les gigantesques proportions de la salle, tant son regard planait au-dessus de ses sujets. Soudain, il s'anima et, d'un mouvement majestueux et lent, abaissa vers la terre le sceptre emblème de son autorité.

Une immense acclamation retentit sous les plafonds de cèdre, se répercuta contre les murailles, fit irruption hors des portiques. Quand l'écho se fut lassé de redire l'enthousiasme des courtisans, les modulations des harpes préludèrent à des chœurs mélodieux. On aperçut bientôt les musiciens ; ils gravissaient les degrés géants qui conduisaient de la place d'armes aux jardins de l'apadâna. Tête nue, les cheveux au vent, vêtus de longues robes de laine serrées à la taille par une riche ceinture, ils s'avancèrent en cadence jusqu'au seuil de la salle, se prosternèrent devant la Majesté royale devinée dans la pénombre profonde, puis, se divisant, gagnèrent les travées latérales. Sur leurs pas venaient les mages, les eunuques blancs, les eunuques noirs, les gouverneurs, leurs espions et leurs officiers, les Immortels de race aryenne, la garde susienne. Tous se jetèrent par trois fois à terre, touchèrent du front les tapis et, d'une voix sonore, prononcèrent le salut au roi :

« Glorifions Artaxerxès Roi, Roi Grand, Roi des Rois, Roi des Pays, l'Élu d'Ormazd, l'Oint de Qaréno. Éternelle vie au Maître de l'Univers ! »

Alors Artaxerxès entr'ouvrit les lèvres et, sans rien perdre de sa rigidité marmoréenne, donna la parole au Garde des Firmans.

« Mages, satrapes, fidèles sujets venus de tous les points du royaume, du septentrion et du sud, de l'orient et de l'occident, des plaines et des montagnes, des contrées où la terre se cache sous la neige et de celles où règne le soleil, de tous les pays qui tremblent au seul renom de la puissance royale, vous tous réunis pour vous associer au glorieux triomphe des armes perses, que la bénédiction d'Ormazd, de Mithra et d'Anahita soit sur vous !

Dit Artaxerxès Roi, Roi Grand, Roi des Rois, fils de Darius roi, l'Achéménide ! Dit Artaxerxès Roi : Ormazd m'a confié le sort de l'empire, Ormazd fut toujours mon soutien, je règne par la grâce d'Ormazd !

Dit Artaxerxès Roi : Les Grecs s'ameutèrent contre ma puissance et suscitèrent dans les Provinces Maritimes un chef, Agésilas, qui proclama : « C'est moi qui suis le maître de ce pays. »

Dit Artaxerxès Roi : J'envoyai contre Agésilas l'armée perse pour le combattre. Tithrauste, je l'instituai général. Ormazd fut mon soutien, par la grâce d'Ormazd j'expulsai l'ennemi hors de mes terres.

Dit Artaxerxès Roi : Ces mêmes Grecs amenèrent contre moi leurs navires. J'armai mes flottes de Tyr et de Sidon ; Tiribaze, je le nommai grand amiral. Ormazd fut mon soutien, par la grâce d'Ormazd je défis la flotte des Ioniens et tuai leur navarque.

Dit Artaxerxès Roi : Après la victoire, j'imposai ma loi au vaincu et j'ordonnai que l'Ionie, la Lycie, la Lydie, les Provinces Maritimes, les îles de Cypre et de Clazomène restassent sous ma dépendance et que les autres îles du continent fussent libres, hormis Lemnos, Imbros et Scyros dévolues comme autrefois aux Athéniens.

Dit Artaxerxès Roi : Ceux qui refuseront la paix octroyée, je les combattrai, je leur ferai la guerre sur terre et sur mer, avec mes vaisseaux et avec mes trésors; qu'Ormazd me soit propice, par la grâce d'Ormazd je serai victorieux. »

Alors, de l'assemblée silencieuse s'élevèrent de nouveaux cris d'allégresse :

« Vive Artaxerxès Roi! Vive Artaxerxès victorieux! »

Le Garde des Firmans reprit la parole :

« Dit Artaxerxès Roi : Ces succès, je les ai obtenus par la volonté d'Ormazd, avec l'assistance de l'Astre de l'État, mon auguste mère, de Darius, mon fils obéissant, et avec le concours de Tithrauste, de Pharnabaze et de Tiribaze, mes serviteurs. Chacun sera récompensé selon ses mérites.

Dit Artaxerxès Roi : Dès aujourd'hui, je veux reconnaître les droits à la couronne de mon fils Darius et je le proclame devant vous prince héréditaire. Si je faux, me punisse Mithra gardien des serments! »

Sur un signe du maître des cérémonies, les officiers avancèrent un trône d'ivoire plus bas mais de même forme que celui du roi, et le prince, debout jusque-là, prit séance près de son père.

« Vive Darius, prince héréditaire ! »

Les assistants répétèrent la formule du salut, puis ils défilèrent devant l'élu et se prosternèrent à ses pieds.

Cet hommage rendu, on soumit au roi les traductions du firman dans les différentes langues de l'empire. Artaxerxès les certifia lui-même en y apposant son sceau de saphir, et les courriers massés aux portes de la citadelle emportèrent les volontés imprescriptibles jusqu'aux extrêmes frontières.

Le mobed s'approcha :

« Le Roi des Rois combla les vœux de Darius en lui assurant la souveraineté du seul pays que les Dieux voudraient gouverner s'ils habitaient la terre, mais il n'a point encore satisfait à la requête que le prince héréditaire présente le jour de son intronisation. Achéménès, que la bénédiction d'Ormazd soit sur lui, institua cette loi ; c'est à nous, gardiens des traditions, c'est à nous, prêtres, de rappeler les vertus et les volontés des ancêtres. A l'exemple de Cyrus, Artaxerxès est devenu le foyer lumineux vers lequel converge l'admiration des peuples ; observateur scrupuleux de nos usages antiques, il honorera ses aïeux et acquerra des mérites nouveaux.

— Pourquoi évoquer mes ancêtres? Ai-je jamais violé la loi? Que mon fils exprime un vœu : il est exaucé. »

Sur cette assurance formelle, Darius, transfiguré par le bonheur, descendit du trône qu'il venait d'occuper pour la première fois, et se jeta aux genoux de son père :

« Grand Roi, de la poussière de vos sandales vous avez formé une perle sans prix, vous avez élevé votre esclave au-dessus des princes de la terre. Reculez les limites des joies humaines et daignez permettre que j'unisse à mon glorieux sort une amante depuis longtemps chérie. Je ne place pas ma demande sous la sauvegarde d'une prérogative légale, je n'invoque aucun précédent, aucune promesse, je m'adresse au cœur infiniment miséricordieux de mon père.

— Quelque fille d'honneur?

— Non, mon père.

— Son nom!

— Aspasie. »

Artaxerxès se leva tout d'une pièce et laissa échapper le sceptre qui roula jusqu'aux pieds du suppliant; la foudre écrasant l'apadâna l'eût moins atterré que la requête du prince.

Hystaspe revivait auprès de lui, et on lui rappelait que sous l'apparence de l'enfant chéri se cachait une femme, la seule femme qui lui eût jamais résisté. Il se sentait mordu par des désirs inassouvis, étreint dans les liens douloureux d'une jalousie frénétique, humilié des rebuts endurés, et frémissait à la pensée de livrer cette Grecque dédaigneuse et farouche. Après avoir terrassé son frère, après avoir forcé la Hellade à ramper devant lui, il se laisserait arracher une esclave !

« Je refuse ! répondit-il, la gorge serrée. Te livrer une femme de mon harem, une femme que j'aime, une femme qui vit heureuse à mes côtés et répond à ma tendresse !

— Aspasie crut remplir un devoir filial en s'efforçant de calmer vos fureurs. Invoquez sa charité sublime, ne parlez pas de son amour, car depuis une année elle m'a engagé sa foi.

— Tu mens ! repartit Artaxerxès au comble de la rage. D'ailleurs, si je puis à mon gré te donner une fille de Perse, une de mes sujettes, comment disposerai-je d'une Grecque sur laquelle ma puissance s'étend comme une sauvegarde tutélaire ?

— La parole royale est engagée.

— Inutile d'insister, cette femme est une infidèle que la loi très sage te défend d'épouser. »

Darius jeta sur les princes un regard désespéré et lut sa réponse dans les yeux d'Aspasie. Que n'eût pas sacrifié la servante d'Aphrodite pour répondre à un pareil amour !

« L'adoratrice des faux Dieux abjurera ses erreurs avant de recevoir la bénédiction du mobed.

— Femme, comparais; je veux t'interroger devant les mages. »

Artaxerxès aveuglé ne sentait pas l'extravagance de cette assemblée de prêtres vénérables, constituée en tribunal d'amour; il ne comprenait pas ce qu'il y avait de dégradant pour la dignité paternelle et royale dans cette lutte publique d'un père et d'un fils se disputant la même femme. Son trouble s'accroissait de sa colère et paralysait sa voix.

« Aspasie, reprit-il enfin, choisis entre la passion du maître de l'univers et l'amour impuissant de cet orgueilleux sans couronne que j'écraserais du souffle de mes lèvres, que je foudroierais de l'éclair de mes yeux. »

Tous les bruits s'assoupirent. Pas un murmure, pas un chuchotement ne troublait le silence recueilli de la foule sans cesse grossissante, ne suspendait les péripéties du drame qui se jouait sous les colonnades de l'apadâna.

« Roi des Rois, père vénéré, dit-elle en accentuant ce titre respectueux. Darius rendit à mon âme éperdue la foi qui dispute les désespérés à l'attrait de l'abîme. Aspasie n'avait d'autre bien que son cœur, elle l'a donné tout entier.

— M'abandonner ! gémit l'égoïste autocrate.

— Vous étiez malade, je vous guéris. N'exigez pas que je paie mon dévouement, d'un sacrifice impossible, ne me faites pas repentir d'avoir cédé aux prières d'une mère et d'un fils désolés. »

La froideur d'Aspasie, sa franchise, achevèrent d'exaspérer Artaxerxès.

« Qui empêchera l'union de Darius avec la femme que mon regard a frôlée, que mon désir a faite mienne ! Le crime se dresse devant moi : je ne puis autoriser l'accomplissement d'un mariage que réprouve la loi ! »

Les yeux injectés de sang, la face décomposée, les gestes incohérents, il descendit de son trône et courut vers le mobed :

« Prêtre, prêtre, la religion, la loi sainte du mazdéisme, la loi préexistante me défend de tenir ma promesse.

— La plus grande force de l'autorité royale, répondit gravement le mage, réside dans son infaillibilité. Qui se rétracte s'est trompé, le roi protégé de Mithra ne se trompe pas ; seuls les génies malfaisants l'invitent à renier sa parole. Jamais ma voix ne s'élevera contre le principe primordial de toute justice, de toute équité, de toute paix. La daëna et la dâtem, œuvres divines, sont d'accord pour condamner le parjure.

— Et moi, le roi, je suis d'accord avec ma volonté. Sachez, prêtres du Seigneur, que vos têtes ne sont ni plus solides, ni plus pesantes que celle d'un humble pâtre de la montagne. Je ne punirai vos résistances ni de la torture, ni de la fosse aux lions : une duplicité sans égale, de prétendus miracles feraient éclater votre soi-disant innocence. La hache ignore vos influences magiques, j'aurai recours à son intervention. »

Des yeux, il cherchait les bourreaux.

« Je suis Dieu ici-bas et n'entends pas que l'on oppose à mes désirs un verset de la loi. »

Les prêtres atterrés s'étaient groupés sous un portique. C'était pitié de voir ces hommes vénérables, qui faisaient de la vertu et de la pureté de mœurs la règle de leur enseignement et de leur conduite, aux prises avec les convoitises d'un despote furieux.

Combien éclatait infinie la sagesse d'Ormazd, le créateur pur du monde pur, qui assimilait la concupiscence au dernier des vices ! Jahi, la Droudj de la luxure incarnée dans le corps de ce monarque très pieux, changeait un observateur rigide de la religion, le protecteur zélé du clergé mazdéen, en un pécheur immonde, plus immonde que l'immonde serpent Azhi Dahâka.

Cependant, l'excès même de sa colère paraissait avoir calmé Artaxerxès.

« Conduisez cette femme chez ma mère, menez à la citadelle l'ingrat qui paie d'une impardonnable offense le don d'une couronne. »

Traversant la salle d'un pas rapide, suivi des eunuques qui couraient pour le rejoindre, il se dirigea vers la Maison de la Royauté.

Darius n'opposait aucune résistance : « son père n'avait su réprimer l'explosion d'une fureur bestiale, mais il réfléchirait et céderait devant les protestations des prêtres et les instances de Parysatis. Il ne se briserait pas contre le mur indestructible de la loi. » Aspasie, moins confiante, s'abandonnait à une douleur trop longtemps contenue. Des ruisseaux de larmes roulaient en cascades de ses joues pâles sur la robe d'or de cet Hystaspe qui n'avait jamais pleuré.

« Prends courage, mon Aspasie adorée, lui dit-il comme on les séparait. Tu ne connais point la valeur d'une promesse solennelle, tu ne sais pas que la violation du serment, crime irrémissible, fait d'un mazdéen le plus détestable des hommes, un ennemi personnel de Mithra, et que le crime s'aggrave de la qualité royale de celui qui le commet. Mon père n'osera se parjurer ; nous souffrons nos dernières angoisses.

— O Darius, je suis coupable de t'avoir aimé, de t'avoir trop aimé ! Vois où te conduit mon amour ! »

Et de la main elle désignait la citadelle terrible.

« J'y veux aller avec toi !... Je veux partager ta geôle !... Non, jamais, jamais te quitter ! »

Elle s'attachait en désespérée aux vêtements de Darius. Envahi lui-même par une invincible émotion et se méfiant des larmes qui obscurcissaient ses yeux, il se dégagea doucement.

« Obéis à mon père. Demain le soleil, paré de ses atours de fête, bénira notre hymen. »

Darius s'éloignait à grands pas, la tête tournée vers son amante ; il avait brusqué la séparation pour abréger une agonie douloureuse.

« Demain !... » s'écria l'abandonnée, en laissant échapper un lamentable gémissement. Ses forces étaient épuisées, son cœur ne battait plus ; insensible, elle glissa aux pieds des eunuques.

Humbles et grands s'écartaient terrifiés. Entre le roi et son fils ils voyaient se dresser le spectre sanglant de la haine, ils tremblaient de retomber aux mains d'un tyran affolé, déploraient le sort d'un prince que la voix populaire dotait de rares vertus, mais ils se taisaient, mais ils fuyaient l'apadâna où des espions pouvaient deviner leurs pensées et trahir leurs sentiments d'unanime réprobation. Cette journée qu'éclairaient au matin les cris de joie, les chants de triomphe, l'enthousiasme général, mourait étouffée dans les sombres bras de la terreur.

L'effroi se calma lorsque Sparmixe parcourut la salle et convoqua les mages à un conseil privé chez la reine mère. Si Parysatis intervenait, elle maîtriserait les passions rivales de ses descendants, elle conjurerait les dangers amoncelés sur la tête de son petit-fils, cet enfant chéri de sa vieillesse.

Dès que les prêtres furent réunis, Artaxerxès, terrible en son courroux, renouvela ses menaces. Personne n'était à l'abri de sa colère. Darius, fils d'Hystaspe, n'avait pas craint d'abaisser l'autorité des mages et de livrer au bourreau les plus puissants d'entre eux. L'exemple était salutaire; il le suivrait, puisqu'il devait s'inspirer de l'histoire glorieuse de ses ancêtres. Artaxerxès oubliait l'origine du conflit. Il ne s'agissait plus de la possession d'une femme, mais du massacre de la caste sacerdotale. Sa fureur puisait un redoublement d'énergie dans l'effroi peint sur le visage de ses conseillers. Parysatis, prise d'épouvante, voulut intervenir. Le roi, brutal, lui imposa silence et, enchérissant sur ses imprécations, menaça de livrer la Perse aux Dieux de l'Égypte ou de la Grèce et d'exiler Ormazd de son empire.

« Éloignez-vous, commanda la reine, et attendez mes ordres. Votre maître se rendra peut-être à mes conseils maternels. »

Les eunuques, messagers de bonnes nouvelles, descendirent bientôt dans la ville : à la voix persuasive de l'Astre de l'État, Artaxerxès avait abandonné son attitude violente; il notifierait le lendemain ses suprêmes volontés.

Il vint, ce lendemain si redouté, si impatiemment attendu. Quoique pur, le ciel était voilé de gris, les monts Habardip se cachaient derrière une brume épaisse, les rayons du soleil emprisonnés dans les atomes lourds qui voltigeaient, participaient du poids de l'atmosphère, un étrange malaise étreignait les hommes, s'appesantissait sur les plantes.

Artaxerxès pourtant trônait calme et reposé. Son corps vigoureux ne portait nulle trace de fatigue, ne gardait nulle empreinte des violentes sensations éprouvées la veille. Étrange contraste entre ce colosse paisible et Darius assis près du trône. On devinait dans la pâleur du prince, dans le plissement de ses sourcils, dans la raideur de son maintien une décision ferme, une inébranlable volonté. La longue nuit passée à la citadelle avait réveillé des angoisses cruelles, le dernier cri d'Aspasie résonnait encore aux oreilles du prisonnier.

Vivre auprès de la femme depuis longtemps chérie, près d'une compagne dotée de toutes les perfections, réalisait pour lui le bonheur incomparable, idéal, suprême. Que lui importait le trône, auprès de son amour ! La reconnaissance de ses droits valait bien peu, si elle ne lui permettait pas de déclarer sa passion.

Le Garde des Firmans s'avança et, au nom de son Maître, expliqua que la parole royale, sacrée, inviolable, engageait vis-à-vis des hommes et des Dieux, fût-elle arrachée par surprise. Puis, d'une voix sonore qui portait jusqu'aux dernières travées de la salle :

« Dit Artaxerxès Roi : Seuls, les Immortels incréés peuvent s'interposer entre le roi et ses promesses, délier des nœuds qu'ils ont eux-mêmes liés.

Dit Artaxerxès Roi : Sur sa demande, j'allais autoriser le prince héréditaire à épouser une Grecque, lorsque cette femme, touchée de la grâce, m'a exprimé sa volonté irrévocable de se consacrer aux Dieux. Mâha lune brillante, Mâha génie secourable, pleine de force, source de richesse, qui répand les eaux, Mâha dont les Amechaspands soutiennent l'éclat majestueux, dont les Amechaspands distribuent la lumière éclatante sur la terre créée par Ormazd, réclame sa nouvelle prêtresse.

Dit Artaxerxès Roi : Aspasie, que ton nom soit à jamais sacré, que tout mortel oublie les traits de ton visage, le son de ta voix, que tout homme renonce à te posséder ! »

Darius, le poignard à la main, s'est élancé vers son père :

« Mort au monstre ! Mort à la Jahi ténébreuse abritée sous le manteau royal ! Ormazd, guide mon bras vengeur dans cette œuvre pie ! »

Les gardes se précipitent et forment devant le roi un rempart de chair humaine ; mais Darius, fort comme la haine qui le possède, semblable au sanglier furieux qui s'élance hors de sa bauge, frappe, tue, sans se lasser. Le sang coule, les blessés s'entassent, les corps s'amoncellent. Un eunuque se dresse parmi les combattants ; il voit son maître en péril, oublie l'anathème qui écrase le meurtrier du prince héréditaire, tire son poignard... Un froissement de fer, un cliquetis d'armes : les deux adversaires sont tombés sans un soupir, sans un gémissement.

Artaxerxès ordonne de débarrasser le sol des obstacles sanglants accumulés autour de lui. Douze esclaves, les mains enveloppées dans des linges épais, s'approchent de Darius et de ses victimes, les roulent dans les tapis et, deux à deux, enlèvent les cadavres en donnant les marques d'un profond dégoût.

« Aux lions le parricide encore chaud, afin que ses chairs ne souillent pas Çpenta-Armaïti, la Terre divine. A ses victimes, les honneurs du dakhma.

Garde des Firmans, pourquoi t'interrompre? Reprends la lecture du rescrit. »

« Dit Artaxerxès Roi : Après avoir proclamé les droits du prince héréditaire et lui avoir témoigné de ma paternelle affection, il importait de poser le diadème des reines sur un front digne de le recevoir.

Dit Artaxerxès Roi: J'ai résolu d'épouser

et de couronner ma fille bien aimée, la princesse Atossa. Je veux aimer cette femme afin d'établir une parenté pure entre les purs.

Intelligence claire du monde, esprit très saint d'Armaïti qui distribues la sagesse, assiste-moi en cet instant solennel ! Ormazd, donne-moi cette épouse pour le bien de la loi ! Ardviçoura-Anahita, eau divine au large cours, aux flots tumultueux, génie aux mamelles intarissables, bénis notre hymen ! »

Pendant que les assistants, remis de leur surprise, s'unissaient aux prêtres et chantaient le saint épithalame, l'air, plus épais, prenait au midi des teintes cuivrées. Des colonnes de poussière amincies en leur milieu, curieusement tordues, supportaient encore le ciel prêt à s'écrouler sur la terre.

La chaleur s'élève, les sables chassés avec violence cinglent comme des balles de fronde rougies au feu ; les branches brisées et traînées par l'ouragan, les feuilles violemment arrachées, les harmonies stridentes ajoutent à l'horreur de la tempête. Chacun cherche un refuge contre la tourmente enflammée.

Le cyclone a dépassé la ville ; il a fui la nature meurtrie et la terre étonnée.

Profitant de l'accalmie, la foule abandonne les jardins saccagés de l'apadâna, engorge les issues, reflue sur les parapets de la forteresse. Soudain un frémissement de pitié agite ses vagues, un murmure plaintif glisse à travers ses ondes : au loin se déroule une lugubre théorie de mages qui conduit à Mâha sa nouvelle prêtresse; dans la fosse bâtie sous les murs du harem, les lions voraces se disputent le corps de Darius, de Darius coupable d'avoir trop aimé.

ÉPILOGUE

Quoique prête à favoriser l'amour de Darius et d'Aspasie, Parysatis avait oublié ses promesses devant l'emportement d'Artaxerxès. A ses yeux s'étaient présentées des scènes tragiques où se heurtaient ses descendants et l'infortunée victime des rivalités amoureuses du père et du fils. Elle vit l'avenir de la dynastie compromis, sa famille anéantie, noyée dans le sang, la couronne disputée par des compétiteurs étrangers à sa race. Jugeant que nulle concession, nul sacrifice ne calment les carnassiers tant qu'ils flairent entre eux l'odeur irritante de la femelle, elle résolut de sacrifier Aspasie. Elle ne mit en balance ni le désespoir de Darius, ni les espérances cruellement déçues de la malheureuse femme qui, depuis des années, lui avait dévoué sa vie. Le temps miséricordieux accomplirait son œuvre et rendrait à la maison royale une paix, hélas! trop compromise. L'expédient fut agréé : sans se parjurer, Artaxerxès arrachait à son fils une femme qu'il souhaitait moins de posséder que de lui ravir.

Parysatis avait encore bataille gagnée. Elle acheva de capter la confiance du roi en provoquant ses confidences.

Depuis quelques mois Artaxerxès, docile esclave de l'ambitieuse Atossa, brûlait de déclarer son mariage et de couronner la nouvelle favorite. Pourtant il hésitait. Redoutait-il l'émotion que soulèverait dans le peuple la publication de son union avec une enfant qui, de longtemps, n'atteindrait pas l'âge légal? Craignait-il d'imposer au harem une reine de treize ans?

Il s'ouvrit à sa mère.

Parysatis se garda de toute remontrance.

« Mal avisé serait l'imprudent esclave qui blâmerait le roi d'épouser la femme la plus accomplie, la plus désirable de l'empire. La loi sainte ne recommande-t-elle pas comme un acte très méritoire les unions consanguines? Les mages, guides et conseils des âmes pures, ne se font-ils pas un pieux devoir de concentrer toutes leurs affections sous le toit paternel? Atossa, semble-t-il, n'a pas atteint l'âge requis pour le mariage des filles du peuple? Deux ou trois ans comptent-ils? Les princesses ont-elles un âge ? Prématurément écloses dans la chaude atmosphère du harem royal. elles prolongent leur floraison à l'abri de la couronne. »

Artaxerxès donna congé à ses scrupules et pria sa mère de communiquer au mobed sa prochaine union avec Atossa et de lui signifier son irrévocable volonté de séparer à jamais Aspasie de Darius.

Quelques heures suffirent à Parysatis pour grouper de nouveau les prêtres. Elle rappela la période sanglante à laquelle la Perse venait d'échapper, peignit sous de sombres couleurs un terrifiant avenir, plaida la cause de la sagesse et de la tolérance. En se prêtant à une combinaison qui respectait le texte de la daëna, les ministres de Dieu calmeraient l'esprit surexcité d'Artaxerxès, ménageraient les véritables intérêts de Darius. travailleraient à la grandeur de la Perse, feraient œuvre de charité et de miséricorde.

La reine pensait avoir sauvegardé tous les amours-propres, levé tous les obstacles, et elle attendait dans le calme d'une conscience tranquille le dénouement préparé par ses soins, quand on vint lui annoncer l'attentat et la mort du prince héréditaire.

Son affection pour Cyrus n'avait pas été pure de tout mélange ambitieux, mais elle avait voué à son petit-fils une tendresse d'autant plus désintéressée qu'elle fleurissait aux derniers rayons de son automne. Le souvenir de ses triomphes, la direction de la politique concentrée entre ses mains ne purent la distraire de sa douleur ni éteindre ses remords. Elle se reprochait à l'égal d'un crime son imprévoyance funeste et envenimait chaque jour la blessure incurable.

En se rapprochant du dakhma, Parysatis déçue, accablée, s'abandonnait captive au doute navrant. Aurait-elle mal compris la vie? La victoire remportée sur l'humanité payait-elle les déchirements du cœur? De la tête elle touchait les cieux!... de sa tête enveloppée dans les voiles d'un deuil éternel..., de sa tête hantée par le désespoir!

Alors elle vit se dresser l'austère figure du mobed. Elle avait nargué le croyant, méprisé le prêtre, haï le mage qui, naguère encore, trouvait dans sa vertu le courage de résister au roi, à un élève chéri, à un fils spirituel. Cet homme était-il dans la vraie voie?... Peut-être approchait-il du but!

Ormazd, Zeus, Bel Mérodach, Ammon-Râ, Iahvé, Dieux insondables, lequel de vous créa le monde? Lequel de vous en est le chef? Lequel de vous résume la souveraineté de l'espace infini, du temps éternel? Lequel révélera la vérité à Parysatis?

Trois lunaisons ne s'étaient pas écoulées depuis le drame de l'apadâna, que l'âme inquiète de la reine s'envolait, éternellement vagabonde, à la recherche des ombres chéries que son affection funeste avait précipitées dans les orbes ténébreux.

Le deuil de cour ne permit pas de célébrer les noces solennelles d'Artaxerxès avec sa seconde fille Amestris.

Répudiée après un règne éphémère, et déjà bannie du harem, Atossa expiait en exil ses coupables ambitions.

TABLE

Au lecteur...		1
I	Aspasie.	1
II	A Babylone.	23
III	En route.	60
IV	Frères.	85
V	Premier Amour.	106
VI	Le Bain de la Reine.	127
VII	Roi.	153
VIII	Cunaxa.	178
IX	Après la bataille.	202
X	L'Apadâna	220
XI	Repas de corps	230
XII	Mirage.	252
XIII	Le Jeu de la Reine	274

XIV	Les Présents de Parysatis.	310
XV	La Chasse royale	331
XVI	Hystaspe.	357
XVII	Prêtresse de Mâha.	387
Épilogue		408

Achevé d'imprimer

le quatorze mai mil huit cent quatre-vingt-dix

PAR

ALPHONSE LEMERRE
(Aug. Springer, *conducteur*)

25, RUE DES GRANDS-AUGUSTINS, 25

A PARIS

www.ingramcontent.com/pod-product-compliance
Lightning Source LLC
Chambersburg PA
CBHW070931230426
43666CB00011B/2395